SCORPIO

Sandra Schneider

Im Jetzt

Die menschliche Verwirklichung des kosmischen Prinzips

SCORPIO

Umschlaggestaltung: David Hauptmann,
Hauptmann & Kompanie Werbeagentur, Zürich,
unter Verwendung einer Illustration von Sandra Schneider
Illustrationen: Sandra Schneider
Satz: BuchHaus Robert Gigler, München
Druck und Bindung: GGP Media GmbH, Pößneck

ISBN 978-3-942166-16-4

www.scorpio-verlag.de

Ich danke Gott für seine Inspiration,
und ich danke allen Menschen,
denen ich auf meinem Weg begegnet bin.
Sie haben mir geholfen zu verstehen.

Inhalt

Vorwort

Wir leben heute in einer Zeit des Übergangs, des Wandels. Alte Weltbilder haben größtenteils ausgedient, da sie oftmals zu begrenzt sind, um die neuen Entwicklungen noch zu erfassen – geschweige denn, eine wirkliche, nachhaltige und umfassende Lösung zu bieten. So ist dies für viele Menschen auch eine Zeit der Orientierungslosigkeit. Die Schwachpunkte der alten Wissenschaften und auch der Religionen treten deutlicher hervor, denn das Bewusstsein der Menschen wächst. In diesem Licht wachsender Erkenntnis werden auch viele Ungereimtheiten deutlich, die vorher noch im Dunkeln lagen. So bilden sich seit einiger Zeit verstärkt »Gegenströmungen« spiritueller Natur. Auch die Neuen Wissenschaften gehen mehr und mehr in die Richtung, verschiedene Bereiche miteinander zu verbinden. Sie beginnen, ihre eigenen Grenzen zu erkennen und über diese hinauszusehen.

Es beginnt das Zeitalter der Integration, der Synthese. Gegensätze werden aufgehoben und miteinander vereint, versöhnt. Zumindest ist dies in Anfängen spürbar, und diese Entwicklung ist auch nötig, um die Probleme, vor denen wir heute stehen, zu lösen. Im Rahmen des bisherigen, dualistischen Denkens können wir keine Lösung finden. Wir müssen über das gewohnte Denken hinausgehen, müssen die Fähigkeit entwickeln, ganzheitlich bzw. »synthetisch« und integrativ zu denken – und zu fühlen.

Dies ist der offensichtliche nächste Schritt in der Evolution des Menschen und unsere einzige Rettung, wenn wir auf diesem Planeten überleben wollen. Ja, mehr noch: Wenn wir wirklich leben und unser wahres Potenzial entfalten wollen. Wenn wir wirkliches, umfassendes Glück und wahre Liebe finden wollen. Denn tragischerweise gelingt es bisher nur den wenigsten, wirklich glücklich zu sein. Nur die wenigsten Menschen haben je erfahren, was wirkliche Liebe ist. Dies aber ist die Wurzel aller Krankheiten unserer Gesellschaft und unseres Planeten: ein Mangel an echter, wahrhafter, umfassender Liebe. Da nützen auch all die materiellen und wissenschaftlichen Errungenschaften der Menschheit nichts. Wahre Liebe aber ist kein Zufall. Sie entsteht, wenn wir die Dualität überwinden, wir also über unser dualistisches Denken und Fühlen hinauswachsen. Zugleich ist die Liebe das beste Mittel, um eine solche Dualität überhaupt gar nicht erst entstehen zu lassen. Sie ist der Schlüssel zu einer neuen Epoche, einer neuen Ebene des menschlichen Bewusstseins.

Dieses Buch kann Ihnen einige Grundlagen aufzeigen, um die wesentlichsten Dualitäten aufzulösen, in denen wir als Menschen zumeist noch gefangen sind. Es soll Sie anregen, diese Fähigkeit des nicht-dualistischen Denkens und Fühlens in sich selbst zu entwickeln. Ein Buch kann niemals die ganze Wahrheit enthalten. Es kann aber zumindest einige Impulse geben, die Sie in die richtige Richtung führen. Darüber hinaus bietet Ihnen dieses Buch auch eine geeignete Grundlage für ein neues, ganzheitliches Welt- und Menschenbild, das dem wahren Wesen des Menschen sowie der wahren Natur des Seins an sich gerecht wird.

Schließlich wird eine »neue«, unmittelbar einsichtige und logisch nachvollziehbare Ethik vorgestellt. Sie beruht auf den ganzheitlichen Erkenntnissen über die Natur des Menschen. Daher ist sie geeignet, zwischen den ethischen Ansätzen bisheriger Philosophen und den Moralvorstellungen verschiedener Religionen eine Brücke zu schlagen, weil sie deren Basis deutlich macht. Diese fundamentale Ethik ermöglicht Ihnen eine neue Orientierung, eine stabile Basis, die nicht auf Glauben oder Spekulationen, sondern auf echter und unmittelbarer Erkenntnis beruhen.

Die Inhalte dieses Buches sind nicht dazu gedacht, »Beweise« zu liefern. Vielmehr sollen wesentliche Zusammenhänge verdeutlicht werden, die ganz unmittelbar eingesehen und erfahren werden können. Ich möchte Ihnen Inspirationen zur Erkenntnis und Selbsterkenntnis an die Hand geben, damit Sie selbst Zugang zu einer tieferen Wahrheit erhalten. Eine Wahrheit, die sich durch die Mittel des Denkens nicht vollständig beweisen, wohl aber im konkreten Leben überprüfen lässt. So kann dieses Buch Ihnen helfen, innere Gewissheit zu finden, Unterscheidungskraft zu entwickeln und Ihren Horizont zu erweitern. Dabei geht es nicht darum, an etwas zu glauben, sondern darum, zu erkennen und zu verstehen – oder auch nicht.

Indem der Mensch sich dem, was ist, unvoreingenommen stellt, kann er sich dem wahren Wesen der Dinge nähern, und durch diese Einsicht kann er darüber hinausgelangen. Dies ist die Treibkraft der Evolution des Bewusstseins. Diese Evolution hat auch in der Philosophie einen langen Weg hinter sich. Zum ersten Mal aber werden im Bereich der Erkenntnistheorie nun die *Möglichkeiten der Seele und des Geistes als einander ergänzende Faktoren der Erkenntnis* betrachtet. Das große Potenzial dieser Perspektive wird deutlich, wenn wir uns vor Augen führen, dass wir die Ganzheit der Wahrheit nur auf ganzheitlichem Wege erkennen können, also durch unsere Ganzheit als Mensch.

Da die Wahrheit ein Ganzes ist, bieten sich verschiedene Ansatzpunkte an, um dieses große Bild zu beschreiben. Und da alle Aspekte der Wahrheit zusammenhängen und sich gegenseitig ergänzen, werden Sie erst am Ende dieser »Reise« einen Eindruck vom ganzen Bild haben können. Deshalb bitte ich Sie um etwas Geduld, falls Ihnen anfangs noch einiges unklar sein sollte. Im Laufe Ihrer Reise zu einem neuen Menschen- und Weltbild werden die fehlenden Teile nach und nach sinnvoll ergänzt.

Dieses große Bild setzt sich aus den folgenden Teilen zusammen, die eng und auf vielfältige Weise miteinander verbunden sind:

- die Wahrheit als solche mit ihren Aspekten,
- die Dimensionen von Raum und Zeit,
- die Psyche des Menschen mit ihren Aspekten und ihrem Bezug zum Kosmos (vertikale Ebene),
- die Beziehungsebene, also die Interaktion mit anderen Menschen und der Umwelt (horizontale Ebene),
- ethische Prinzipien, die sich daraus ergeben,
- die evolutionäre und gesellschaftliche Ebene.

Diese Betrachtung soll Ihnen nicht nur die Möglichkeit geben, ein tieferes und umfassenderes Verständnis Ihrer äußeren und inneren Welt zu bekommen. Sie soll Sie zugleich inspirieren und Sie dabei unterstützen, entsprechend dieser Erkenntnisse zu handeln. Wenn dies einigen Menschen gelingt, dann hat dieses Buch seinen Sinn erfüllt. Denn die echte, wahrhafte Erkenntnis, die das Herz berührt, verbreitet sich wie ein Funke, der von einer Seele zur nächsten überspringt. Ein Mensch, der sein inneres

Licht entfacht hat, der leuchtet auch in die Welt hinein und erleuchtet das Dunkel der Welt.

Die Liebe ist das Licht der Seele, und die wahrhafte Erkenntnis ist das Licht des Geistes. An beidem mangelt es in dieser Welt noch sehr, und all ihre Krankheiten sind nur die Symptome dieses grundlegenden Mangels. Der Mensch wandelt immer noch im Halbdunkel und kann nur ahnen, was wirklich ist. Er kann nur ahnen, wer er selbst ist und welche Stellung er im großen Ganzen, im Kosmos, hat. Er begnügt sich mit Fantasien und Halbwissen. Aber diese Zeiten werden nun allmählich ein Ende finden.

Es werde Licht!

Ich wünsche Ihnen, dass die folgenden Seiten Ihnen dabei helfen, Ihr inneres Licht zu entfachen.

Die Wahrheit

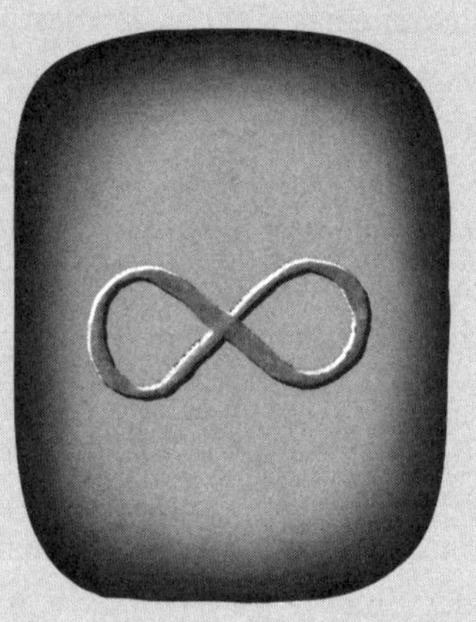

Die Frage »Was ist wahr?« beschäftigt die Philosophie seit jeher, neben den anderen beiden elementaren Fragen »Was ist gut?« und »Was ist schön?«. Diese drei Fragen bilden die Überschriften der drei großen Bereiche der Philosophie: der Erkenntnistheorie, der Ethik und der Ästhetik.

Diese Bereiche betreffen essenzielle Bedürfnisse des Menschen. Das Glück oder Unglück, das ein Mensch im Leben erfährt, hängt eng damit zusammen, welche Antworten er für sich selbst auf diese Fragen gefunden – oder auch nicht gefunden – hat. Für das Wohlergehen der Menschheit sowie für unser eigenes Wohl müssen wir daher auf diese Fragen nicht irgendwelche, sondern die elementaren Antworten finden. Erst diese können unserem wahren Sein und Wesen, unserer eigentlichen Natur und der Natur der Dinge gerecht werden. Und erst dann sind sie wirklich dazu geeignet, dem einzelnen Menschen in seinem ganz konkreten Leben zu helfen. Dies ist bisher kaum gelungen. Noch klaffen die einzelnen Bereiche in der Philosophie – wie auch in den meisten Menschen – weit auseinander. Es fehlt ihnen die gemeinsame Basis.

Diese gemeinsame Basis muss in der Erkenntnis der Wahrheit liegen. Denn aus der Einsicht in das wahre Wesen der Dinge ergibt sich logischerweise und unmittelbar auch die Einsicht in das wahrhaft Gute und das wahrhaft Schöne. Denn das Gute und das Schöne sind nur Aspekte der Wahrheit und nicht davon getrennt. Deshalb beginnen wir unsere Betrachtungen mit der Frage nach der Wahrheit.

Können wir die Wahrheit überhaupt so sehen, wie sie ist? Besonders in demokratischen Ländern herrscht die Auffassung, dass alles relativ ist und jeder Mensch in seiner eigenen Wahrheit lebt. Um überhaupt auf einen gemeinsamen Nenner zu kommen, wird das als »richtig« angenommen, was die meisten Menschen denken, fühlen und wollen. Dies geschieht z. B. in der Politik durch Wahlen, aber auch in vielen anderen Bereichen des Lebens. Maßstab für vieles ist die Meinung anderer, die Meinung der Masse – unabhängig davon, worauf diese gerade begründet ist. Auch in der westlichen Philosophie herrscht heute zumeist die Meinung, dass man sich einen gemeinsamen Konsens nur auf der relativen Ebene erarbeiten kann. Dieser Konsens verändert sich mit der Zeit. Was heute als »wahr« oder »gut« gilt, ist morgen »out«. Weltbilder und ethische Standards sind »Geschmackssache« geworden, die man beliebig wechseln kann – je nachdem, was gerade gefällt oder dem Eigeninteresse nützlich ist.

In anderen Ländern herrscht oder herrschte dagegen die Auffassung, dass es nur eine Wahrheit gibt, der sich alles unterzuordnen hat und in der für die Wahrheiten der Einzelnen kein Raum ist. Dies ist besonders in solchen Ländern der Fall, die sich einer religiösen Diktatur, z. B. Islamismus, oder einer politischen Ideologie, z. B. Sozialismus, Nationalsozialismus, Faschismus, verschrieben haben. Hier gilt nur das, was der Prophet oder der Begründer der Ideologie gesagt hat – bzw. das, was verschiedene »Sachverständige« davon verstanden und daraus gemacht haben. Die persönlichen Meinungen und Ansichten einzelner Menschen haben in solchen Gesellschaften keinen Raum und werden so weit wie möglich unterdrückt. Es wird eine mögliche Wahrheit zum Absoluten erklärt. Das Relative in seiner Vielfalt hat hier keinen Raum.

Wir werden bald sehen, dass diese beiden extremen Ansichten sich nicht etwa widersprechen, sondern ergänzen, da die Wahrheit einen absoluten *und* einen relativen Aspekt besitzt.

Und zu beiden Aspekten können wir einen bewussten Zugang erhalten!

Zunächst einmal brauchen wir aber einen geeigneten Ansatzpunkt, um uns der Wahrheit zu nähern. Dieser Ansatzpunkt kann nicht auf der relativen Ebene liegen, sondern er muss den absoluten Aspekt der Wahrheit berühren. Damit schaffen wir eine stabile Basis, auf welcher wir weitergehen können. Wir wollen also zunächst das betrachten, was unabhängig von unserer eigenen Erkenntnis *wahr* ist, also das absolute und unbezweifelbare Wesen der Wahrheit selbst. Wenn wir bei dem beginnen, was wir mit Gewissheit sagen können, dann ergibt sich alles Weitere von selbst. Wir erfahren dabei, dass die Wahrheit nicht etwa nebulös oder schwierig, sondern klar und einfach ist. Dann können das ganze Potenzial und die ganze Schönheit der Erkenntnis sich auf völlig natürliche Weise entfalten.

Was können wir nun über die Wahrheit mit Gewissheit aussagen? Wir können zunächst einmal sagen, dass die Wahrheit alles das umfasst, was IST. Alles, was existiert, ist als solches wahr. Es ist ein Teil der Wahrheit. Wahrheit ist in diesem absoluten Sinne nichts anderes als Existenz.

Alles, was existiert, ist wahr, und alles, was wahr ist, existiert.
Daraus ergeben sich unmittelbar die drei grundlegenden Eigenschaften der Wahrheit:

1. *Die Wahrheit ist grenzenlos.*
   Denn alles, was ist, ist ein Teil der Wahrheit. Auch das Nichts ist, sobald es irgendwo existiert, als solches wahr. Es gibt nichts, was außerhalb der Wahrheit existiert, denn sobald es existiert, ist es wahr und somit ein Teil von ihr.

2. *Die Wahrheit ist ewig.*
   Es gibt zu jedem Zeitpunkt Existenz. Auch das Nichts ist existent; es ist eine besondere Qualität des Seins, eine qualitative Ausprägung, die die Wahrheit annehmen kann. Somit kann es niemals wirklich nichts geben, da es zumindest immer die Wahrheit gibt, die dieses Nichts beinhaltet. Das Nichts als solches, sofern es existiert, ist auch etwas und damit wahr. So hat die Wahrheit also praktisch – zeitlich gesehen – keinen Anfang und kein Ende. Sie ist unvergänglich, auch wenn ihre Inhalte sich wandeln.

3. *Die Wahrheit hat keinen Gegensatz.*
   Da es nichts gibt, was außerhalb der Wahrheit liegen kann, kann sie auch keinen Gegensatz haben. Alles, auch der Gegensatz, die Dualität, sind in ihr enthalten, da sie als solche existieren.

Dieses umfassende Verständnis der Wahrheit erlaubt uns, neue Wege zu beschreiten. Es bietet uns den Schlüssel, um jegliche Dualität aufzulösen. Denn es beinhaltet den absoluten Aspekt der Wahrheit, den man sich jederzeit ins Bewusstsein rufen kann, wenn man es möchte, um so aus den engen Grenzen und Zwängen des dualistischen Denkens auszubrechen.

Was bedeutet das für unser Leben? Das dualistische Denken sieht alles im Gegensatz. Es ist ein Schwarz-Weiß-Denken, das z. B. in der Lüge oder der Illusion einen Gegensatz zur Wahrheit sieht. Wenn man aber tiefer sieht, wenn man den absoluten Aspekt der Wahrheit mit einbezieht, dann sieht man die Wahrheit in der Lüge und in der Illusion. Sobald man die Existenz der Illusion als solche erkannt hat, hat man die Wahrheit erkannt – unabhängig vom Inhalt der Illusion. Die Wahrheit ist nicht außerhalb der Illusion, sondern sie liegt in der unmittelbaren Erkenntnis der Illusion und in der Erkenntnis der wahren Bedeutung der Inhalte der Illusion. Die Illusion ist voller Wahrheit, denn sie ist ein Teil der Wahrheit. Aber natürlich muss man sich, um dies erkennen zu können, aus der Identifizierung mit den Inhalten lösen. Es ist somit eine Instanz nötig, die sich außerhalb der Illusion befindet. Dies werden wir später näher betrachten, wenn wir uns mit der Struktur der Psyche beschäftigen.

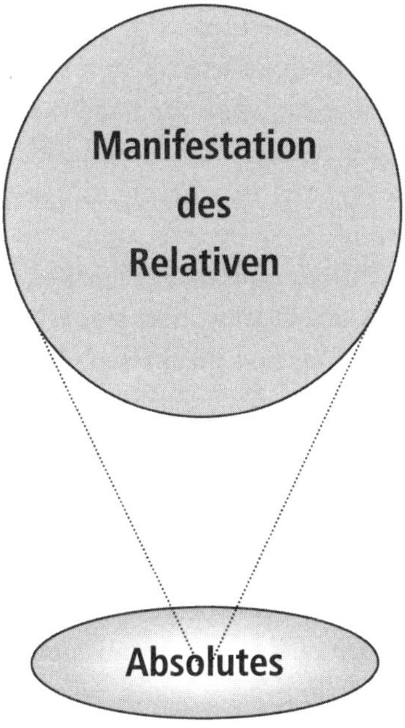

Abbildung 1: Absoluter und relativer Aspekt der Wahrheit

An dieser Stelle ist zunächst die Unterscheidung zwischen dem absoluten und dem relativen Aspekt der Wahrheit wichtig. Der absolute Aspekt der Wahrheit liegt in ihrer Unendlichkeit und Ewigkeit. Der relative Aspekt liegt in der Dynamik ihrer Manifestationen an der »Oberfläche«, in Raum und Zeit, die begrenzt und vergänglich sind. Das Relative wird aus dem Absoluten ständig »neu geboren«. Es »füllt« gewissermaßen diese Ewigkeit und Unendlichkeit mit konkreten Inhalten. Das Relative wäre ohne das Absolute nicht möglich, genauso wie umgekehrt. Beide Aspekte bedingen sich gegenseitig, so, wie der Ozean die Wellen an seiner Oberfläche bedingt und ohne diese Oberfläche nicht denkbar wäre.

So enthält alles, was existiert und damit Teil der Wahrheit ist, auch diese beiden Aspekte, denn dies sind die Aspekte der Wahrheit. Alles, was an der Oberfläche der Erscheinungen existiert, hat zugleich einen Zugang, eine Verbindung zur Tiefe, in welcher sein ewiger Ursprung liegt. Beispielsweise sind die Zellen eines Organismus hoch differenziert, tragen jedoch in ihrem Kern die gleiche Erbinformation. Den zyklischen Veränderungen der Natur wie Jahreszeiten, Tag und Nacht usw. liegen dauerhafte kosmische Gesetze zugrunde, die diese Veränderungen im Relativen bewirken. Die Gesetze und wirkenden Kräfte bleiben dabei die gleichen. Die vergänglichen Phänomene unseres alltäglichen Lebens repräsentieren ewige kosmische Prinzipien. Dies zeigt sich auch schon in unserer eigenen körperlichen Entwicklung von der Eizelle bis hin zum komplexen menschlichen Wesen. In dieser individuellen Entwicklung durchlaufen wir im Kleinen sämtliche Stufen der Evolution.

Diese »Rekursivität« oder »Selbstähnlichkeit« ist ein wesentliches Merkmal der Wahrheit, das in ihrer Natur begründet ist.

Denn jede konkrete Wahrheit ist immer auch Teil einer umfassenderen Wahrheit. Die Wahrheit liegt im Kleinen wie im Großen, denn alles, was ist, ist Teil der Wahrheit und besitzt damit auch ihre wesentlichen Aspekte.

Ist die Wahrheit nun kompliziert? Im Grunde ist sie in ihrer absoluten Essenz sehr einfach, zugleich aber höchst *unbestimmt*. Die Unbestimmtheit bzw. Unbestimmbarkeit ist ein wesentlicher Aspekt davon, worauf auch die Unschärferelation der Quantenphysik hindeutet. Bestimmbarkeit manifestiert sich erst an der Oberfläche der relativen Erscheinungen. Die Wahrheit besteht praktisch aus einem absoluten, höchst dynamischen »Urgrund« potenzieller Möglichkeiten und einem relativen »Randbereich« manifestierter, konkreter Erscheinungen. So ist sie praktisch ihr eigener Gegensatz bzw. Ausgleich. Dies entspricht dem grundlegenden Gesetz der Polarität, des Ausgleichs, nach welchem alles seinen Gegensatz, seine Ergänzung hat, um im Gleichgewicht zu sein. Das Gleichgewicht der Kräfte ist eine notwendige Bedingung für jegliche Existenz.

Diese Polarität besteht zugleich auch auf der relativen Ebene, die ebenfalls nur durch ein Gleichgewicht von Gegensätzen bestehen kann. Dualismus entsteht, wenn das menschliche Denken sich auf diese Gegensätze fixiert, ohne das große Ganze und den gemeinsamen Nenner zu sehen.

Der »Urgrund« ist absolut und ewig durch seine Dynamik und Unbestimmbarkeit. Das Manifeste, Konkrete, das wir so gern für absolut halten, ist nur deshalb möglich, weil es relativ und vergänglich ist, bzw. es ist vergänglich, weil es so konkret ist. Nichts Konkretes kann ewig oder unendlich und damit absolut sein. Diese Dimensionen liegen jenseits des Konkreten.

Im Taoismus wird das Absolute »Tao« genannt, und das daraus hervorgehende Gleichgewicht der Gegensätze wird durch das »Yin & Yang«-Symbol verdeutlicht. Diese Zusammenhänge können durch Meditation direkt und unmittelbar erfahren werden. Sie sind jedoch als solche unabhängig von unserer Erkenntnis immer da, weil nur auf dieser Basis überhaupt irgendetwas Konkretes da sein kann. Ohne diese speziellen, grundlegenden Gleichgewichte und Polaritäten würde das konkrete Sein sich nicht einen Moment lang bewahren können, und es bliebe nur Chaos oder das Nichts.

Da wir Menschen Teil der Wahrheit sind, spiegeln sich ihre wesentlichen Aspekte, das Absolute und das Relative, auch in uns wider, was wir später (im Modell der Psyche) noch genauer betrachten werden. In dieser Tatsache, dass wir Teil der Wahrheit, also untrennbar mit ihr verbunden sind, liegt ein großes Erkenntnispotenzial. Denn wir haben somit jederzeit unmittelbaren Zugang zur Wahrheit und können ihre tiefere Natur beobachten, wie es z. B. Maharishi Mahesh Yogi in seinem Buch *Die Wissenschaft vom Sein und die Kunst des Lebens* beschrieben hat. Allerdings liegt gerade darin auch die Tücke, da ein Beobachter, der selbst Teil des Systems ist, dieses durch seine Beobachtung normalerweise beeinflusst, was auch die Unschärferelation gezeigt hat. Dadurch verfälscht sich die Sicht, wenn sich der Beobachter dieses Einflusses nicht zugleich bewusst ist.

Ohne Selbsterkenntnis gibt es somit kaum irgendeine weitere Erkenntnis auf der relativen Ebene. Sie ist außerdem die Voraussetzung dafür, dass wir bewussten Zugang zum absoluten Aspekt unseres eigenen Seins und damit allen Seins finden können. Wahre Objektivität ist nur möglich, wenn wir *alle* Aspekte des Subjekts einbeziehen! Dies hat die Philosophie und auch die Wissenschaft der Vergangenheit kaum je berücksichtigt.

Um zu sehen, wie Erkenntnis funktioniert und welche großen und meist ungenutzten Möglichkeiten wir hier haben, müssen wir zunächst das Instrument der Erkenntnis betrachten: uns selbst – mit allen dazugehörigen Aspekten. Daher werde ich zunächst ein ganzheitliches Modell der Psyche vorstellen. Diese grundlegende Struktur der Psyche ist ein Abbild der Wahrheit. Sie existiert, auch wenn wir sie nicht erkennen, obwohl wir sie natürlich zugleich auch unmittelbar erfahren können.

Wir brauchen jedoch eine Basis, von der aus wir die Struktur der Psyche überhaupt einsehen können. Ich möchte daher zunächst auf die beiden wesentlichen Dimensionen der Wahrheit eingehen: Raum und Zeit. Erst, wenn wir das wahre Wesen von Raum und Zeit verstehen, können wir verstehen, wie unsere Psyche in diesen Dimensionen funktioniert. Denn Raum und Zeit sind weitaus mehr, als wir uns normalerweise darunter vorstellen.

Gerade deshalb ist aber unsere Erfahrung gefragt, weil wir über unsere bewusste Erfahrung Zugang zu diesen Dimensionen haben. So möchte ich Ihnen im Folgenden Anregungen geben, die Ihnen helfen, diese beiden Dimensionen unvoreingenommen zu erfahren. Dies hängt natürlich auch mit der Struktur der Psyche und den darin begründeten Möglichkeiten zusammen, welche ich Ihnen später noch verdeutlichen werde. Auch wenn die Erfahrung von Raum und Zeit durch die Struktur der Psyche überhaupt ermöglicht wird, brauchen wir zunächst die Erfahrung, um die Struktur der Psyche wirklich zu verstehen. Daher möchte ich zunächst auf die Aspekte von Raum und Zeit eingehen.

Raum und Zeit

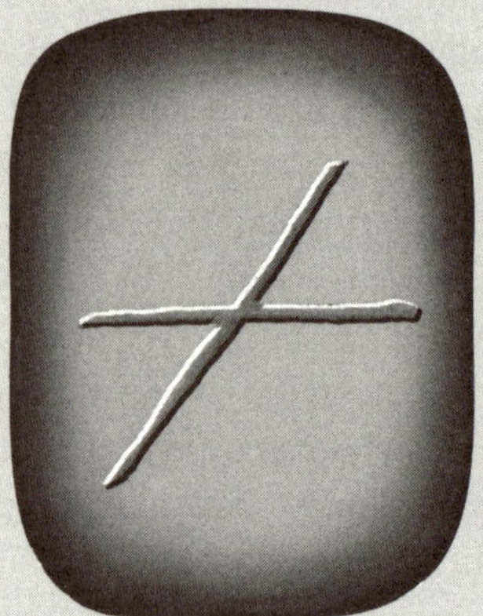

Wir leben in einem bestimmten Raum, an einem bestimmten Ort, zu einer bestimmten Zeit. Raum und Zeit sind die zwei wesentlichen Koordinaten unseres Lebens, an denen wir uns ständig orientieren. Diese beiden Koordinaten spannen unsere ganze relative Welt auf, in der wir uns befinden. Alles Geschehen hat einen bestimmten räumlichen und zeitlichen Verlauf. Wir sind an diese Dimensionen gewöhnt, und unser ganzes Denken spielt sich darin ab.

Da nun alles, was existiert, ein Teil der Wahrheit ist, ist in allem auch die Wahrheit enthalten – mit ihrem relativen und ihrem absoluten Aspekt. Dies ist das Gesetz der Entsprechung: wie im Großen, so im Kleinen. Jegliche Form von Existenz muss zwangsweise diese beiden Aspekte enthalten, um eine Ganzheit zu bilden und somit überhaupt da sein zu können. Dies gilt auch für uns Menschen, wie wir später noch sehen werden.

Zunächst aber wollen wir Raum und Zeit als solche unter diesen beiden Aspekten betrachten. Denn sie sind die Dimensionen, an denen wir uns orientieren. Wenn wir diese nicht verstehen, wie sie wirklich sind, dann können wir alles Weitere, was sich in diesem »Koordinatensystem« unseres Lebens abspielt, auch nicht so sehen, wie es ist. Dann ist uns der Zugang zu wahrhafter Erkenntnis versperrt.

Raum: absolute und relative Aspekte

Der absolute Aspekt des Raumes ist die Unendlichkeit.

Auf der relativen Ebene haben wir bestimmte Entfernungen, Relationen von Nähe und Distanz, von Größe usw. Wir denken in diesen Relationen, und das ist die Basis für viele Dualitäten, die wir erleben. Wir erleben Trennung, Alleinsein auf der einen und Verbundenheit, Nähe auf der anderen Seite. Wir pendeln ständig zwischen diesen Extremen hin und her. Wir haben ein Gefühl für Ausdehnung oder auch für Begrenzung und Enge. Auf diese Weise erleben wir die Dimension des Raumes auf der relativen Ebene.

Viele psychische Probleme und auch zwischenmenschliche Konflikte resultieren aus der Fixierung auf diese relative Ebene. Uns fehlt in diesen Fällen die Bewusstheit über die absolute Ebene. In zwischenmenschlichen Beziehungen müssen wir ständig abwägen, wie viel Nähe oder auch Distanz wir uns wünschen bzw. ertragen können. Wir müssen darauf achten, dass wir nicht zu viel und nicht zu wenig Raum einnehmen. Wir fühlen uns zeitweise einsam und entfernt von anderen, dann auch wieder bedrängt oder eingeengt. Auf dieser Ebene müssen wir ständig regulieren, welche räumlichen Gegebenheiten (nicht nur materiell, sondern auch psychisch) wir brauchen. Dabei steht unser Bedürfnis oftmals im Widerspruch zu den Bedürfnissen anderer.

Diese Regulation benötigen wir in gewissem Ausmaß, um das eigene Leben in der relativen Dimension des Seins zu regeln. Dabei ist wichtig, ein gewisses, persönliches Gleichgewicht zwischen Nähe und Distanz zu schaffen. Wie es Kurt Riemann aber schon in seinen *Grundformen der Angst* beschrieben hat, gibt es Ängste im Menschen, die dieses natürliche und gesunde Gleichgewicht verhindern oder stören sowie die Erfahrungsmöglichkeiten sehr einschränken, wie z. B. die Angst vor zu viel Nähe (dem Verlust der eigenen Identität) oder die Angst vor dem Alleinsein (dem Verlust der Verbundenheit).

In diesen Fällen kann uns das Bewusstsein über den absoluten Aspekt sehr nützen. Viele Probleme lassen sich dadurch auflösen, und wir sparen eine Menge an Energie. Denn auf der absoluten

Ebene ist man als Teil der Wahrheit jederzeit mit allem, was ist, verbunden. Wir können dies ganz unmittelbar spüren, wenn wir zu dem absoluten Teil von uns selbst bewussten Zugang haben. Dort sind wir sowohl zutiefst allein (individuell) als auch verbunden mit allem, was ist. Auf dieser Ebene gibt es keine Dualität. Dort ist alles vorhanden, und Ängste verlieren somit ihre Bedeutung und ihren Sinn.

Diese Erfahrung geht über das Denken hinaus. Das Denken ist zwangsläufig begrenzt, denn es ist ein logisches System. Es beruht auf bestimmten Axiomen und spannt auf dieser Grundlage ein ganzes komplexes System an Gedanken auf. Gedanken jedoch sind immer konkret. Das Denken wäre insofern vergleichbar mit einem Zahlensystem in der Mathematik, wie z. B. den natürlichen Zahlen. Ein solches System ist zwar in gewisser Weise auch unendlich, da es auf der Grundlage seiner Axiome immer größere Zahlen bilden kann. So hat auch das Denken eine Vorstellung von Unendlichkeit und ist in einer gewissen Weise unendlich erweiterbar. Dies aber wird der wahren Unendlichkeit nicht gerecht, sondern ist nur ein schwacher Abglanz davon, da es eindimensional, also nur in eine Richtung erweiterbar, ist.

Wenn wir zu einem Zahlensystem neue Axiome hinzufügen, werden neue Zahlen möglich, die über die Grenzen des alten Systems hinausgehen und die Zwischenräume füllen. So können die natürlichen Zahlen erweitert werden in den negativen, rationalen, reellen und komplexen Bereich. Entsprechend dazu wird auch das Denken komplexer, tiefer und differenzierter, wenn wir neue Axiome einführen. Dennoch bleibt es – gemäß dem *Gödelschen Unvollständigkeitstheorem* – immer begrenzt und relativ. Diesem Theorem entsprechend, gibt es in jedem logischen System immer auch wahre Aussagen, die mit den Mitteln des Systems nicht beweisbar sind. Gödel hat dies durch einen mathematischen Beweis gezeigt.

Für unser Denken bedeutet das, dass wir Inhalte als wahr einsehen können, auch wenn wir sie uns nicht logisch erklären können. Wir können Einsichten erhalten, die die Grenzen unseres bisherigen Weltbilds sprengen und die dennoch zweifellos wahr sind. Denn die Wahrheit geht letztlich immer über das Denken hinaus. Wir können mit dem Denken nie die ganze Unendlichkeit der Wahrheit – in allen Dimensionen – erfassen, auch wenn wir uns ihr auf relativer Ebene immer weiter »annähern« können.

Das Denken ist meist gefangen in seiner eigenen »kleinen Grenzenlosigkeit«. Es fühlt sich allmächtig und ist sich über seine wahren Grenzen nicht bewusst. Deshalb ist es so schwer, das Denken zu beenden, denn es erzeugt eine Illusion von Sicherheit und von Wissen, worin natürlich auch Wahrheit enthalten ist, aber eine relative Wahrheit. Weil der Mensch an diese Illusion gern glaubt, hält er am Denken fest. Kaum findet das Denken aber ein Ende, ist wahre Unendlichkeit da. Diese können wir ganz konkret erfahren. Wie dies »psychologisch« möglich ist, werden wir später noch untersuchen.

Ein Mensch, der sich dieser Dimension seiner selbst bewusst ist, wird niemals unter Einsamkeit und Trennung leiden, sich aber auch niemals von anderen »vereinnahmen« lassen oder ihre Grenzen überschreiten. Er kann mit großer Gelassenheit durchs Leben gehen, da seine Basis das Absolute ist. In dieser gelebten Erkenntnis liegt eine Heilkraft, die viele zwischenmenschliche Probleme auflösen kann.

Außerdem hilft uns das Bewusstsein über die absolute Dimension des Raumes dabei, die Relativität räumlicher Gegebenheiten zu erkennen. In unserem Alltag und auch in unserem wissenschaftlichen Denken bestimmt unsere veraltete Vorstellung von Raum oftmals immer noch unser Leben. Wir messen alles in Entfernungen, ohne uns zugleich darüber bewusst zu sein, dass im Grunde alles miteinander verbunden ist, hier und jetzt. Wir sind uns selten darüber bewusst, dass alles ein Teil der Wahrheit ist, die das ganze Sein durchzieht. Alles ist mit allem verbunden. Alles ist eins, wenn auch an der Oberfläche höchstdifferenziert und verschieden. Die Quantenphysik vermittelt uns einen kleinen Eindruck davon, wie es im Hintergrund, unter der Oberfläche der Relativität, aussieht. Nur wenige sind aber wirklich bereit, dieses Wissen zu verstehen und daraus die richtigen Schlüsse für ihr Leben zu ziehen. Viele Menschen sammeln Informationen, ohne wirklich zu verstehen, und nennen das »Wissen«. Wahres Wissen, wahre Erkenntnis, berührt die Seele und verändert das ganze Sein. Wer wirklich tief versteht, bleibt niemals in seinem Herzen unberührt.

Wenn wir die absolute Dimension des Raumes wirklich erkennen und begreifen würden, hätte das unmittelbare Auswirkungen auf unsere Beziehungen. Wir würden nicht mehr gegeneinander kämpfen, da wir fühlen würden, dass wir alle miteinander verbunden sind und praktisch nur uns selbst bekämpfen würden. Wir alle sind Aspekte *einer* Wahrheit, eines großen Ganzen, das gerade so, in dieser Vielfältigkeit, einen Sinn ergibt. Wir sind wie die hochdifferenzierten Zellen eines kosmischen Organismus, und jede einzelne ist wichtig. Es hilft niemandem, wenn wir andere Elemente dieses großen Ganzen bekämpfen. Unsere Aufgabe besteht vielmehr darin, unsere wahre Funktion zu erkennen und sie auf die beste Weise auszuführen, zum Wohle des Ganzen, der Wahrheit, die sich in all diesen Erscheinungen manifestiert.

Wir sind nicht getrennt, auch wenn zwischen uns Milliarden von Lichtjahren liegen mögen. Wir sind alle Teil eines großen Ganzen, und nichts kann darin verloren gehen. Alles ist da, hier und überall. Das ist der absolute Aspekt des Raumes. Ohne das Bewusstsein dieses Aspektes ergibt alles andere wenig Sinn, und wir irren an der Oberfläche des Lebens herum, ohne wirklich zu verstehen.

Aus einer anderen Perspektive können wir sagen: Wir sind zugleich begrenzt und grenzenlos. So, wie die Wahrheit grenzenlos ist und subtil in ihrer Tiefe, aber zugleich höchst differenziert und konkret an der Oberfläche. Der Mensch ist ein relativ autonomes, von der Umwelt abgegrenztes System, das mit anderen Systemen interagieren kann. Zugleich befindet er sich schon rein materiell in ständigem Austausch mit der Umwelt, indem er z. B. atmet und sich ernährt. Dieser Austausch existiert auch auf energetischer und geistiger Ebene, wie wir später noch betrachten werden. Wir sind immer mit allem verbunden, auf jeder Ebene, und doch haben wir auch Grenzen, die nötig sind, um unser Überleben als Individuen zu sichern. Wir sind so etwas wie autonome Unendlichkeiten, getrennt und doch verbunden, allein und doch eins mit allem, was ist.

So ist es möglich, dass wir alle unsere eigenen Wahrheiten bzw. Wirklichkeiten erschaffen, während wir alle zugleich Teil der einen, allumfassenden Wahrheit sind. Denn wir sind Wahrheit, die sich selbst erfährt – in verschiedensten Facetten. Nur durch das Zusammenspiel von Autonomie und Verbundenheit ist dies überhaupt möglich. Dies ist die Grundlage jeglicher Evolution.

Wenn wir uns dessen bewusst sind, können wir die Wirklichkeiten und Daseinsformen anderer Menschen leichter akzeptieren und sie annehmen, wie sie sind. Wir sehen dann unmittelbar ein, dass alle Lebensformen verschiedene, aber völlig gleichwertige Manifestationen der einen Wahrheit sind. Wir erkennen, dass diese eine Wahrheit sie alle in ihrer Tiefe verbindet – ob sie sich dessen bewusst sind oder nicht. Uns selbst und allen anderen Wesen können wir dann mit Achtung und Liebe begegnen, denn in ihnen allen begegnen wir der Wahrheit. Wir werden auch spüren, dass unser Wirken weit über die Grenzen unseres Körpers hinausreicht. Für die Wirkungen unserer Gedanken, Gefühle und Taten können wir dann besser Verantwortung übernehmen. Denn wenn alles immer verbunden ist, hat auch alles, was in uns geschieht, unmittelbar einen Einfluss auf das große Ganze. Vollkommene Isolation gibt es nicht.

Zeit: absolute und relative Aspekte

Der absolute Aspekt der Zeit ist die Ewigkeit.

Der Mensch hat in seinem bewussten Erleben meist nur Bezug zum relativen Aspekt der Zeit. Sein Denken ist an diese Zeit gebunden. Wir haben Erinnerungen und Vorstellungen von Ereignissen, die in der Zukunft kommen könnten. Unser Denken und unser Leben spielen sich meist in einer ständigen geistigen Bewegung auf diesem Zeitstrahl ab. Dabei konstruieren wir mit unserem Denken eigentlich so eine Art »psychische Zeit«, in der wir uns bewegen. Diese steht nur sehr selten im Einklang mit der äußeren, wirklichen Zeit. Wie oft ist der Mensch im Geist mit der Vergangenheit oder der Zukunft beschäftigt und dabei unbewusst über den gegenwärtigen Moment? Zur Vergangenheit gehört nicht nur das, was vor einigen Jahren war, sondern auch das, was in der letzten Minute war. Zukunft ist nicht weit entfernt, sondern auch schon der nächste Moment. Das Denken eilt dem Geschehen oftmals voraus oder hinterher. Nur sehr selten ist der Mensch sich der Gegenwart vollkommen und uneingeschränkt bewusst. Gegenwart ist für ihn nur eine unbedeutende, kleine Schnittstelle zwischen Vergangenheit und Zukunft.

Tatsächlich aber liegt in der Gegenwart unser einziger Schlüssel zu echter, tiefer, unverfälschter Erkenntnis. Denn die Wahrheit ist das, was IST. Das, was war, existiert nicht mehr, und das, was sein wird, ebenso noch nicht. Existenz ist jetzt, immer nur jetzt. Um einen möglichst unverfälschten Zugang zur Wahrheit zu erhalten, müssen wir uns der Gegenwart unvoreingenommen öffnen, wie sie ist.

Zweifellos ist auch Wahrheit in unserer Vorstellung von Zeit enthalten, wie in allem. Wenn wir aber nur in dieser Vorstellung leben, ist es, als würden wir ständig nur die Wellen an der Oberfläche des Meeres wahrnehmen und versuchen, ihre Bewegungen voneinander abzuleiten, ohne uns darüber bewusst zu sein, dass darunter der ganze Ozean liegt. Ohne den Ozean zu verstehen, können wir nicht verstehen, was die Wellen wirklich sind und welche Kräfte sie wirklich bewegen und formen.

Um uns von dieser Oberfläche zu lösen, müssen wir uns von der Tätigkeit unseres eigenen Denkens lösen. Das Denken hält uns in der psychischen Zeit gefangen. Es funktioniert nur in der Zeit. Ein Gedanke folgt auf den nächsten, einer bewirkt den nächsten. Es ist ein Prozess in der relativen Dimension der Zeit. Auch von der Ewigkeit macht das Denken sich eine Vorstellung, indem es sein Bild von Vergangenheit und Zukunft immer weiter ausdehnt. Dies aber ist nur eine Vorstellung, ein schwaches, oberflächliches Abbild des Wirklichen.

Um Zugang zur Wirklichkeit der Gegenwart zu erhalten, muss das Denken enden bzw. zumindest seine Vorherrschaft aufgeben. Der Mensch muss sich aus der Fixierung auf sein Denken lösen, um tiefer sehen zu können. Denn die Gegenwart lässt sich nicht denken, sondern nur wahrnehmen, spüren. In dem Moment, in dem eine Erfahrung, ein Ereignis, zum Inhalt des Denkens wird, ist es schon vorbei. Man kann das Jetzt nicht denken, sondern man kann höchstens an den letzten Moment denken. Das Denken hinkt dem Leben immer hinterher und vermag es nie zu fassen. Es ist ein Instrument der Verarbeitung, der Systematisierung, aber es dient nicht in erster Linie der Erkenntnis.

Wirkliche Einsicht geschieht jenseits des Denkens. Denn Geist ist so viel mehr als Denken, was wir später noch genauer betrachten werden. Nicht umsonst versuchen so viele Meditationsschulen, das Denken zur Ruhe zu bringen, um den Geist für die Gegenwart zu öffnen. Die Menschen neigen heute leider immer noch dazu, diejenigen zu verehren, die viele Informationen in sich angesammelt haben, welche sie »Wissen« nennen. Das Denken wird verehrt und verherrlicht, aber Tatsache ist, dass es nur ein Instrument ist, das dem Überleben dient. Man kann überleben, ohne jemals gelebt und geliebt zu haben, und man kann viel »wissen«, ohne wirklich etwas verstanden zu haben. Die bloße Ansammlung von Informationen bedeutet noch lange nicht, dass man etwas verstanden hat. Im Gegenteil: Wirkliches Verstehen, wirkliche Einsicht, geschieht erst dann, wenn der Geist leer und still ist, um die Wirklichkeit zu empfangen. In einem von selbst erzeugten Vorstellungen erfüllten Geist ist für die Wirklichkeit kein Raum. Ein von totem Wissen erfüllter Geist kann das Wunder des Lebens nicht verstehen.

Das Denken hat zweifellos seinen Sinn, aber es ist ein Werkzeug der Verarbeitung. Viele Menschen sind leider Sklaven ihres eigenen Denkens geworden. Sie wissen gar nicht, wie es sich anfühlt, nicht zu denken. Sie benutzen ihr Denken nicht, sondern das Denken benutzt sie und treibt mit ihnen seine Spielchen, wie es ihm gefällt. Die Menschen denken nicht, sondern das Denken denkt sie, erzeugt Illusionen und versperrt dadurch den Zugang zu echter Erkenntnis. Das Denken bindet den Menschen an die Dimension der relativen Zeit. Innerhalb dieser Dimension funktioniert es hervorragend, aber es kommt niemals darüber hinaus. So kommt auch ein Mensch, der seinem Denken die Kontrolle über sein Leben gegeben hat, niemals über diese Dimension hinaus. Auch wenn er sich von allen möglichen Dingen intelligente Vorstellungen machen kann. Die Vorstellung ist nicht die Wirklichkeit. Das Denken hat keinen wahrhaftigen Bezug zur Dimension der Ewigkeit. Die wirkliche Qualität dieser Dimension bleibt ihm für immer verborgen.

Wenn wir also wahrhaft begreifen wollen, was Ewigkeit ist, müssen wir uns für die Gegenwart öffnen. Unser einziger Schlüssel zur unverfälschten Erkenntnis der Wahrheit liegt hier – so paradox das auf den ersten Blick auch scheinen mag. In der Gegenwart ist die ganze Wahrheit enthalten – sowohl der absolute als auch der relative Aspekt –, denn die Wahrheit IST die Gegenwart. Sie ist alles, was existiert. Wenn wir uns ganz für die Gegenwart öffnen, dann eröffnet sich uns zugleich die Ewigkeit. Dieser für das Denken so winzig klein und unbedeutend scheinende Moment entfaltet dann seine wahre, grenzenlose Größe und Schönheit. Denn in Wirklichkeit ist die Gegenwart ein ewiger Moment, der unser ganzes Sein durchzieht. So wie die Wahrheit selbst hat er weder Anfang noch Ende. Er ist in sich zeitlos und doch voller Bewegung, da aus dem Urgrund des Seins alles neu geboren wird, in jedem Moment.

Wenn wir uns dieser tieferen Dimension bewusst sind, können wir ganz anders leben. Wir können tiefe Erfüllung finden in jedem Moment. Gelassen können wir durchs Leben gehen, weil wir uns nicht mit der Oberfläche identifizieren. Wir können ohne Angst leben, denn Angst ist ein Produkt des Denkens, das sich auf die Zukunft richtet. Wo keine Zukunft ist, wo keine Zeit ist, da ist auch keine Angst. Da ist erst Raum für wirkliche Liebe, denn wirkliche Liebe ist immer neu.

Die Liebe ist auch hier wiederum der Schlüssel, um die Wahrheit zu erkennen, die ewige Gegenwart. Ein Leben in Liebe ist ein Leben, welches sich dieser schöpferischen Quelle der Gegenwart bewusst ist. In dieser ewigen Gegenwart kann nichts wirklich verloren gehen. Das Kommen und Gehen der Wellen an der Oberfläche des Seins ändert nichts am Dasein des Ozeans und all seinem inneren Reichtum. Erkennen wir diesen inneren Reichtum, schaffen wir uns ein Leben in Frieden und Leichtigkeit.

Wie anders sähe unsere Welt aus, wenn die Menschen sich aus dieser Bewusstheit begegnen würden! Die gegenwärtigen Grenzen des menschlichen Bewusstseins sind die Ursachen der Krankheiten unserer Gesellschaft. Erst wenn wir diese Grenzen überwinden oder auflösen, ist wirkliche Heilung möglich – sowohl im Innen als auch im Außen.

Ein Mensch, der im Gewahrsein der Ewigkeit lebt, trauert der Vergangenheit nicht mehr nach. Er spürt, dass all die Ereignisse nicht verloren, sondern in der Tiefe des Seins in Ewigkeit geborgen sind. Er jagt auch nicht mehr der Zukunft hinterher, da er spürt, dass alles Jetzt und in diesem Jetzt alles enthalten ist, was man sich wünschen kann. Darin liegt auch die Freiheit begründet, wählen zu können, welche Potenziale des Seins man in seinem Leben manifestieren möchte. Wer diese Potenziale überhaupt nicht erkennt, der kann sie auch nicht verwirklichen. Man wird immer Opfer seines »Schicksals« bleiben, ein Spielball unbewusster Kräfte und der eigenen Illusionen.

Die Illusion der psychischen Zeit erzeugt so etwas wie einen »Dämmerzustand«, in dem der Mensch dahinvegetiert. Er lebt in einer Illusion von der Welt und von sich selbst. Diese hält er für die Wahrheit. Er ist ein Träumer, der nicht merkt, dass er träumt. Dies wird ihm erst bewusst, wenn er erwacht. Zu erwachen bedeutet, sich der absoluten Dimension des Seins gewahr zu werden. Es heißt, das Wesen der Dinge zu sehen, ohne es durch das eigene Denken gefiltert und verfälscht zu haben. Es heißt, die inneren Augen aufzumachen und hinzusehen. Das zu sehen, was jetzt ist, was wirklich ist. Zu erkennen, dass Vergangenheit jetzt ist, dass Zukunft jetzt ist, dass Anfangs- und Endpunkt von allem allgegenwärtig sind.

Was die meisten Menschen an diesem Erwachen hindert, ist nicht etwa ihre mangelnde Fähigkeit dazu – denn diese Anlagen sind in uns allen potenziell enthalten, da wir alle Teile der Wahrheit sind. Das hauptsächliche Hindernis ist schlicht und einfach das mangelnde Interesse an echter Erkenntnis. Den meisten Menschen ist eine schöne, angenehme Illusion lieber als eine Wahrheit, von der man nicht weiß, ob sie einem gefallen wird. Daher scheuen sich viele davor, ihre Augen aufzumachen und genauer hinzusehen. Sie sehen nur das, was sie sehen wollen, und geben sich damit zufrieden. Und dann wundern sie sich vielleicht, dass sie kein wirklich glückliches und erfüllendes Leben haben, dass sie einen Mangel in sich spüren. Dieser Mangel ist ein Mangel an Liebe und an Wahrheit, an Wahrhaftigkeit. Ein nicht erwachter Mensch ist nicht in der Lage, wirklich zu leben und wirklich zu lieben. Er macht sich von allem nur Vorstellungen, so auch von der Liebe, aber die Vorstellung ist nicht das Wirkliche. Wo keine Offenheit und kein Interesse an der Wahrheit, der Wirklichkeit, sind, da ist zwangsläufig auch kein Raum für wahre, wirkliche Liebe.

Wenn das Denken zur Ruhe kommt, wenn es vollkommen still wird, da es seine eigene Ohnmacht einsieht, eröffnet sich das Tor zum wahren Sein und zu wahrhaftigem, tieferem und umfassenderem Bewusstsein. In diesem Bewusstsein hat auch das Denken Raum, aber als Mittel zum Zweck, das bewusst und gezielt verwendet wird, und nicht als Selbstzweck.

Werden wir uns über die wahre Qualität der Zeit bewusst, dann können wir ein großes schöpferisches Potenzial entwickeln. Wir erkennen dann, dass Schöpfung immer jetzt geschieht. Wenn wir etwas ändern wollen, etwas verwirklichen, so muss das jetzt und immer wieder jetzt geschehen.

Sich dieser Zeitlosigkeit gewahr zu sein, hilft uns, die Dualität von Dauer und Veränderung zu überwinden. Wir können die Veränderlichkeit der relativen Dinge hinnehmen, ohne Angst zu haben, den Halt zu verlieren. Wir sind ja zugleich in Ewigkeit geborgen. Wir können in Leichtigkeit annehmen und loslassen, in ständigem Wechselspiel. Erfahrungen kommen und gehen, andere Menschen kommen und gehen, Gefühle und Gedanken kommen und gehen, aber zugleich sind wir uns dessen, was ewig ist, bewusst. Beide Ebenen ergänzen einander auf heilsame Art und Weise. Ohne das Geschehen des Lebens, die Veränderung, die Entfaltung, die Erfahrungen, hätte das Ewige keinen Sinn. Es muss sich bewegen, muss sich ändern und entwickeln. Das ist die Treibkraft des Lebens. Ohne Veränderung gibt es nur Stillstand, und Stillstand ist Tod. Zugleich hätte aber die Veränderung keinen Sinn, wenn es nicht einen gemeinsamen Nenner gäbe. Einen Urgrund, der sie bewirkt und trägt.

Natürlich gibt es auch in der Tiefe Veränderung, so, wie es auch in der Tiefe des Ozeans Bewegungen und Strömungen gibt, und nicht nur an der Oberfläche. Das Sein an sich ist potenzielle Veränderung, ist Wandel, denn dadurch ist es überhaupt da. Wenn es nicht das Potenzial der Schöpfung in sich hätte, hätte es nicht entstehen können. Und da es das Potenzial der Schöpfung in sich hat, bewirkt es sich ständig neu. Davon aber bleibt die ewige Wahrheit, sprich die *Existenz* des Ozeans, unberührt.

Wir leben in einer ewigen, schöpferischen Gegenwart, und wenn wir unser Bewusstsein in diesem Urgrund verwurzeln, dann bleiben wir selbst im Inneren schöpferisch und ewig jung. In jedem Moment werden wir so wieder neu geboren. Das körperliche Alter, heutzutage überbewertet, verliert seine Bedeutung. Sogar der Tod wird bedeutungslos. Denn in dieser großen Ewigkeit kann nichts verloren gehen. Hier wird in jedem Moment das Alte aufgenommen und das Neue geboren. Dies geschieht im Rahmen bestimmter Naturgesetze, sodass wir an der Oberfläche einen Eindruck von Beständigkeit erhalten.

So verliert auch das dualistische Denken über Leben und Sterben seinen Gehalt. Um zu diesem wirklichen Leben zu erwachen, müssen wir das, woran wir festhalten, loslassen. Unser Denken, unsere Gewohnheiten, all unsere Überzeugungen und Anhaftungen müssen wir hinter uns lassen und uns dem Unbekannten stellen. Dies ist praktisch ein psychischer »Tod«. Die Person, dieses Konstrukt, mit dem man sich identifiziert hat, verliert seine Bedeutung. Sterben bedeutet praktisch nichts anderes, als loszulassen und sich dem ewigen Sein anzuvertrauen.

Die meisten Menschen sterben erst mit dem Tod ihres Körpers – ohne jemals wirklich gelebt zu haben. Und sie fürchten sich vor diesem Tod, der ihnen alles nimmt, woran sie hängen, und sie mit der Unbestimmtheit, dem Mysterium, konfrontiert. Obwohl sie sich zugleich nach irgendeiner Form von Erlösung sehnen, was sich in ihren Religionen widerspiegelt.

Wenn es uns gelingt, im Jetzt innerlich zu sterben, loszulassen, dann werden wir im Jetzt zu ewigem Leben erwachen. Denn wo das Alte endet, da ist Raum für Neues. Und wo die Illusionen enden, da ist Raum für die unverfälschte Wahrheit. Dann kann die Erlösung jetzt geschehen, und wir können friedvoll und mühelos unseren Weg gehen. Erstmals werden wir wirklich spüren, was Leben ist. Der Traum von einer wie auch immer gearteten Erlösung in der Zukunft bewirkt nur, dass wir in der Illusion, im Halbschlaf, verharren. Wir träumen von einer Zukunft, die niemals kommt, weil sie nicht existiert. Nur das Jetzt existiert, die Wahrheit ist jetzt, und in diesem Jetzt liegt das Potenzial für alles, was jemals geschieht. Wenn wir jetzt nicht erwachen wollen, dann werden wir auch später nicht erwachen. Niemand kann uns erlösen, wenn wir es nicht selbst tun. Wenn wir nicht bereit sind, die Augen zu öffnen für das, was ist, und Verantwortung zu übernehmen für unser Sein. Jetzt und immer wieder jetzt.

Die Raumzeit

Der Begriff Raumzeit, der in der Physik gebräuchlich ist, weist darauf hin, dass Raum und Zeit eng miteinander verbunden sind und voneinander abhängen – siehe Einsteins Relativitätstheorie. Demnach hat beispielsweise die Geschwindigkeit, mit der ein

Mensch durch das Universum reist, einen Einfluss darauf, wie schnell er altert. Je schneller seine Geschwindigkeit, also seine Bewegung im Raum, umso langsamer altert er. Außerdem gibt es Raumzeitkrümmungen im Zusammenhang mit der Gravitation. Die relative Zeit verläuft also nicht überall gleich, sondern ist an bestimmte räumliche Bedingungen gebunden.

Auch in unserem ganz konkreten Leben lassen sich diese Zusammenhänge beobachten. Unsere Begriffe von Zeit sind ganz eng an räumliche Variablen gebunden. Wenn wir z. B. die Geschwindigkeit einer Bewegung messen wollen, brauchen wir dafür Bezugspunkte im Raum. Ohne Raum gibt es auch keine Zeit. Beide sind untrennbar miteinander verbunden. Alle Erscheinungen der relativen Ebene lassen sich in dieses Raster einordnen, und so ist es auf dieser Ebene auch möglich, dass es verschiedene »Raumzeiten«, also verschiedene Räume mit verschiedenen Zeiten, geben kann.

Sowohl die Seele als auch der Geist sind unmittelbar mit diesen Dimensionen verbunden und funktionieren in diesem Rahmen. In beiden können wir jedoch gerade deshalb auch Zugang zu den absoluten Aspekten von Raum und Zeit erhalten. In der Seele erfahren wir dabei die räumliche Ausdehnung, die Grenzenlosigkeit und Weite, was die eigentliche Qualität der Liebe in ihrer absoluten Form ist. Über den Geist erhalten wir hauptsächlich Zugang zur Dimension der Ewigkeit. Dies entspricht der eigentlichen Qualität des Bewusstseins, die uns ermöglicht, unverfälscht das Absolute zu erkennen. Dabei haben Seele *und* Geist jedoch auch immer Anteil am jeweils anderen Aspekt des Absoluten. Gerade aufgrund dieser Wechselwirkungen und Schwerpunkte ist es wichtig, die Wahrheit ganzheitlich, also seelisch und geistig, zu erfahren, um sie zu begreifen.

Zusammenfassend können wir festhalten:

- Das Bewusstsein über den absoluten Aspekt des Raumes hilft uns dabei, die Dualität von Nähe und Distanz im Relativen zu überwinden. Wir erkennen unsere elementare Verbundenheit und zugleich die Einzigartigkeit jedes Wesens. Hierdurch können sich Konflikte auflösen, und eine friedlichere und sinnvollere Lebensweise ist möglich.
- Das Bewusstsein über den absoluten Aspekt der Zeit hilft uns, die Dualität von Dauer und Vergänglichkeit im Relativen zu überwinden, die psychische Zeit loszulassen und zu echter Gegenwärtigkeit zu finden. Dies ist ein wichtiger Schlüssel zur Erkenntnis und zur Entfaltung der eigenen Potenziale. Zugleich ist es die Quelle für ein erfüllendes, intensives Leben, das diesen Namen erst verdient.

Ich werde im Folgenden die Struktur der Psyche erläutern und in diesem Zusammenhang die damit verbundenen Aspekte und Begriffe genauer definieren. Das wird uns helfen, die Hintergründe und die Potenziale unserer Erkenntnismöglichkeiten besser zu verstehen.

Die Psyche

Unsere Psyche ist das Instrument unserer Erkenntnis. Sie ist der Raum, in dem sich unser Innenleben abspielt. So ist es sehr wichtig, die Struktur und Wirkungsweise der Psyche zu verstehen, um überhaupt irgendetwas wirklich zu verstehen. Selbst die Psychologie hat aber heute immer noch keine zufriedenstellende Definition vom Gegenstand ihrer Forschung, der Psyche. Die Psychologie ist, wie alle Wissenschaften heutzutage, fragmentarisch und beschränkt sich vorwiegend auf eine bloße Ansammlung von Daten und bruchstückhaften Zusammenhängen. Es wird so viel im Detail geforscht, dass der Sinn für das große Ganze verloren geht und kaum noch jemand in der Lage ist, all die Daten auf einen gemeinsamen Nenner zu bringen.

Auch die psychologischen Modelle sind noch fragmentarisch und begrenzt. Sie entsprechen kaum dem Stand heutiger wissenschaftlicher Erkenntnis wie z. B. den Erkenntnissen der Neuen Physik. Die Psychologie bemüht sich oftmals so sehr, »wissenschaftlich« zu sein, dass sie Wahrheiten ausblendet, die als »unwissenschaftlich« gelten, da sie mit den begrenzten Mitteln ihrer heutigen Forschung nicht zu beweisen sind. Da diese Wahrheiten aber dennoch zum Menschsein dazugehören, ist das heutige Menschenbild der Psychologie noch ziemlich begrenzt und eindimensional – obwohl in Ansätzen wie denen von Sigmund Freud, C. G. Jung, Friedemann Schulz von Thun und den Forschungen der Transpersonalen Psychologie meiner Ansicht nach Schritte in die richtige Richtung zu erkennen sind. Nach wie vor fehlt aber ein Modell, ein Menschenbild, das all die Ansätze und Modelle in einen sinnvollen und klaren Zusammenhang bringen könnte.

Als Psychologin, die sich sowohl intensiv mit spirituellen Traditionen als auch mit den Erkenntnissen der Neuen Wissenschaften beschäftigt hat, möchte ich hier nun ein neues, ganzheitliches

Modell der Psyche vorschlagen, das meiner Meinung nach dem Menschsein besser gerecht wird als die bisherigen Modelle. Es kann auch der Psychologie helfen, ihren wahren Sinn und Zweck besser zu erfüllen sowie auch einen Rahmen, einen gemeinsamen Nenner, für all ihre Erkenntnisse zu finden. Es kann aber auch jedem Einzelnen helfen, sich besser zu verstehen und die eigenen Erfahrungen einzuordnen. Dieses Modell ist auf den obigen Betrachtungen begründet. Es lässt sich logisch aus dem ableiten, was wir über die Wahrheit als solche erkannt haben. Denn als Menschen sind wir ein Teil der Wahrheit. Alle grundlegenden Gesetze und Eigenschaften der Wahrheit gelten auch für uns und in uns. Zugleich muss ein Teil der Wahrheit immer mit den anderen Teilen vereinbar sein, also müssen auch die Erkenntnisse der Wissenschaften ein großes Ganzes bilden.

Diese Betrachtungen bieten nicht nur der Psychologie als Wissenschaft neue Anregungen. Ihnen als Leser werden sie ganz persönlich von Nutzen sein. Vielleicht nehmen Sie Anregungen mit oder entdecken neue Perspektiven, um sich selbst besser zu verstehen. Selbsterkenntnis ist wiederum die Voraussetzung jeglicher weiteren Erkenntnis, und Selbst-Bewusstheit ist die Basis für wirkliche Menschlichkeit sowie für wahrhafte Liebe, wie wir noch sehen werden.

Körper – Seele – Geist

Der Mensch ist zweifellos ein »Gemisch« aus Körper, Seele und Geist.

Der Körper ist der materielle Aspekt. Seine physikalische Entsprechung ist das Teilchen. Diesen materiellen Aspekt zweifelt wohl kaum jemand an, denn er ist offensichtlich. In der heutigen, materialistischen Welt wird der materielle Aspekt sogar überbewertet und oft als alleinige Wahrheit angesehen. Das wiederum verhindert die Einsicht in sein wahres Wesen.

Dieser Körper ist nun belebt, was bedeutet, dass eine bestimmte Form von Energie, nämlich Lebensenergie, in den östlichen Traditionen z.B. »Prana« genannt, mit ihm verbunden ist. Gemäß der Erkenntnisse der Physik ist *alle* Materie mit Energie verbunden, hat also einen energetischen Aspekt. Der Physiker Niels Bohr entdeckte, dass die Wellentheorie und die Teilchentheorie in einem komplementären Verhältnis zueinander stehen, was sich auch experimentell nachweisen lässt. Er bezeichnete diese Beobachtung als Prinzip der Komplementarität. Es manifestiert sich schon allein im Licht, welches sowohl Wellen- als auch Teilcheneigenschaften hat. Welle und Teilchen, also Energie und Materie, hängen eng zusammen und bilden zwei verschiedene, sich ergänzende Aspekte des Ganzen.

Dies ist nichts Neues, und es gilt auch für die sogenannten »unlebendigen« Dinge. Auch diese besitzen eine gewisse Energie, die unter bestimmten Bedingungen freigesetzt werden kann. Dies zeigt z.B. die Möglichkeit der Kernspaltung oder auch die Energiegewinnung durch Verbrennung von Materie oder durch Nutzung ihrer kinetischen Energie in Wasser- oder Windkraftwerken. Jedes Atom besitzt eine bestimmte energetische Struktur, die Quanten, auf denen sich die Elektronen aufhalten. Im Atom selbst ist immer Bewegung, und Bewegung selbst ist Energie. Ohne Energie, ohne wirkende Kraft, keine Bewegung. In der Tiefe der Materie ist alles in Schwingung, und Schwingung ist Energie.

Der Energieerhaltungssatz besagt, dass Energie nie verloren gehen, sondern nur in verschiedene Energieformen umgewandelt werden kann. Energie ist gewissermaßen »ewig«, während die Materie vergänglich ist. Energie verbindet uns sozusagen mit dem absoluten Aspekt der Wahrheit. Sobald wir da sind, also existieren, sind wir energetisch. Materie dient letztlich nur als Speicher von Energie; sie ist laut der Physik selbst »nur« so etwas wie verdichtete Energie. Energie manifestiert sich in Materie, so, wie der absolute, ewige Urgrund sich im Relativen, Konkreten manifestiert.

Das, was wir Seele nennen, ist letztlich nichts anderes als unser energetischer Aspekt. Alle Gefühle und Wahrnehmungen sind energetischer Natur. Wir empfinden Wärme, Kälte, Druck usw. Wir können nur dadurch sehen, dass wir empfänglich sind für die Lichtwellen, die uns erreichen. Wir können nur hören, weil wir Schallwellen empfangen. Wellen sind Energie. Wenn wir selbst nicht Energie wären, hätten wir keine Möglichkeit, mit diesen Schwingungen in Resonanz zu kommen. Wir könnten sie folglich überhaupt nicht wahrnehmen. Wahrnehmung ist ein energetischer Prozess, auch wenn er durch die Materie »kanalisiert« wird.

Unser seelischer bzw. energetischer Aspekt hängt eng mit unserem körperlichen Aufbau zusammen. Dies wird z.B. in der Akupunktur genutzt, und viele östliche Traditionen wie z.B. Yoga kennen das System der Chakren. Es geht von Energiezentren im Körper aus, die spezifische Frequenzen/Schwingungen haben. Mit diesen Frequenzen verbunden, übernehmen sie bestimmte Funktionen, wie Organe und Drüsen zu steuern, aber auch mit Gefühlen und sogar Bewusstseinsebenen zu korrespondieren. Diese Chakren kann man ganz konkret wahrnehmen, wenn man sich dafür sensibilisiert hat. Sie haben jeweils ihre eigenen Frequenzen und korrespondieren mit den jeweiligen Farben des Regenbogens, sodass wir praktisch das ganze Lichtspektrum in uns tragen.

Durch die entsprechenden Schwingungen können wir angeregt und sogar geheilt werden. Die Schwingungen werden dabei von den unteren zu den oberen Chakren hin immer feiner, die Wellenlänge kürzer, vom roten bis zum violetten Licht. Diese Farben sind für Menschen, die dafür sensibilisiert sind, sichtbar und spürbar.

Ich kann Ihnen nur empfehlen, sich mit diesem Thema auseinanderzusetzen, denn es wird Ihr Verständnis von sich selbst – und damit auch von allem anderen – sehr vertiefen und erweitern. Die Struktur unseres Energiekörpers und sein Zusammenhang mit dem materiellen Körper sind wesentlich. Dazu gibt es schon sehr viele gute Bücher, die Sie im Literaturverzeichnis aufgelistet finden.

Es ist aber auch allgemein bekannt, dass bestimmte Gefühle mit bestimmten Körperbereichen verbunden werden, wie beispielsweise das Herz als Zentrum der Liebe. Den meisten Menschen ist es nur nicht bewusst, dass auch Gefühle energetische Phänomene sind. Unsere Gefühle haben eine bestimmte Schwingung, also Frequenz, und gehorchen allen Gesetzen der Energie, wie z. B. dem Gesetz der Resonanz und dem Gesetz der Polarität, aber auch den Gesetzen der Quantenphysik.

Das Gesetz der Resonanz drückt sich beispielsweise durch die bekannte Redewendung »Gleich und Gleich gesellt sich gern« aus. Wir ziehen Menschen und Umstände in unser Leben, die unserer eigenen Schwingung entsprechen. Auch wirkt die Schwingung der Umgebung wie Trauer oder Freude unmittelbar auf unser eigenes Empfinden. Das Gesetz der Polarität äußert sich z. B. im Bereich der Partnerschaft, denn da das Geschlecht selbst eine Polarität von weiblich und männlich ist, ziehen sich hier oftmals Gegensätze an. Dies gilt aber auch in anderen Bereichen.

Gefühle selbst bilden Pole, zwischen denen wir natürlicherweise schwingen. Unser ganzes seelisches Erleben folgt im Grunde den Gesetzen der Physik. Wenn wir uns dies bewusst machen, tun sich ganz neue Möglichkeiten des Verständnisses auf.

Unsere Seele ist also Energie, die unseren Körper mit Leben erfüllt und bewirkt, dass er funktioniert. Ohne Energie ist unser Körper nicht denkbar, so, wie es keine Materie ohne Energie gibt. Energie ist die Essenz der Materie. Sie bewirkt praktisch die Materie, und die Materie speichert und kanalisiert gleichzeitig die Energie. Da Energie aber auch ohne Materie sein kann, ist sie das eigentlich Elementare, die eigentliche Essenz des Menschen, und nicht der Körper. Wir *haben* einen Körper, aber wir *sind* die Seele. Nicht etwa umgekehrt, wie viele denken. Das ist eine sehr bedeutende Erkenntnis, die unserem Leben eine ganz neue Richtung geben kann.

Wichtig ist auch, dass die Energie nicht an den Grenzen unseres Körpers endet, sondern über diesen hinausgeht, da Energie ungehindert fließen kann. Dies äußert sich beispielsweise in Form der Aura, welche man unter bestimmten Bedingungen sehen, aber auch ganz konkret spüren kann. Das ganze Universum ist mit Energie erfüllt, und so sind wir energetisch ständig mit allem, was ist, verbunden. Unser energetischer Zustand hat unmittelbaren Einfluss auf die Umwelt und andere Menschen – ob wir dies wollen oder nicht. Deshalb ist es so wichtig, sich über die Funktionsweise der Seele klar zu sein und sich um ihren Zustand genauso zu kümmern wie um den Zustand des Körpers. Darauf werde ich später noch eingehen.

Der dritte und letzte Aspekt ist der Geist. Wer den Geist einmal genauer betrachtet, merkt schnell, dass er sich von der Seele unterscheidet. Physikalisch gesehen, hat der Geist eher die Eigenschaften eines Feldes. Auch der Geist geht über die Grenzen des Körpers hinaus, so wie ein Feld. Ein Magnetfeld umgibt beispielsweise einen (physikalischen) Körper. Es geht über dessen körperliche Grenzen hinaus – praktisch bis ins Unendliche, wobei die Stärke des Magnetfelds mit wachsender Entfernung vom Körper abnimmt. Das Feld hängt in seiner Ausprägung und Stärke wiederum vom Fluss und der Ausprägung der Energie ab und korrespondiert aufs Engste mit ihr. So korrespondieren auch Seele und Geist miteinander nach den entsprechenden Gesetzen der Natur. Zugleich korrespondiert der individuelle Geist eines Menschen mit dem »kosmischen Geist«, dem Energiefeld des ganzen Kosmos, welches in der Physik dem »Nullpunktfeld« oder »Psi-Feld«, dem »morphogenetischen Feld« nach Rupert Sheldrake bzw. auch dem »A-Feld« von Ervin Laszlo entspricht. Dieses »kosmische Feld« und das Feld des persönlichen menschlichen Geistes tauschen sich von Natur aus ständig und intensiv aus. Die geistigen Impulse, die wir aus diesem Feld erhalten, nennen wir »Inspirationen«.

Ein wesentlicher Faktor des Geistes ist das Bewusstsein. Dies ist eigentlich seine Essenz, das Denken nur sein Werkzeug. Das Bewusstsein durchdringt alles und korrespondiert auf diese Weise mit der Seele und mit dem Körper. Da es von seiner Schwingung her sehr fein ist, kann es das Grobe der Materie und auch die gröberen Schwingungen der seelischen Regungen durchdringen. Dieses Durchdringen ist gerade dadurch möglich, weil das Bewusstsein von anderer Qualität ist. Diese Synthese aus Einheit und Verschiedenheit ist die Grundlage unseres bewussten Seins. So können wir uns unserer seelischen Gefühle und unserer Körperlichkeit bewusst werden und diese steuern.

Die Seele ist praktisch der Vermittler zwischen Körper und Geist. Der Geist steuert den Energiefluss, und die Energie, sprich die Seele, lenkt den Körper. Umgekehrt ermöglicht der Körper, dass die Energie sehr differenziert und geregelt, nämlich innerhalb bestimmter Strukturen, fließen kann. Dies beeinflusst wiederum den Geist, insbesondere seine Tätigkeit des Denkens, welche durch dieses komplexe Zusammenspiel erst ermöglicht wird.

Körper, Seele und Geist sind in uns Menschen nicht voneinander getrennt, sondern bewirken und durchdringen sich gegenseitig. Die ganze Komplexität und Vielfalt unseres Menschseins, die noch weit über das hinausgeht, was uns heute normalerweise bekannt ist, wird dadurch erst möglich. Wie dieses Zusammenspiel gelingt, obwohl diese Qualitäten von Körper, Seele und Geist so verschieden sind, versucht die *Mikrolokalisationshypothese* nach John Eccles zu erklären. Sie besagt, dass das Gehirn in seiner Tiefenstruktur nach den Gesetzen der Quantenphysik funktioniert und dass sich der Geist, das Feld des Bewusstseins, somit dieser energetischen Möglichkeiten bedienen kann, um die Materie zu steuern.

Ein geistiger Impuls wie z. B. die Entscheidung, den Arm zu heben, kann so auf Mikroebene die Materie beeinflussen, indem sie etwa die Verteilung bestimmter Ionen entlang der Nervenzellmembranen verändert und dadurch sogenannte Aktionspotenziale bewirkt. Diese energetischen Potenziale sind die Grundlage unserer nervlichen Erregungsleitung. Die Nervenfunktionen sind wiederum Basis für die Körperbewegungen. Unsere geistigen Impulse haben auf Mikroebene unmittelbaren Einfluss auf das körperliche und auch das emotionale Geschehen. Dazu müssen uns diese Impulse nicht einmal bewusst sein. Bis sie uns bewusst werden, haben sie manchmal schon längst ihre Wirkung getan.

Aus materialistischer Sicht heraus wird die Interaktion des Geistes mit der Materie immer ein Rätsel bleiben. Alles, was wir hier tun können, ist, Korrelationen zu untersuchen, und dies können wir endlos fortsetzen. Wie könnten wir aber die Entstehung des Geistes jemals aus den mechanischen Funktionen unseres Gehirns *ableiten*? Und wie ist es möglich, dass wir durch einen geistigen Impuls die Anordnung von Ionen in unserem Körper *beeinflussen* können? Zwischen Geist und Materie gibt es keine feste Brücke, die logisch verfolgbar wäre. Dieser »Zwischenraum« wird bestimmt durch sprunghafte Ereignisse und Potenziale, von den Gesetzen der Quantenphysik. Denn dies ist die gemeinsame Basis allen Seins und somit auch die Ebene, auf der Geist und Materie korrespondieren können.

Im Grunde können wir uns nur durch diese Perspektive erklären, warum wir ein so vielfältiges Erleben haben, wo doch alle nervliche Erregungsleitung an dieselben Ionen gebunden ist. Auf Mikroebene besteht hier kaum ein Unterschied. Den Unterschied macht offenbar die Ordnung des Ganzen, die sich durch das Bewusstsein manifestiert und in ihm seinen Ursprung hat. Aktionspotenziale sind immer gleich. Der Ort im Gehirn oder im restlichen Körper, an dem sie auftreten, entscheidet über die Empfindung, die wir damit verbinden. Nur das Feld des Geistes hat die Möglichkeit, die Bedeutung verschiedener Orte im Raum zu erkennen und ihnen bestimmte Qualitäten zuzuordnen.

Dies bedeutet, dass letztlich jede Ursache im Geist liegt – ob sie uns gerade bewusst sein mag oder nicht. Denn nur der Geist hat die Möglichkeit, die Materie sinnvoll zu steuern und zu organisieren. Daher ist es wichtig, die Fähigkeiten unseres Geistes, besonders unseres Bewusstseins zu fördern, anstatt nur die mechanischen Funktionen des Denkens zu trainieren. Das Bewusstsein hat die Möglichkeit, bis in die Tiefe zu dringen, wo alles eins ist, und den gemeinsamen Ursprung von allem zu erkennen. Denn dies ist auch sein Ursprung. So können wir die essenzielle Verbundenheit von Körper, Seele und Geist unmittelbar erkennen und erfahren, wenn wir unser Bewusstsein vertiefen und seine Potenziale entfalten.

Was aber ist nun die *Psyche*? Dieser Begriff steht für die Einheit aus Seele und Geist, also für den nicht-materiellen Aspekt des Menschen oder auch anderer Lebewesen. Denn auch Tiere haben Gefühle und Wahrnehmungen und eine Form von Bewusstsein, die sich in der Fähigkeit zu gezielter Aufmerksamkeit ausdrückt. Wie Seele und Geist beim Menschen zusammenspielen und welche Erkenntnis sich daraus für uns ergibt, werde ich im nächsten Abschnitt genauer darstellen.

Ein integratives Modell der Psyche

Wie alles auf der Welt haben auch die Seele und der Geist einen absoluten und einen relativen Aspekt.

Der relative Aspekt der Seele ist leicht zu erkennen, denn er besteht aus all unseren Wahrnehmungen, Gefühlen und Emotionen, die, wie wir wissen, nur allzu vergänglich sind. Diese energetischen Bewegungen in uns sind wie die Wellen auf der Oberfläche des Ozeans. Sie kommen und gehen in ständigem Wechsel, einmal langsamer, einmal schneller, aber niemals sind sie ewig.

Das Zentrum dieses Erlebens ist das *Ego*. Um dieses Zentrum scheint sich alles zu drehen. Es bildet einen Kern, der diesem relativen Geschehen einen Halt gibt. Das Ego selbst ist letztlich relativ, denn es muss ständig mit Energie versorgt werden, um bestehen zu bleiben. Es kann größer oder kleiner, stärker oder schwächer sein, kann verletzt oder aufgebaut werden, wie es in der Umgangssprache heißt. Es kann sogar ganz verschwinden. Und da uns allen das mehr oder weniger bewusst ist, haben wir oft Angst um unser Ego und versuchen, es zu verteidigen und aufzubauen, so gut es geht. Denn wir brauchen diesen Halt, solange wir mit der relativen Ebene identifiziert sind. Und dieser ständige Kampf verbraucht eine Menge Energie.

Der absolute Aspekt der Seele ist uns dabei selten bewusst, da wir so sehr mit dem Geschehen an der Oberfläche beschäftigt sind. In der Tiefe der Seele aber, hinter all diesen Bewegungen, sind wir mit dem absoluten Urgrund des Seins verbunden, mit der Quelle unserer Lebensenergie, die allgegenwärtig und so auch in uns zu finden ist. Diese Quelle ist es, die in jedem Moment unser Sein bewirkt und erhält. Es ist reine Schöpfungskraft. Dies ist auch logisch, denn wenn die allumfassende Wahrheit jetzt ist, dann muss auch die Quelle von allem immer jetzt sein und wirken, und dies im Großen wie im Kleinen.

Da unser Bewusstsein unser ganzes Sein durchzieht, ist es möglich, bewussten Kontakt zu dieser Quelle aufzunehmen und sie zu spüren. Diese Quelle nenne ich das *Selbst*. Dies ist unser energetisches Zentrum auf der absoluten Ebene, die ewige Quelle unserer Seele. Sie ist immer da, auch wenn wir uns normalerweise dieser Quelle nicht bewusst sind. Wenn wir jedoch mit unserem Bewusstsein hier verankert sind, haben wir einen wirklichen Halt gefunden. Wir müssen dann kaum noch Energie aufwenden, um diesen aufrechtzuerhalten. Im Gegenteil, wir werden sogar mit ewiger, unbegrenzter Energie versorgt. Je mehr wir uns dieser Quelle bewusst sind, umso ungehinderter kann die Energie fließen. Unser Geist interagiert und korrespondiert immer mit unserer Seele, und dort, wo die Aufmerksamkeit ist, da ist auch die Energie konzentriert.

Werden wir unseres Selbst bewusst, dann müssen wir keine Energie mehr in die Aufrechterhaltung des Egos stecken. Wir haben das Ego dann gar nicht mehr so nötig. Es verliert an Bedeutung, da wir jetzt den eigentlichen, ganz natürlich vorhandenen Bezugspunkt gefunden haben. Die Energie wird jetzt frei und steht uns für andere, wesentlichere Dinge zur Verfügung. Dies ist eine wichtige Grundlage der »Selbstwerdung«. Das Selbst übernimmt die Führung. Unser Leben wird dadurch auch tiefer und erfüllender, und ganz automatisch wird die Dualität an der Oberfläche überwunden. Von jetzt an nehmen wir alles vor dem Hintergrund des großen Ganzen wahr und können das Relative in seiner Relativität erkennen.

Der energetische »Schwerpunkt« des Selbst liegt im Herzbereich, wie auch der des Egos und der Seele an sich. Wenn wir das Selbst spüren, dann wird unser Herz leicht und weit. Dies ist die Voraussetzung dafür, wirklich lieben zu können. Solange das Ego die Herrschaft hat, ist wirkliche Liebe nicht möglich, denn das Ego ist immer begrenzt, und es hängt eng mit Ängsten zusammen. Ängste entstehen in der Fixierung auf das Ego, weil es nicht wirklich einen Halt bieten kann, und Ängste bewirken, dass das Ego verteidigt wird. Es ist ein Teufelskreis, aus dem wir nur ausbrechen können, wenn wir uns des tiefen Selbst bewusst werden. Jenseits des Egos entsteht erst Raum für wirkliche Liebe. Im Gewahrsein des Selbst endet die Angst, denn hier erkennen wir die Ewigkeit und Unendlichkeit in uns selbst.

Der Geist hat nun, ebenso wie die Seele, einen absoluten und einen relativen Aspekt. Der relative Aspekt des Geistes ist das Denken und all seine Inhalte. Die Gedanken kommen und gehen, wie die Wellen der Gefühle, und beide korrespondieren auch eng miteinander, sodass die Gedanken bestimmte Gefühle bewirken und umgekehrt. Es ist ein ständiges Wechselspiel.

Das Zentrum des Denkens auf der relativen Ebene ist das *Ich*. Die Aussage »Ich denke, also bin ich« bekommt unter diesem Aspekt eine ganz neue Bedeutung, denn praktisch ist das Denken die Ursache für das Ich. Das Denken denkt das Ich. Sobald das Denken endet, endet auch die Vorstellung vom Ich. Das Selbstbild ist ein Konstrukt des Denkens, das auf vergangenen Erfahrungen und auf Informationen von außen beruht. Daher haben wir am Anfang unseres Lebens auch noch kein Ich. Als Kleinkinder müssen wir erst lernen, in der Ich-Kategorie zu denken, und wir entwickeln diese Kategorie dann weiter entsprechend unserer Lebenserfahrungen. Dieses Konstrukt ist wie das Denken selbst relativ und veränderlich.

Natürlich gibt es Gedächtnisinhalte, die längere Zeit überdauern und uns deshalb ein Gefühl von Beständigkeit vermitteln. Wir sind auch in unserem Überleben darauf angewiesen, dass wir uns auf diese Inhalte verlassen können. Dennoch sind auch diese Inhalte bei genauerer Betrachtung nicht so stabil, wie wir glauben, was auch die psychologische Forschung gezeigt hat. In Wirklichkeit sind wir selbst es, die jedes Mal, wenn wir uns »erinnern«, die Erinnerung aus den verbliebenen Fragmenten neu konstruieren. Das dabei entstehende Bild kann allerdings immer weiter abweichen von dem, was wirklich war, ohne dass wir uns dessen bewusst sind. Im Nachhinein werden Erinnerungen anders gefärbt und bekommen andere Bedeutungen und Schattierungen. Und auch unser »Wissen« ist vergänglich, denn wir vergessen es, wenn wir es nicht immer wieder abrufen. Die Gedächtnisspuren verlöschen dann früher oder später. Das

Denken erhält also seine relative Beständigkeit, indem wir es ständig aktivieren und die Abläufe wiederholen. Dies können wir auch konkret beobachten, wenn wir unsere geistigen Aktivitäten einmal genauer betrachten.

Um unser eigenes Denken aber aus einer gewissen Distanz heraus beobachten zu können, ist es nötig, bewussten Zugang zu einer Instanz zu finden, die jenseits des Denkens liegt. Die meisten Menschen sind in den Aktivitäten ihres Denkens gefangen und gelangen kaum darüber hinaus. Sie sind völlig identifiziert mit ihren Gedanken. Es fällt ihnen schwer, einmal nicht zu denken oder das eigene Denken unbeteiligt zu beobachten. Dennoch ist es möglich, da auch der Geist einen absoluten Aspekt hat. Dieser Aspekt ist das reine Bewusstsein an sich. Das Bewusstsein geht weit über das Denken hinaus, obwohl es dieses auch durchdringt. Das Feld des Geistes, des Bewusstseins, durchdringt die Materie und die energetischen Prozesse unseres Gehirns, und so ist es möglich, diese bewusst zu beobachten, ohne sich damit zu identifizieren.

Das Zentrum im Bewusstsein, von dem aus dies geschieht, möchte ich *»neutraler Beobachter«* nennen. So, wie das Selbst das absolute Zentrum unseres Seins ist, so ist der Beobachter das Zentrum unseres Bewusstseins auf absoluter Ebene. Dieser Beobachter ist immer da, solange wir existieren. Auch im Schlaf ist er da und beobachtet unsere Träume. Wenn wir im Schlaf bewussten Gebrauch von ihm machen, dann haben wir sogenannte »luzide Träume«. Er ist eigentlich die Quelle des Lichtstrahls unserer Erkenntnis. Diesen Lichtstrahl können wir auf alles lenken, was wir uns ansehen wollen. Wir haben die Möglichkeit, ihn bewusst zu lenken, anstatt ihn unbewusst von den Geschehnissen in uns und um uns herum kontrollieren zu lassen. Solange wir mit dem Denken identifiziert sind, treibt unsere Aufmerksamkeit wie ein Boot ohne Steuermann in diesem inneren Ozean herum. Wir fühlen uns dann als Opfer der Ereignisse und sehen uns gezwungen, ständig nur zu reagieren, anstatt bewusst zu agieren und selbst die Ursachen zu setzen in der Welt, die wir uns wünschen. Dies ist erst dann möglich, wenn der Geist seine eigene, naturgegebene Freiheit erkennt, die durchaus im Einklang mit dem Naturgesetz steht.

Wenn wir uns dieses Beobachters bewusst sind, dann sind wir uns zugleich der Ewigkeit und Unendlichkeit unseres Geistes bewusst, der praktisch mit allem, was ist, verbunden ist. Wir haben mit unserem kleinen Menschengeist praktisch und unmittelbar Anteil am großen Weltgeist, am Bewusstsein der ganzen Welt. Dieses Potenzial können wir aber nicht nutzen, solange wir ausschließlich an die Aktivitäten unseres Denkens gebunden sind. Das Spiel der Wellen an der Oberfläche des Ozeans verhindert manchmal die Sicht in die Tiefe. Deshalb ist es hilfreich, die Aufmerksamkeit vom Denken zu lösen und es still werden zu lassen, um eine tiefere Einsicht zu erhalten.

Ähnlich wie auf seelischer Ebene ist es auch auf geistiger Ebene so, dass uns die Relativität des Denkens erst deutlich wird, sobald wir unser reines Bewusstsein wahrnehmen. Sobald wir bewussten Zugang zum absoluten Zentrum des Geistes, dem Beobachter, haben, müssen wir nicht mehr am Ich festhalten. Das Ich verliert dann an Bedeutung und wird nur noch dann verwendet, wenn es wirklich nötig ist, um in der relativen Welt zu handeln. Da das Ich begrenzt ist, wie auch das Ego, engt es den Geist ein, wenn wir uns zu sehr mit dem Ich identifizieren. Dies schränkt unsere Erkenntnisfähigkeiten sehr ein. Wie ich bereits geschildert habe, ist es das Denken, das das Ich erzeugt, und das Denken funktioniert nur in der relativen Welt – in einer bestimmten Raumzeit, da es an diese Dimensionen gebunden ist. Und für das Leben in diesen Dimensionen ist es wichtig. Aber um Zugang zum Absoluten, zum Hier und Jetzt, zum Zeit- und Grenzenlosen zu bekommen, müssen wir das Denken loslassen. Wir lösen uns damit von unserer Fixierung auf das Ego-Ich.

Der Zugang zum Absoluten führt über die Einsicht in die Relativität des Relativen – sowohl auf geistiger als auch auf seelischer Ebene. Beide sind eng miteinander verbunden und ergänzen sich gegenseitig. Die Seele repräsentiert in ihrem absoluten Aspekt das Sein an sich, der Geist das Bewusstsein. Sein und Bewusstsein aber hängen immer zusammen. Das Sein ist der Inhalt des Bewusstseins, und das Bewusstsein ist zugleich auch wieder Teil des Seins, der Existenz. Nur auf diese Weise kann die Wahrheit sich in uns und durch uns ihrer selbst bewusst werden und sich entfalten. Das Sein wird bewusst, und dieses Bewusstsein wird zu neuem Sein, das wirken und wiederum bewusst werden kann. In diesem ewigen Werden liegt die »Treibkraft« der Schöpfung, der Evolution. Je ganzheitlicher dieser Prozess geschieht, also je tiefer das Bewusstsein ins Sein reicht, umso klarer, reiner und unverfälschter wird unsere Erkenntnis.

Ich möchte Ihnen im nebenstehenden Modell der Psyche einen besseren Überblick über die Zusammenhänge der psychischen Instanzen geben.

Dieses Modell betrachtet den seelischen und den geistigen Aspekt. Die Führung des absoluten Teils unserer Seele, des Selbst, geschieht über *Intuition*. Die Führung des absoluten Teils unseres Geistes, des neutralen Beobachters, geschieht durch *Inspiration*.

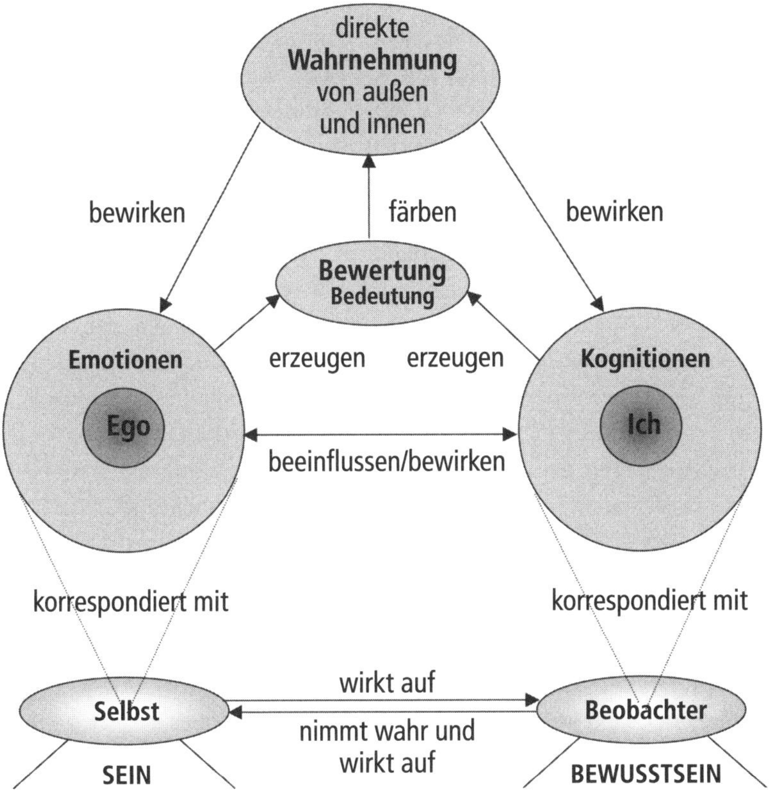

Abbildung 2: Die Struktur der Psyche

Einen dritten Aspekt habe ich hierbei bewusst vernachlässigt, nämlich den der *Instinkte*, den körperbezogensten Aspekt. Natürlich hat auch er eine absolute und eine relative Dimension. Diese bieten uns ebenfalls viele Erkenntnismöglichkeiten, wenn wir uns vom Relativen lösen und uns dem Absoluten zuwenden.

Das absolute Potenzial unserer Instinkte wie z. B. der Sexualität zu nutzen, ist ein Thema für sich. Es ist zugleich auch gebunden an den bewussten Zugang zum Selbst und zum Beobachter. Dies möchte ich hier nicht weiter vertiefen, da es vom eigentlichen Thema wegführen würde. Wichtig ist mir an dieser Stelle anzumerken, dass unsere Bewusstwerdung über die Natur der Seele und des Geistes zugleich auch die Voraussetzung dafür ist, um bewusst mit unseren Instinkten umzugehen und ihre wahre Natur zu erkennen und zu nutzen. Später, in den ethischen Prinzipien, werde ich aber auf den Aspekt der Sexualität noch genauer eingehen. Er gehört natürlich auch zum Menschsein dazu und beeinflusst unser Dasein wesentlich, auch auf seelisch-geistiger Ebene. Im bewussten Umgang mit unseren Instinkten liegt daher ein großes Potenzial, welches bisher kaum jemandem bekannt ist.

In dem Modell der Psyche lassen sich die Instinkte im Bereich der Wahrnehmungen einordnen, denn sie sind letztlich nichts anderes als innere Wahrnehmungen, mit denen wir ebenso bewusst umgehen müssen wie mit allen anderen Wahrnehmungen und energetischen Phänomenen auch. Gelingt uns dies, können wir unser Gleichgewicht bewahren und das wahre Potenzial dieser Kräfte nutzen.

Die Möglichkeiten der Erkenntnis

Das beschriebene Modell der Psyche macht deutlich, dass unsere Interaktion mit unserer Umwelt – sowie auch mit unserer eigenen Innenwelt – maßgebend von unserem inneren Zustand und dem Grad unserer Bewusstheit bestimmt wird. Äußere und innere

Reize spezieller Art erregen unsere Aufmerksamkeit und erzeugen in unserer Psyche eine entsprechende Resonanz. Dieses Geschehen bewerten wir aufgrund unserer Kognitionen und Emotionen, die vor allem auf früheren Erfahrungen beruhen. Unsere Bewertungen färben wiederum das Bild, das wir uns von der Umwelt und den Ereignissen in ihr sowie auch von unserer Innenwelt machen.

Auch die inneren Geschehnisse werden oftmals fehlgedeutet oder durch eine bestimmte Brille wahrgenommen, was wahre Einsicht verhindert. Im Umgang mit äußeren Wahrnehmungen besteht noch die Schwierigkeit, dass diese unsere Sinnesorgane passieren und durch diese erst »übersetzt« werden müssen, sehen wir einmal von übersinnlichen Wahrnehmungen ab, die auf direkter energetischer Ebene wirken. Wenn wir uns diese Einschränkungen bewusst machen, wird uns deutlich, wie wichtig unsere Selbsterkenntnis für jegliche weitere Erkenntnis ist.

Unsere Innenwelt ist der Schlüssel zu jeder echten Erkenntnis, denn es besteht unter bestimmten Bedingungen die Möglichkeit, das innere Geschehen so wahrzunehmen, wie es ist, ohne es zu deuten oder zu interpretieren. Wir können zu diesem Geschehen unmittelbaren Zugang haben, sobald wir uns vorurteilslos dafür öffnen und die Schubladen des Denkens hinter uns lassen.

Natürlich steckt auch in jedem Impuls, den wir von außen erhalten, Wahrheit über die Außenwelt. Aber um diese Wahrheit zu »entschlüsseln«, müssen wir wissen, wie wir funktionieren. Vor allem müssen wir die Gesetze kennen, nach denen unsere Wahrnehmung funktioniert. Wir müssen uns z. B. darüber klar sein, dass Farben in unserem Geist konstruiert werden als Entsprechungen bestimmter physikalischer Wellenlängen des Lichts, das unsere Augen erreicht. Wir können auf dieser Ebene nicht wissen, ob es in der Außenwelt so etwas wie Farben, so, wie wir sie wahrnehmen, überhaupt gibt. Und so ist es mit vielen anderen Eindrücken auch. Unsere Sinneswahrnehmungen sind durchaus zweifelhaft, und wenn wir sie für bare Münze nehmen, erliegen wir einer Täuschung. Wir sind nicht mehr offen für die Wirklichkeit, die dahintersteckt.

Eigentlich macht der normale Mensch es im Grunde genau anders herum. Er hält die Informationen, die er von der Außenwelt auf relativer Ebene bekommt, für absolut wahr und zweifelt die Wahrheit seiner eigenen psychischen Inhalte an. Genau genommen ist aber alles, was in uns geschieht, unbezweifelbar wahr. Wir nehmen es nämlich direkt mit unserem Bewusstsein wahr und können einfach beobachten, völlig ungefiltert. Das Außen erreicht uns jedoch normalerweise hauptsächlich durch den Filter unserer Sinne.

Das bedeutet natürlich nicht, dass das innere Bild, das wir uns von der Welt machen, in Bezug auf seinen Inhalt unbezweifelbar wahr ist. Es heißt nur, dass unsere Wahrnehmungen und geistigen Inhalte als solche wahr sind – unabhängig davon, was sie über die Außenwelt aussagen, also unabhängig von der Bedeutung, der Interpretation, die ihnen das Denken geben möchte. Jenseits jeder Bewertung ist das, was ist, einfach das, was ist, und somit wahr.

Wenn wir uns z. B. in unserem Geist das Bild von einem Elefanten machen, dann ist dieses Bild eine innere Wahrheit, unabhängig davon, ob es gerade mit einem Elefanten in der äußeren Welt korrespondiert oder nicht. Die innere Wahrheit ist unbezweifelbar. Die Möglichkeit zur Verfälschung der Erkenntnis entsteht erst dann, wenn wir aus der Existenz des Bildes darauf schließen, dass dieser Elefant zugleich eine äußere Realität sein *muss* – oder aber keine äußere Realität sein kann. Sobald wir einer solchen Dualität verfallen, entfernen wir uns von den Potenzialen echter Erkenntnis. Der Schlüssel liegt immer darin, die Unbestimmtheit zuzulassen und in *Möglichkeiten* zu denken.

Wir können uns ein Bild von der Wahrheit machen, unabhängig davon, ob dies den tatsächlichen Gegebenheiten in der Welt wirklich entspricht. Das Bild ist jedoch zweifellos ein Teil der Wahrheit, weil es existiert. Es hat somit einen absoluten und einen relativen Aspekt. Der absolute Aspekt liegt darin, dass das Bild existiert und damit als solches wahr ist. Es repräsentiert in dieser Hinsicht die innere Wahrheit der Person, die sich dieses Bild macht. Wenn wir es aus dieser Perspektive sehen, können wir zugleich auch viel über die relative Wahrheit der Person lernen. Wir können z. B. etwas darüber erfahren, warum eine Person in ihrem Geist ein Bild von einem Elefanten hat. Was bedeutet ihr dieses Bild? Was verbindet sie damit? Wie sehr hängt sie an diesem Bild? Welche Erfahrungen hat sie mit Elefanten gemacht? All das führt uns zur Wahrheit, denn es ist Teil der Wahrheit der Person – unabhängig von der Wahrheit des Elefanten an sich.

Der relative Aspekt des Bildes liegt darin, dass es einerseits veränderlich und vergänglich ist wie die innere relative Wahrheit der Person – es kann und sollte ja neuen Erfahrungen angepasst werden. Und andererseits darin, dass fraglich ist, was dieses Bild über die »Wirklichkeit« der Außenwelt aussagt. Solange wir uns in diesem Bild befinden und es für die absolute Wahrheit halten, können wir den wahren absoluten Anteil nicht erkennen. Erst aus einer gewissen Distanz heraus können wir beide Aspekte so sehen, wie sie sind. Wir können uns erst dann unvoreingenommen der äußeren Wirklichkeit stellen, wenn wir das Bild als solches, sprich als unser eigenes Konstrukt, erkennen. Erst, wenn wir alle Vorstellungen darüber loslassen, was ein Elefant ist, können wir unsere Möglichkeiten optimal ausschöpfen, um sein wahres Wesen zu erkennen und zu erfahren.

Die Menschen sind sich der Relativität ihrer Bilder oft nicht bewusst. Sie erheben die eigene innere Wahrheit in ihrem relativen Aspekt zum Absoluten und halten daran fest. Daraus entstehen unweigerlich Konflikte, weil man ein Bild verteidigen will, das nicht in Einklang steht mit der Wahrheit »da draußen«. Man entwickelt ein begrenztes Weltbild, das bestimmte Wahrheiten anderer Menschen ausschließt. Dies ist der Ursprung und zugleich die Folge des dualistischen Denkens. Wie wir aber gesehen haben, ist die Wahrheit grenzenlos, sie umfasst alles, was ist. Sobald wir etwas ablehnen oder ausklammern, entfernen wir uns in unserem Bild von der Wahrheit des großen Ganzen. Denn die Wahrheit schließt nichts aus.

Die Kunst besteht für uns darin, einen bewussten Zugang zum absoluten Aspekt des Seins zu finden. Gelingt uns dies, dann werden wir mit großer Gelassenheit durchs Leben gehen. Wir können im bewussten Einklang mit der Wahrheit in allem und in uns selbst leben. Die Einsicht in die Relativität des Relativen öffnet uns das Tor, das Absolute zu erkennen. Das erleichtert uns wiederum, das Relative als relativ zu sehen. Diese Unterscheidungsfähigkeit ist die Grundlage, um unsere wahren Erkenntnismöglichkeiten zu nutzen.

Natürlich sind unsere Erkenntnis und Wahrnehmung nicht nur an unsere körperlichen, also materiellen, Sinnesorgane gebunden. Wenn wir uns klarmachen, dass die Energie unserer Seele und das Feld unseres Geistes über unsere körperlichen Grenzen hinausreichen, können wir auch einsehen, dass wir mit der Außenwelt auf vielen Ebenen verbunden sind und mit ihr interagieren – nicht nur auf dem Umweg durch den Körper, sondern auch direkt, unmittelbar. Wenn wir bewussten Zugang zu diesen Ebenen erhalten, können wir noch ganz andere Möglichkeiten der Erkenntnis nutzen, unsere sogenannten »medialen« oder »übersinnlichen« Fähigkeiten entfalten. Ein größeres, umfassenderes Bild der Welt kann entstehen. Die »übersinnliche« Wahrnehmung ist in gewissem Sinne direkter, unmittelbarer als die sinnliche, weil sie auf rein energetischem Wege geschieht, ohne »Übersetzung« durch die Sinnesorgane. Jedoch sollten wir auch hier voreilige Schlüsse und dualistische Interpretationen vermeiden, um den Erkenntnisgewinn nicht zu trüben. Wir brauchen in jedem Fall eine hohe Bewusstheit, um das Potenzial unserer Erkenntnis maximal nutzen zu können.

Je mehr Ebenen der Erkenntnis und der Wahrnehmung wir einbeziehen, umso vollständiger und wahrheitsgemäßer wird unser Bild, unsere Vorstellung, von der Außenwelt. Wenn wir Zugang zu der absoluten Ebene unserer Wahrnehmung und Erkenntnis erhalten, können wir unmittelbare Einsicht in das Wesen, den absoluten Aspekt, der Dinge – auch außerhalb von uns – bekommen. Wir nähern uns dadurch einem Leben im Einklang mit dem großen Ganzen und öffnen uns für Harmonie und Verständnis. Wo kein Verständnis in das wahre Wesen der Dinge ist, da ist auch kein wirklich heilsames Handeln möglich. Da wird die Unordnung der Welt nur verstärkt – auch wenn die Absicht noch so wohlwollend sein mag. Darauf werde ich später im Abschnitt über Ethik eingehen.

Natürlich ist uns aber nie die allumfassende Erkenntnis der Wahrheit allen Seins möglich. Wir können zwar, sobald wir Zugang zu unserem eigenen absoluten Aspekt haben, auch unmittelbaren Zugang zum absoluten Aspekt in allem haben, da dies die ewige Quelle ist, die alles Sein durchzieht. Dennoch müssen wir uns den relativen Aspekt der Dinge auf der relativen Ebene »erarbeiten«. Auf dieser Ebene werden wir niemals Vollständigkeit erhalten, da das Sein an seiner Oberfläche so unendlich vielfältig und komplex und außerdem in jedem Moment neu ist. Kein Moment ist wie der andere, und kein Zustand des Seins ist wie der andere. So können wir uns, auch wenn wir aus dem Bewusstsein des Absoluten heraus leben, niemals auf unseren Erkenntnissen ausruhen, denn das Leben geht immer weiter. Sobald wir nicht mehr vollkommen offen sind für die Wahrheit der Gegenwart, haben wir den Anschluss verloren. Der Anschluss zum Absoluten bleibt uns immer erhalten, aber der Anschluss zum relativen Sein muss in jedem Moment neu erschaffen werden, so, wie auch dieses selbst in jedem Moment neu erschaffen wird.

Diese Zusammenhänge möchte ich Ihnen mit Abbildung 3 noch einmal verdeutlichen. In diesem Modell sind Seele und Geist eines Menschen »zusammengeschoben« und zusammengefasst: Der absolute Aspekt ist die Ebene des Selbst und des »neutralen Beobachters« bzw. des reinen Bewusstseins, der relative Aspekt ist die Ebene des Ego-Ich, der konkreten, speziellen Gedanken und Gefühle.

Die beste Erkenntnis ist also die, die sich aller Ebenen bedient. Dazu müssen wir uns aus der Fixierung auf die relative Ebene lösen. Wir können diese als relativ erkennen und uns für die ihr innewohnende Unbestimmtheit öffnen. Die größte Gewissheit können wir paradoxerweise dadurch erhalten, wenn wir uns dieser elementaren Unbestimmtheit des Seins bewusst sind und ihr Raum geben. Wenn wir versuchen, die Unbestimmtheit zu vermeiden, dann schränken wir uns ein. Wir entfernen uns so-

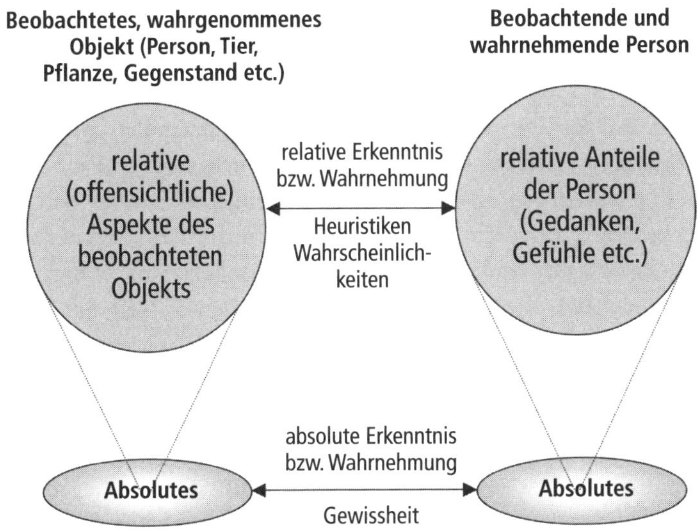

Abbildung 3: Ebenen der Erkenntnis

mit von der Wahrheit der Dinge, die wir betrachten, denn Unbestimmtheit ist ein wesentlicher Aspekt der Wahrheit. Genau genommen, existiert sie in ihrer Tiefe genauso wie an ihrer Oberfläche, nur jeweils in verschiedenen Formen. Die Quantenphysik, insbesondere auch die Unschärferelation, gibt uns einen kleinen Hinweis auf diesen Aspekt des Seins. Je tiefer wir in das Wesen der Dinge aus relativer Perspektive heraus eindringen, desto größer wird ihre Unbestimmbarkeit bzw. Relativität. Das Relative kann das Absolute nie verstehen oder fassen. Aber aus unserem eigenen absoluten Anteil können wir mit dem Absoluten in allem in Resonanz kommen und so einen unmittelbaren Zugang erhalten.

Je beweglicher, freier und flexibler unser Geist ist, umso leichter fällt es uns, der Bewegung der relativen Wahrheit zu folgen, die sich nicht vorherbestimmen, sondern höchstens abschätzen lässt. Der Unbestimmtheit Raum zu geben führt uns zur unverfälschteren Erkenntnis der Wahrheit, also des Seins, wie es wirklich ist, bzw. dessen, was wirklich ist, was existiert. Dies ist ein Paradox der Erkenntnis: Je mehr wir danach streben, etwas festzulegen, umso mehr entweicht es uns. Wenn wir aber aufhören, der Wahrheit hinterherzujagen, unseren Geist still werden lassen und ihn einfach öffnen, um zu empfangen, dann werden wir beinahe unvermeidlich mit Wahrheiten und tiefen Einsichten beschenkt. Denn dann sind wir offen für das, was IST. Wenn wir bereit sind, diese Unbestimmtheit anzunehmen, erhalten wir einen bedeutenden Schlüssel zu tieferer Gewissheit.

Dieser Aspekt der Unbestimmtheit gilt auch für alle Arten der Kommunikation zwischen Menschen, besonders für die Verständigung durch Worte. Oftmals glauben wir, dass das, was wir verstehen, genau das ist, was der andere gemeint hat. Wir glauben, dass die innere Reaktion unseres Geistes und unserer Seele auf die Worte genau die Bedeutung der Worte widerspiegelt, so, wie der andere sie gemeint hat. Aber Worte sind Werkzeuge und Konstrukte des Denkens und somit wie dieses relativ. Man sagt: »Das Wort ist die Wahrheit«, aber dies gilt zunächst höchstens für den Sender, der bestimmte Worte wählt, um seine innere Wahrheit damit auszudrücken. Der Empfänger aber muss diese Worte dekodieren und seinerseits mit Verständnis, mit Inhalt, füllen, entsprechend seiner eigenen relativen Wahrheit. Die relativen Wahrheiten beider können sich allmählich angleichen, aber nie total übereinstimmen.

Wenn z.B. zwei verschiedene Menschen sagen: »Ich liebe dich«, können sie damit ganz verschiedene Emotionen meinen. Für den einen ist Liebe vielleicht Leidenschaft und Begehren, für den anderen Vertrauen und emotionale Abhängigkeit. Für den einen kann Liebe die Kraft sein, die ihn zu Höchstleistungen motiviert, für den anderen kann sie das Signal zur Selbstaufgabe sein.

Die Bedeutungen, die wir Worten geben, hängen immer mit früheren Lernerfahrungen sowie auch mit unserer Persönlichkeit zusammen. Da jeder Mensch einen eigenen Lebensweg hat und die Erfahrungen zweier Menschen sich daher niemals völlig gleichen, sehen sie die Ereignisse des Lebens auch durch verschiedene Brillen. Dies kann immer wieder zu Missverständnissen führen, die in den meisten Fällen unentdeckt bleiben, weil die Menschen ihre Interpretationen normalerweise nur im Notfall hinterfragen. Die meisten gehen einfach davon aus, dass das, was sie empfangen und wie sie es verstehen, auch genau das ist, was der Sender gemeint hat.

Abgesehen davon, enthält auch jede Aussage neben der reinen Sachnachricht von Natur aus verschiedene andere Ebenen von Botschaften, die wir empfangen können, je nachdem, wie offen wir gerade dafür sind. Auch dies kann Basis der verschiedensten Missverständnisse und Konflikte sein. Ein berühmtes Modell dazu ist das Kommunikationsquadrat von Friedemann Schulz von Thun in seinem Buch *Miteinander reden 1*.

All diese Faktoren tragen dazu bei, dass Kommunikation durch Worte eine äußerst komplexe Angelegenheit ist, die mit vielen Unbestimmtheiten einhergeht. Denn Worte sind Konstrukte und Mittel des Relativen. Je mehr wir uns jedoch der essenziellen Unbestimmtheit der sprachlichen Kommunikation bewusst sind, umso weniger erliegen wir ihren Tücken. Wir können dann die

Fallen der voreiligen Schlüsse vermeiden und die Instrumente der Sprache bewusster nutzen.

Über diesen Aspekt sollten Sie sich als Leser dieses Buches ebenfalls immer bewusst sein. Die elementare Unbestimmtheit hat auch hier ihren Raum. Es ist einerseits praktisch unmöglich, Inhalte der absoluten Ebene in Worte zu fassen, da diese Ebene mit dem Denken gar nicht zu fassen ist – auch wenn Worte dazu inspirieren können, sich für diese Ebene zu öffnen. Die Erfahrung selbst kann man nicht beschreiben. Und worüber man nicht reden kann, darüber sollte man bekanntlich schweigen, da alles andere nur zu Missverständnissen führen würde.

Meinen Versuch aber, die Wahrheit als Ganzes, also mit ihrem relativen und ihrem absoluten Aspekt darzustellen, möchte ich deshalb nicht zum Scheitern verurteilen. Es ist mir nur wichtig, dass wir uns über die Relativität von Worten und Bedeutungen bewusst sind. Es hilft uns, tiefer einzudringen und auch »zwischen den Zeilen« zu lesen. Durch rein intellektuelles Verstehen wird Ihnen die wahre Bedeutung des hier Geschriebenen verwehrt bleiben. Lesen Sie deshalb mit Herz und Verstand, auf allen Ebenen, die Ihnen zugänglich sind. Öffnen Sie sich für all die Dimensionen Ihres Daseins, und machen Sie Ihre eigenen Erfahrungen. Darin liegt der eigentliche Zugang zur Wahrheit, nicht im bloßen Konsum von Worten. »Intellektuelle Spielerei« kann unser Ego befriedigen und das Denken beschäftigen, aber sie kann uns nicht glücklich und auch die Welt nicht besser machen. Im Gegenteil: Sie lenkt vom Wesentlichen ab.

Wir sind heute mehr denn je aufgefordert, tiefer zu sehen, die Oberfläche der Dinge zu durchdringen und das wahre Wesen zu enthüllen. Dies ist nur mit den Mitteln des reinen Bewusstseins möglich, und dieses Buch möchte Sie mit gedruckten Worten dazu inspirieren. Ich wünsche Ihnen, dass Sie sich auf dieses Abenteuer einlassen – und daraus ein Abenteuer wahrhaften Lebens wird.

Das Relative und damit auch die Bedeutung der Worte sind zwar mit Unbestimmtheit behaftet, aber sie sind niemals völlig willkürlich und fremd. Natürlich hängen Absolutes und Relatives zusammen, wie ich oben schon geschildert habe. In allem, auch in allem Relativen, ist Wahrheit enthalten. Alles ist wahr. Die Kunst besteht nur darin, diese Wahrheit zu erkennen. So auch die Wahrheit hinter den Worten. Je mehr Ebenen der Erkenntnis man hierfür verwendet, umso klarer und vollständiger wird das Bild.

Erkennen wir das Relative und gehen wir auf die richtige Weise mit dieser Erkenntnis um, dann können wir auch Einblicke in die absoluten Gesetze der Natur erhalten. Denn das Absolute manifestiert sich im Relativen immer wieder neu und aktualisiert sich damit auf dieser Ebene ständig selbst, und zwar nach den eigenen Prinzipien und Gesetzen. Deshalb entsteht für uns als Betrachter des Relativen der Eindruck einer gewissen Beständigkeit. Je mehr wir also der Unbestimmtheit Raum geben, uns von unseren eigenen Vorstellungen über die Dinge lösen und die Welt unvoreingenommen betrachten, umso näher kommen wir der Erkenntnis dieser tieferen Wahrheiten auch im Relativen. Denn auch in ihm spiegeln sich die abstrakten Relationen wider, die absolut und ewig sind.

Diese abstrakten Relationen existieren immer, unabhängig von unserer eigenen inneren Wahrheit. Sie wirken damit auch auf uns und in uns, ob wir uns dessen bewusst sind oder nicht. In unserem Geist und seinem Wechselspiel mit den unmittelbaren konkreten Erfahrungen können wir zu diesem Aspekt des Abstrakten Zugang bekommen. Ein Beispiel dafür sind die

Strukturen und Gesetze der Mathematik, die in gewisser Weise ewige Wahrheiten symbolisieren. Schon ganz einfache mathematische Funktionen wie Addition oder Subtraktion können wir im Alltag konkret erfahren und benutzen. Solche Gesetze funktionieren unabhängig von unserer Erfahrung, und wir benutzen sie oftmals ganz intuitiv.

Durch unsere Erfahrung können wir die Bedeutung dieser abstrakten Gesetze verstehen oder sie überhaupt als solche erkennen. Dieser Vorgang, das Schließen vom Konkreten auf das Allgemeine, wird *Induktion* genannt. Umgekehrt können die abstrakten Gesetze uns helfen, unsere Erfahrungen zu verstehen und einzuordnen. Dieses Schließen vom Allgemeinen auf das Konkrete wird als *Deduktion* bezeichnet. Beide Vorgänge laufen in uns nahezu ständig ab, meist ohne dass wir sie als solche registrieren. Wir schaffen dadurch schon rein instinktiv die Verbindung von Absolutem und Relativem, von Abstraktem und Konkretem. Denn nur so können wir uns in der Welt orientieren.

Wichtig ist dabei, dass wir die ewigen Wahrheiten von unseren eigenen Vermutungen und Heuristiken unterscheiden. Durch Induktion können wir uns alle möglichen Weltbilder konstruieren, ohne dass dies ewige Wahrheiten berühren muss. Ebenso kann durch Deduktion unsere Sicht verfälscht werden, wenn wir alles Geschehen ausschließlich durch die Brille einer Theorie betrachten. Wenn wir aber bewusst und achtsam mit diesen Möglichkeiten umgehen, können wir Einsicht erhalten in die wesentlichen kosmischen Prinzipien.

Wenn wir die grundlegenden Gesetze in uns selbst, in unserem inneren Universum erkennen und verstehen, verstehen wir zugleich auch die Gesetze des äußeren Universums und umgekehrt, denn beide sind Entsprechungen der einen Wahrheit und beinhalten sich gegenseitig. Das Denken spielt im Rahmen dieser Erkenntnis nur eine verarbeitende und systematisierende Rolle, kann dies aber niemals allein bewältigen. Eine Einsicht in die ganze Wahrheit muss auf ganzheitlicher Ebene, körperlich-seelisch-geistig, geschehen.

Dafür müssen wir uns von der Ebene der Dualität, von unserem Entweder-oder-Denken, lösen. Dies kann nur in Liebe geschehen, und zugleich ist Liebe das Resultat unserer Überwindung der Dualität. Denn echte Liebe kann alles annehmen, was ist. Sie macht das Herz weit und frei, weil sie mit der Schwingung des Selbst korrespondiert, ja aus diesem entspringt und sein natürlicher Zustand ist. Wahre Liebe ist im Absoluten gegründet, in der Erkenntnis des wahren Selbst. Nur in dieser Unbegrenztheit ist Raum für die Ganzheit der Wahrheit, der Wirklichkeit. Angst dagegen ist ein ego-basierter Zustand, der das Herz eng macht bzw. aus der Enge des Herzens resultiert. Angst schließt Dinge aus, urteilt und lehnt ab und sieht deshalb immer nur einen kleinen Teil des großen Ganzen. Und wo Angst ist, kann keine Liebe sein, denn diese Zustände sind energetisch unvereinbar.

Eine wichtige Basis für wirkliche Erkenntnis ist also die Liebe, die Weite und Reinheit des Herzens. Da Seele und Geist eng miteinander korrespondieren, wirkt sich der Zustand der Seele auch auf den Geist aus und umgekehrt. Im Zustand der Liebe ist auch der Geist offen und weit, im Zustand der Angst ist auch das Denken beschränkt. Wir sehen daran, dass der Zustand unserer Seele die Möglichkeiten unserer Erkenntnis stark beeinflusst. Deshalb muss sie in diese bewusst einbezogen werden.

Das wahre Potenzial der Liebe ist die Erkenntnis, und das wahre Potenzial der Erkenntnis ist die Liebe. Beide bedingen sich. Erst das, was man tief verstanden hat, kann man wirklich lieben, alles andere ist Projektion. Nur das, was man wirklich lieben kann, dem man also mit offenem, freiem und reinem Herzen begegnen kann, das kann man auch verstehen. Ein Forscher, der den Gegenstand seiner Forschungen nicht mit Liebe betrachtet, wird die tiefe Wahrheit darin nicht finden.

Angst hängt eng mit Dualität zusammen, und dies bindet uns an die Oberfläche der Wahrheit der relativen Erscheinungen, denn diese existieren immer in Gegensätzen, um das Gleichgewicht zu erhalten. In der Tiefe der Wahrheit aber ist alles verbunden, da gibt es keine Dualität in der Form. Nur die Liebe kann bis in diese Tiefe vordringen, weil sie die Dualität überwindet. Ohne die Fähigkeit zu dieser tiefen Erkenntnis bleiben wir an der Oberfläche gefangen, unser Leben bleibt oberflächlich und unwesentlich. Nicht umsonst heißt es in *Der kleine Prinz*: »Man sieht nur mit dem Herzen gut. Das Wesentliche ist für die Augen unsichtbar.«

Wenn Sie also etwas oder jemanden wirklich erkennen und verstehen wollen, lassen Sie alle Bilder und Vorstellungen los, und besinnen Sie sich auf die ewigen Wahrheiten. Lassen Sie Ihre selbstbezogenen Emotionen und Gedanken los, und öffnen Sie sich für das Geschehen der Gegenwart. Treten Sie der Wahrheit des Augenblicks ganz unvoreingenommen, achtsam und gelassen gegenüber, und nutzen Sie alle Kanäle und Ebenen der Wahrnehmung und des Bewusstseins, die Ihnen zugänglich sind. Begegnen Sie dem Augenblick, als wäre er einzigartig und völlig neu. Denn genau das ist er!

Wenn Sie ein unstillbares Verlangen nach Wahrheit in sich tragen, dann wird die Wahrheit Sie finden, weil Sie dafür offen sind, sie zu empfangen. Wenn Sie aufhören, die Wahrheit – wie immer sie auch sein mag – zu fürchten, und beginnen, sie bedingungslos anzunehmen und zu lieben, dann wird sie Ihr Leben reich beschenken. Denn wenn wir die Wahrheit nicht lieben, was könnten wir dann jemals wahrhaft lieben? Wenn wir uns scheuen, der Wahrheit zu begegnen, wie können wir dann hoffen, jemals wahrhaft zu leben?

Der Mensch im Kosmos

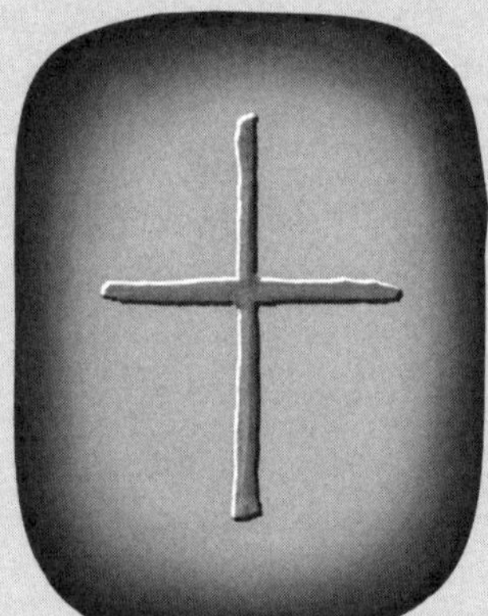

Wie wir gesehen haben, ist der Mensch als Teil der kosmischen Wahrheit zugleich ein Abbild dieser Wahrheit. Alle Gesetze und Phänomene des Kosmos existieren potenziell gleichzeitig in der menschlichen Psyche und im menschlichen Körper. Der Mikrokosmos ist ein Abbild des Makrokosmos. Wenn wir unendlich in die Materie »hineinzoomen«, ergibt sich immer wieder ein ähnliches Bild, ebenso, wenn wir »herauszoomen«. Das Atom ist mit seiner Struktur und seinen energetischen Komponenten, wie z. B. Quanten, eine Entsprechung dessen, was wir auch im Universum, in Sonnensystemen und Galaxien finden. Es ist im Großen wie im Kleinen, und es ist innen wie außen.

So gibt es auch in der Seele verschiedene »Energiequanten«, also Energieniveaus, verschiedene Schwingungen, die sich z. B. in den verschiedenen Chakren oder auch den verschiedenen Schichten der Aura manifestieren, aber auch in bestimmten Gefühlslagen. Das Gesetz der Resonanz führt dazu, dass wir mit manchen Menschen »auf gleicher Wellenlänge« sind, mit anderen nicht. Es bewirkt Anziehungs- und Abstoßungskräfte, so, wie es die Gesetze des Magnetismus beschreiben. Auch zwischen Menschen wirken diese Gesetze, und sogar innerhalb des Menschen. Und auch auf geistiger Ebene, auf der Ebene des Bewusstseins, gibt es verschiedene »Quanten«, also Bereiche verschiedener Dichte und Frequenz, verschiedener Tiefe und Intensität. Wir sprechen dann von unterschiedlichen (veränderten) Bewusstseinszuständen. All diese Möglichkeiten sind im Menschen angelegt und wirken oftmals, ohne dass der Mensch sich dessen bewusst ist oder es verstehen kann. Die meisten Potenziale jedoch liegen noch verborgen, und auch die Wissenschaft hat erkannt, dass der heutige Mensch normalerweise nur einen Bruchteil seiner geistigen Kapazitäten, etwa nur 10 Prozent, benutzt.

Erweitern, vertiefen und verfeinern wir das Bewusstsein, dann ist es uns möglich, die grundlegenden Prinzipien zu erkennen, nach denen wir funktionieren und nach denen die Welt funktioniert. Es sind dieselben Gesetze, und je mehr wir uns dieser bewusst sind, umso mehr können wir im Einklang leben mit dem großen Ganzen. Dies würde uns viel Leiden ersparen. Denn Leiden entsteht durch Widerspruch und Konflikt, durch ein Verstoßen gegen die Gesetze der Natur. Natürlich ist es nicht möglich, diese Gesetze, deren Teil wir sind, wirklich zu umgehen. Diese Versuche haben immer Konsequenzen, und das Leiden soll uns dazu verhelfen, das zu erkennen. Es weist uns darauf hin, dass etwas nicht stimmt. Es ist nicht »Gott«, der uns straft, sondern wir selbst erzeugen das Leiden durch unsere Unwissenheit und Ignoranz. Der Sinn des Leidens ist die Erkenntnis.

Das Potenzial der Entfremdung

Warum hat die Natur es so eingerichtet, dass der Mensch sich überhaupt von der universellen Wahrheit entfremden kann? Wenn er sich nicht entfremden könnte, würde er auch nicht leiden. Wenn alles eins ist, warum ist es dann nötig, dass sich an der Oberfläche des Seins Widersprüche und Konflikte bilden können? Warum gibt es Entfremdung und Zerstörung auf der Welt und nicht nur Liebe?

Einerseits braucht das Absolute das Relative, um überhaupt existieren zu können – sozusagen als »Ausgleich«. Das Prinzip des Ausgleichs ist ein Naturgesetz, und es wirkt auf allen Ebenen. Ohne Ausgleich, ohne Gleichgewicht, kann nichts existieren. Dann gäbe es nur das Nichts. Das Nichts wäre die einzige

Daseinsform, die aus sich selbst heraus im Gleichgewicht wäre. Sobald das Nichts aber existiert, ist es zugleich auch wahr. Damit existiert auch die Wahrheit, die dieses Nichts enthält. Es kann also niemals nur Nichts geben.

Wir haben in unseren grundlegenden Betrachtungen über die Wahrheit gesehen, dass das Prinzip des Ausgleichs dazu führt, dass es einen absoluten und einen relativen Aspekt des Seins gibt. Auf der Ebene des Relativen spiegelt sich wiederum dieses Gesetz in der Polarität, der Gegensätzlichkeit der Dinge. Jede relative Qualität braucht ihren Gegensatz, um zu existieren. So kann es also nicht nur Liebe und Verbundenheit, sondern muss es auch Zerstörung und Trennung geben. Dies liegt in der Natur der Dinge, und darin liegt eine große Weisheit, denn nur da, wo das Alte endet, kann Raum für Neues sein. Ohne Zerstörung gäbe es keine Vergänglichkeit, keine Veränderung und damit keine Entwicklung. Alles wäre in einem ewigen, unveränderlichen, starren Zustand gefangen.

Die Zerstörung ist somit ein wesentlicher Aspekt des Lebens an sich, der Evolution, der Entwicklung, und nichts »Böses«. Nur unser menschliches Ego lehnt die Zerstörung ab, weil es einen Halt im Relativen sucht. Dabei ist es selbst die Ursache vieler Zerstörungen auf der Welt, die nicht im Einklang mit dem Naturgesetz, dem kosmischen Prinzip, stehen, wie Kriege, Umweltverschmutzung usw. Das naturgegebene Zerstörungspotenzial ist relativ gering im Vergleich zum menschlichen, und die natürliche Zerstörung hat immer einen Sinn wie die Bewahrung des Gleichgewichts. Das Handeln des entfremdeten Menschen dagegen bewirkt sinnlose Zerstörung, die dem großen Ganzen schadet. Wenn wir aber aufhören, am Relativen und vor allem am eigenen Ego festzuhalten, dann können die Dinge auch mit

Leichtigkeit kommen und gehen, ohne Leiden zu erzeugen. Nur wenn wir festhalten, muss das Leben uns die Dinge mit Gewalt entreißen, und so schaden wir uns damit nur selbst.

Ohne die Existenz einer zerstörenden Kraft wäre es uns überhaupt nicht möglich, aus unseren Illusionen aufzuwachen und die Wahrheit in ihnen und jenseits von ihnen zu erkennen. Wenn das Leben uns durch »Ent-täuschungen« nicht immer wieder unsere Täuschungen nehmen würde, würden wir ewig träumen und niemals erwachen. Wir würden niemals wirklich leben, sondern, wie es der Film »Matrix« zeigt, ewig unser Leben träumen. Und dies wäre nicht im Sinne der Schöpfung, die sich durch unser Dasein selbst erkennen möchte. Deshalb versucht das Leben, uns durch leidvolle Situationen immer wieder aus diesem Zustand aufzuwecken. Denn dieser Traumzustand ist nur eine »Nebenwirkung« des eigentlichen Potenzials, das in der Möglichkeit zur Entfremdung liegt.

Der eigentliche Sinn der Entfremdung ist – so paradox es an dieser Stelle klingen mag – gerade die Erkenntnis. Der Traumzustand entsteht nur dann, wenn wir dieses Potenzial nicht so nutzen, wie es gedacht ist. Denn Erkenntnis als solche ist nur möglich, wenn es eine Instanz gibt, die sich bewusst vom Objekt der Betrachtung lösen, also gewissermaßen trennen kann. Ohne Beobachter keine Beobachtung und keine Erkenntnis. Der Beobachter muss vom Beobachteten gewissermaßen verschieden sein, um es als solches erkennen zu können. Dies ist im Außen genauso wie im Innen möglich.

Wenn wir uns durch unsere Illusionen von den Dingen im Außen trennen, werden wir zum Opfer unserer Bilder. Wir werden zum Opfer unserer Entfremdung von der äußeren Wahrheit, ohne unsere innere Wahrheit zu verstehen und ihr eigentliches

Erkenntnispotenzial nutzen zu können. Erst wenn wir die Möglichkeiten unseres inneren, neutralen Beobachters, des reinen Bewusstseins, nutzen, können wir tiefer sehen, unsere Illusionen, Bilder und Wahrnehmungen als solche erkennen und das Wahre darin verstehen. Je mehr wir uns im Inneren von unseren Bildern auch distanzieren können, ohne sie zu verdrängen, umso näher können wir der äußeren Wahrheit kommen und umso müheloser und leidloser kann dies geschehen.

Sein und Bewusstsein stehen in ständigem Wechselspiel und ermöglichen somit, dass die Wahrheit sich in uns selbst erkennen kann. Ohne die Loslösung des Bewusstseins vom Sein – bei gleichzeitiger Durchdringung des Seins – wäre dies nicht möglich. Das ist das Potenzial der Trennung, der Entfremdung, in ihrer Synthese mit wirklicher Liebeskraft. Liebe einerseits und Trennung und Zerstörung andererseits sind in Wahrheit eins. Sie bilden zwei Aspekte einer Kraft, der Schöpfung an sich, die sich selbst erkennen will. Denn die Kraft der Liebe ist es auch, die Illusionen zerstört und uns zu wirklichem Leben erwecken kann. Selbstverständlich meine ich hier die echte, reine, absolute Liebe, die aus dem Selbst entspringt, nicht die egoistische, relative Liebe, von der ich später noch sprechen werde.

Von diesem Potenzial der Entfremdung handelt auch die Geschichte von der Vertreibung aus dem Paradies. Das Paradies symbolisiert den idealistischen Ausgangszustand der absoluten Einheit und Verbundenheit mit allem, was ist – ohne Widerspruch und Konflikt und folglich ohne Leiden, aber völlig unbewusst. Mit dem Naschen von der Frucht der Erkenntnis folgt die Vertreibung aus dem Paradies. Das heißt nicht etwa, dass Erkenntnis »verboten« oder nicht im Sinne Gottes wäre. Der Mensch wurde ja so geschaffen, dass er erkennen will, und dieses Bedürfnis hat seinen Sinn. Seine Vertreibung symbolisiert vielmehr ein Naturgesetz, das einfach bedeutet: Erkenntnis ist nur möglich, indem wir uns zunächst entfremden vom ursprünglichen Zustand, vom großen Ganzen.

Das ist der Preis, den das Menschsein bedeutet. Denn mit der Entfremdung folgt das Leiden. Durch das Leiden aber können wir erkennen, weil es uns wach macht. So kann sich das große Ganze durch unser Leben und Wirken selbst erkennen und entfalten, wie es ihm vorher nicht möglich gewesen wäre. Wir sind ja nach wie vor Teil des Ganzen, auch wenn es uns nicht immer bewusst ist. Wir alle sind Aspekte der einen Wahrheit, und die Wahrheit entfaltet sich durch unser Dasein in verschiedenen Formen. Sie wird sich durch uns ihrer selbst bewusst. Und so ist die Entfremdung als solche zunächst weder »gut« noch »schlecht«, sondern einfach eine Tatsache, deren Potenzial wir nutzen können – oder auch nicht. Wenn wir dieses Potenzial auf die richtige Weise nutzen, werden wir die Früchte ernten, und das ist alles Leiden wert. Wenn wir aber versäumen, es zu nutzen, werden wir im Leiden, im Zustand »außerhalb des Paradieses«, gefangen bleiben.

Wenn jedoch die Entfremdung zu groß wird, geht irgendwann auch das Erkenntnispotenzial verloren. Dann finden wir auch keinen Bezug mehr zur Liebe, die uns die besten und tiefsten Einsichten ermöglicht. Dann verlieren wir total den Bezug zur Quelle und lösen uns irgendwann auf in Nichtigkeit. Oder wir erstarren in einer Fixierung auf eine künstliche Ordnung, einem gewissen Perfektionismus, der wahres Leben verhindert. In der Tiefe der Seele führt das zu Krankheit und Leiden, welche sich dann auch körperlich und gesellschaftlich in verschiedenen Formen manifestieren. Es liegt an uns, dieser extremen Tendenz zur Entfremdung entgegenzuwirken und zu einer Synthese zu finden, bevor es zu spät ist.

Wenn unsere Erkenntnis den Punkt erreicht hat, an dem wir uns mit dem großen Ganzen und seinen Gesetzen wieder elementar verbunden fühlen und aus dieser Einsicht heraus in der Welt leben können, haben wir praktisch wieder Eintritt in das »Paradies«. Denn das Paradies ist nicht unbedingt irgendwo im Himmel, sondern vor allem hier und jetzt! Wenn das Paradies den absoluten Aspekt des Seins repräsentiert, dann *muss* es auch hier und jetzt sein. Die absolute Wahrheit ist unbegrenzt und ewig, sie ist also immer und überall. Was auch immer absolut wahr ist, ist auch hier und jetzt.

Vom Zustand unseres Bewusstseins hängt es ab, ob wir jetzt in diesem Paradies leben, also sozusagen den »Himmel« auf die Erde bringen. Es ist die Synthese von »Himmel« und »Erde«, die es uns ermöglicht, *bewusst* im Einklang mit dem großen Ganzen zu leben und zu wirken und unser wahres Potenzial zu entfalten. Das ist das Ziel der Evolution: dass »Gott«, die absolute Wahrheit, sich mehr und mehr auch im Konkreten, im bewussten Wirken des Menschen manifestiert.

Der eigentliche Sinn der Entfremdung ist also die Erkenntnis, und der eigentliche Sinn der Zerstörung ist die Entwicklung und die Befreiung vom Alten, damit Neues sein kann. Das ist die Schwingung des Lebens. Es ist ein Prozess von These, Antithese und Synthese, denn das ist das Prinzip, nach dem Entwicklung verläuft (auch laut der Dialektik nach Hegel). Die These ist in diesem Fall das *unbewusste Einssein* mit allem, was ist. Die Antithese ist die *Entfremdung und beginnende Bewusstheit*. Die Synthese ist das *bewusste Einssein* mit allem, was ist, und das verwirklichte Leben aus diesem Bewusstsein heraus.

Dieses Gesetz der Evolution spiegelt sich auch in der persönlichen Entwicklung jedes Menschen wider: Zu Beginn unseres Lebens befinden wir uns in unbewusster Einheit mit der Mutter und der Umwelt. Später lernen wir, zwischen uns selbst und der Umwelt und anderen Menschen zu unterscheiden. Wir entwickeln ein gewisses Bewusstsein für uns selbst und unsere Grenzen sowie die Eigenheiten und Grenzen anderer. Wir erleben die Trennung, und dies ermöglicht uns eine gewisse Autonomie, um unsere eigenen Erfahrungen sammeln zu können und zu lernen. Wir verlieren dabei jedoch den Bezug zum großen Ganzen und verlieren uns in der Dualität, da unser Bewusstsein sich erst noch erweitern und vertiefen muss. Wenn wir jedoch irgendwann eine gewisse Reife erlangt haben, können wir zur Synthese finden und uns über das große Ganze bewusst werden, dessen Teil wir nach wie vor sind. Wenn unser Bewusstsein diesen Stand erreicht hat, schließt sich der Kreis, und es eröffnen sich uns ganz neue Möglichkeiten und Perspektiven.

Mit dem Eintritt in die Synthese, die bewusste Verbundenheit bei gleichzeitiger Individualität, wird der Mensch selbst zum Schöpfer seines Lebens und zum Gestalter seiner Evolution – im Sinne des »göttlichen Plans«. Dann ist der Mensch, die Menschheit, sozusagen erst »erwachsen« geworden. Der heutige Mensch steht erst am Anfang seiner Evolution. Er steckt noch in den »Kinderschuhen« der Dualität.

Wenn ich von Evolution spreche, meine ich aber nicht unbedingt nur diesen zeitlichen Ablauf auf der relativen Ebene, den wir uns darunter vorstellen. Denn alle drei Möglichkeiten existieren auch jetzt, in der Gegenwart, in verschiedenen Lebensformen. Sie sind alle gleichzeitig da, hier und jetzt – sowohl als konkrete Lebensformen als auch als Potenziale. So leben z. B. die Tiere im unbewussten Einklang mit der kosmischen Ordnung, die meisten Menschen in Entfremdung und Dualität und einige wenige auch im bewussten Einklang mit dem Kosmos.

Dies alles ist gleichzeitig da, und wir können praktisch jederzeit Zugang zu höheren Ebenen des Bewusstseins erhalten, wenn wir uns dafür öffnen. In uns selbst, in jedem einzelnen Menschen, ist alles möglich und potenziell vorhanden. Jeder Moment birgt sowohl die ganze Vergangenheit der Evolution als auch die Möglichkeiten der Zukunft, und das ist ein ungeheuer hoffnungsvolles Potenzial. Es ist nur eine Frage, wie wir unser Bewusstsein ausrichten. Wir können in jedem Moment in den Zustand des unbewussten Einsseins fallen oder in der Entfremdung leben. Wir können aber auch bewusst wahrnehmen, dass wir mit dem großen Ganzen verbunden sind. Alles ist praktisch möglich, in jedem Moment. Denn alles ist immer da, die Wahrheit ist allgegenwärtig, und wir sind ein Teil von ihr. Durch Selbsterkenntnis können wir die notwendigen konkreten Schritte erkennen, die uns auf dem Weg der Evolution weiterführen. Es liegt an uns, dementsprechend zu handeln.

Aufgrund seiner Forschungen vertritt der Biophysiker Prof. Dieter Broers in seinem Buch *(R)evolution 2012* ebenfalls die Ansicht, dass der nächste Schritt der Evolution in einem Bewusstseinssprung bestehen muss. Wie nötig ein solcher Bewusstseinswandel des Menschen ist, zeigt auch nur allzu deutlich der Zustand der Welt, in der wir heute leben. Wir haben sie in dieser Form selbst erschaffen, auf Grundlage unserer unbewussten inneren Kämpfe. Das Chaos, die Kriege und Disharmonien unserer Welt spiegeln nur den Zustand unseres eigenen Inneren wider. Bevor wir im Kosmos nach intelligentem Leben suchen, sollten wir zunächst Gebrauch von unserer eigenen Intelligenz machen und die Probleme unserer eigenen Welt lösen. Wahre Intelligenz jedoch entfaltet sich nur, wenn wir ein reines Bewusstsein und ein reines Herz pflegen und gebrauchen.

Kosmische Ordnung und Entropie

Ein wesentliches Maß in der Physik ist das Maß der Entropie. Entropie bezeichnet den Zustand der Ordnung bzw. Unordnung eines Systems. Je größer die Entropie, umso größer die Unordnung.

Dieser Faktor der Unordnung spielt nicht nur im Universum und in der Thermodynamik eine große Rolle, sondern eine noch wesentlichere in unserer eigenen Psyche. Es ist von großer Bedeutung, ob sich unsere Seele, unser Energiesystem, und unser Geist, das Feld unseres Bewusstseins, in einem geordneten oder eher chaotischen, unordentlichen Zustand befinden. Dies hat großen Einfluss auf unser Befinden und unsere Gesundheit. Durch das Gesetz der Resonanz bedingt es aber auch die Erfahrungen, die wir im Leben machen, und unsere Wirkungen in der Welt. Denn nichts ist ohne Grund so, wie es ist, und nichts bleibt ohne Wirkung. Unser eigener innerer Zustand bewirkt, welche Menschen und Erfahrungen wir anziehen und welche wir abstoßen. Gleiche Energien können miteinander in Resonanz kommen, verschiedene Energien stören sich oft oder werden gar nicht wahrgenommen.

Die Unordnung ist ein manchmal leidvoller Zustand, denn ein ungeordnetes System ist nicht im Gleichgewicht. Ohne Gleichgewicht können wir unsere körperlich-seelisch-geistige Gesundheit nicht aufrechterhalten und Wohlbefinden empfinden. Dennoch ist auch die Unordnung manchmal nötig, um beispielsweise von einem alten, nicht mehr passenden Zustand in einen neuen, passenderen Zustand überzuwechseln. Denn es gibt zwei Arten von Ordnung: eine künstliche, starre Ordnung, die im Widerspruch steht zur kosmischen Ordnung, und die natürliche Ordnung, die sich am großen Ganzen orientiert und von dessen Kräften und Gesetzen getragen wird.

In der künstlichen Ordnung ist sich der Mensch der kosmischen Ordnung nicht bewusst, da er sich zu stark von ihr entfernt hat. Seine eigene Ordnung konstruiert er dann gemäß den Interessen seines Ego-Ich. Eine solche, künstliche Ordnung muss ständig durch hohen Energieeinsatz aufrechterhalten werden, was ein wesentlicher Grund ist für den Energiemangel, die chronische Erschöpfung vieler Menschen. So besagt auch die Physik, dass die Entropie eines Systems nur durch Energiezufuhr verringert werden kann, da sie von Natur aus dazu neigt, anzuwachsen. Wir müssen in der Psyche, genau wie in der materiellen Welt des Alltags, Arbeit verrichten, um aufzuräumen und sauber zu machen, also Ordnung zu schaffen. Wie im Außen, so im Innen.

Eine künstliche Ordnung ist somit ein großer Energieräuber, obwohl sie uns oberflächlich eine Illusion von Sicherheit und Kontrolle geben kann. In diesem Zustand werden alle Konflikte und Widersprüche, die nicht ins Bild passen, »verdrängt« und wirken folglich unbewusst, da nichts verloren geht. Menschen, die sich im Zustand künstlicher Ordnung befinden, besitzen in ihrer Psyche verschiedene »Schichten«, die sehr stark voneinander abgegrenzt sind. Sie besitzen meist eine schöne, perfektionistische Fassadenschicht, um mit der Außenwelt zu interagieren. Dafür müssen sie viel Energie investieren. Darunter existiert in ihnen eine relativ unbewusste Schicht, wo sich all die verdrängten Inhalte sammeln, die Ängste und all die seelischen Faktoren/Gefühle/Schwingungen, die abgelehnt werden. Durch die mittlere Schicht wird der tiefe Kern, das Selbst, so verdeckt und überlagert, dass er gar nicht mehr ins Bewusstsein dringen kann.

Diese Schichten möchte ich Ihnen im folgenden Modell verdeutlichen (vgl. Peter Lauster *Lassen Sie der Seele Flügel wachsen*). Sie können hier die Seele »von oben« betrachten, mit ihrem absoluten Ursprung, dem Selbst, in der Mitte, umgeben von den relativen Manifestationen an der Oberfläche:

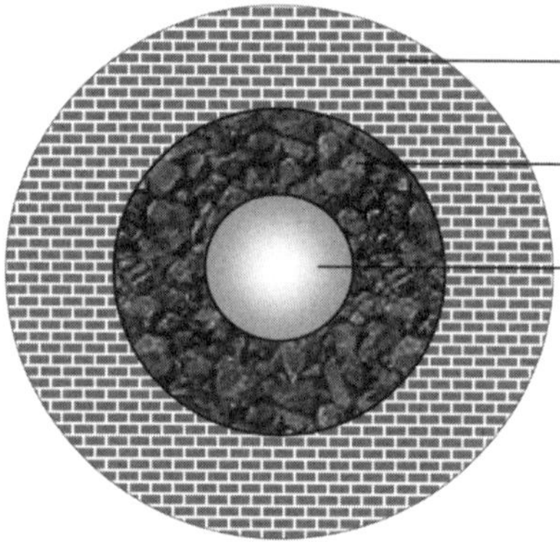

Abbildung 4: Seelenschichten im Zustand der künstlichen Ordnung (Ringmodell nach Lauster)

Die meisten Menschen sind sich über den absoluten Aspekt ihrer selbst noch nicht bewusst, da sie eine solche psychische Struktur haben. Diese verhindert wiederum die Erkenntnis des wahren, tiefen Selbst, also des absoluten Aspekts des eigenen Seins. Es ist ein Teufelskreis, aus dem wir nur ausbrechen können, wenn wir aufhören, unsere Energien an den ständigen dualistischen Kampf an der Oberfläche zu binden. Wir sollten lieber in der eigenen Seele aufräumen. Uns das anschauen, was wir verdrängen, und es integrieren. Unsere eigenen Schattenseiten annehmen. Darin zeigt sich wiederum ein Paradox der Wahrheit: Gerade im Annehmen des Dunklen, des eigenen Schattens, liegt der Weg zum inneren Licht – nicht im Kultivieren einer idealistischen Fassade. Nur so kann die Dualität überwunden bzw. transzendiert werden.

Die Schattenanteile von Menschen können sich unterscheiden, obwohl es auch viele Anteile gibt, die dafür prädestiniert sind, in der mittleren Schicht zu landen. Viele Menschen verdrängen beispielsweise ihre Aggressionen und/oder ihre Ängste. Andere leben ihre Aggressionen aus und verdrängen eher ihre weichen, sensiblen Anteile, weil diese nicht in ihr Selbstbild passen. Die Erziehung und die Erfahrungen der Kindheit spielen dabei eine wesentliche Rolle, denn hier lernen wir, was »gut« und was »schlecht« ist und mit welchen Strategien wir am besten in der jeweils gegebenen Umwelt überleben. Diese Bewertungen sitzen oft tief und gehen uns schon früh in Fleisch und Blut über, sodass es manchmal schwer ist, sie infrage zu stellen und die gefürchteten Anteile überhaupt anzusehen und anzunehmen. Nur so aber können wir zu innerer Ganzheit finden und die innere Spaltung überwinden, die uns im ewigen Kampf gegen uns selbst gefangen hält.

Was gibt uns Mut, den eigenen Schattenseiten zu begegnen? Die Einsicht, dass die Wahrheit als solche nicht unterscheidet zwischen gut und schlecht, kann hierbei sehr hilfreich sein. Alles, was existiert, ist wahr und hat seinen Sinn im großen Ganzen. So darf zunächst einmal alles sein, wie es ist. Was wir verdrängen und ablehnen, bleibt bestehen und wirkt unbewusst und unkontrolliert, da ja nichts verloren geht. Was wir aber erkennen und integrieren, können wir auch bewusst handhaben. So besteht unsere einzig wahrhafte Änderung darin, die zu werden, die wir im Inneren wirklich sind. Alles andere sind nur Variationen der Fassade.

Ich will damit nicht sagen, dass man alle Impulse ausleben soll, sondern dass es wichtig ist, sie wahrzunehmen, sie da sein zu lassen und ihre wahre Bedeutung zu verstehen. Wenn man etwas wirklich verstanden und angenommen hat, dann löst es sich meist von ganz allein auf. Es hat seinen Sinn erfüllt, da es zur Erkenntnis beigetragen hat. Was wir jedoch verdrängen und bekämpfen, halten wir dadurch fest. Wir tragen es in unserer Seele ständig als »Ballast« mit uns herum, so lange, bis wir uns an die Arbeit machen, uns von diesen Inhalten wirklich zu erlösen. Dazu müssen wir die Dinge nicht ausleben, denn dadurch werden sie nur verstärkt, und wahres Verständnis wird verhindert. Wahres Verständnis kann nur aus der bewussten Distanz heraus geschehen, im bewussten Wahrnehmen und Loslassen.

So können wir z. B. eine Angst, die wir mit uns herumtragen und die wir normalerweise verdrängen, einmal zulassen, ohne uns gegen sie zu wehren. Wir können sie einfach beobachten. Dadurch enthüllt sich vielleicht ihre wahre Bedeutung. Wir können ihre Botschaft verstehen und uns damit auseinandersetzen. Dadurch hat sie Raum, sich zu entfalten und sich letztlich aufzulösen. Wenn wir sie jedoch verdrängen, bleibt sie in unserer mittleren Schicht gefangen und steuert uns unbewusst in Teufelskreise aus Vermeidungsverhalten hinein. Dadurch wird wiederum die Angst – und damit die innere Spaltung – nur größer.

Der Weg zur Integration liegt also zunächst im Zulassen der Widersprüche. Solange wir Dinge ablehnen oder an ihnen festhalten, sind wir in der Dualität gefangen und können nicht darüber hinausgelangen. In der Dualität ist keine wirkliche, tiefe und umfassende Selbst-Erkenntnis möglich. Wir können in der Dualität das Selbst nicht erkennen, weil es von allem Verdrängten überlagert wird. Das innere Licht wird durch all den »Müll«, den wir in uns angesammelt haben, verdunkelt. Unser Selbst ist jedoch, als absoluter Aspekt unserer Seele, die Verbindung zur absoluten Wahrheit allen Seins. Diese Verbindung zum Urgrund des Seins zu spüren ist wahre Selbst-Bewusstheit – die Bewusstheit über das Selbst. Es ist etwas völlig anderes als die heute übliche, dualistische Vorstellung von »Selbstbewusstsein«, die sich nur auf die Fassade richtet.

Diese tiefe Selbst-Bewusstheit ist die Basis dafür, dass wir zu unserer natürlichen Ordnung finden, die im Einklang mit der kosmischen Ordnung steht. Ein solches Leben im Einklang mit der kosmischen Ordnung ist automatisch ein glückliches und erfülltes Leben. Es ist glücklich, weil das Leiden, das durch die Spaltung bewirkt wurde, verschwindet. Wir sind dann nämlich nicht mehr auf die dualistische Ebene und den ständigen Kampf darin fixiert. Zweifellos können leidvolle Momente auftauchen, aber diese sind dann natürlich und nicht durch die inneren starren Strukturen erzeugt. Sie können unser Glück der inneren Fülle nicht trüben. In dieser Fülle der Liebe ist für alles Raum, auch für das Leiden, das dann als solches seinen Schrecken verliert.

Im Einklang mit der kosmischen Ordnung muss man keine Energie mehr aufwenden, um eine künstliche Ordnung zu erzwingen. Man kann sich von der natürlichen Ordnung führen lassen und wird vom Selbst mit unendlicher Energie versorgt, denn das ist der energetische Ursprung, die Quelle unserer Seele, unseres Seins. Es ist ein Leben in Leichtigkeit und Freiheit. Der Weg zu wahrer Freiheit führt nicht über die Entfremdung, die Rebellion gegen die Gesetze der Natur, sondern über die bewusste Einheit mit dem Naturgesetz. Denn nur im Gewahrsein des Naturgesetzes ist es möglich, dieses zum eigenen Wohl und zum Wohl der Welt zu nutzen, anstatt sich unbewusst davon bestimmen zu lassen. Auch hier müssen wir eine Dualität im Denken überwinden. Die Kunst liegt darin, sich weder den kosmischen Gesetzen zu »unterwerfen« noch gegen sie anzukämpfen, was letztlich unmöglich ist. Wir können sie stattdessen bewusst nutzen und aus ihnen lernen!

Das Leben im bewussten Einklang mit dem kosmischen Prinzip ist ein zutiefst erfüllendes, friedvolles Leben. Wir können aus der ewigen Quelle des Seins schöpfen und sind zugleich mit allem Sein verbunden. Wir haben Zugang zu den absoluten Aspekten der Wahrheit, des Raumes und der Zeit. Wir sind frei und doch zugleich geborgen im großen Sein. Wir gelangen zur ewigen Quelle der kosmischen Liebe, denn das ist die Schwingung des Selbst. Das Selbst ist in seiner Essenz reine Liebe, so, wie die Essenz des Geistes reines Bewusstsein ist. Ein Mensch, der zu beiden Quellen Zugang hat, dem bleibt nichts mehr zu wünschen übrig. Das ist das Ende seiner Bedürftigkeit und seines gefühlten Mangels und der Anfang seiner Selbst-Verwirklichung, seiner Selbst-Wirksamkeit, seines wahrhaften, authentischen Lebens.

Wenn wir zu solch einem Menschen – also endlich wir selbst – werden, können wir grenzenlose Liebe geben, ohne dabei uns selbst zu verlieren. Anderen vermögen wir das Licht der Erkenntnis zu geben, ohne ihnen ihre Freiheit zu nehmen. Im Gegenteil: Der verwirklichte Mensch erlegt sich anderen Menschen niemals auf, sondern er verhilft allen Dingen zu ihrer Freiheit. Denn er sieht, dass wirkliche Freiheit die Basis wahrhafter Liebe und damit der Heilung der Menschheit ist.

Ein Mensch, der mit der natürlichen Ordnung im bewussten Einklang lebt, muss nicht mehr viel Energie aufwenden, um seine Entropie gering zu halten. Das heißt nicht, dass er nicht auch ab und zu einmal »aufräumen« muss. Da das Leben ständig neu ist, sind auch immer wieder Erfahrungen zu verarbeiten und zu integrieren. Diese Arbeit ist aber im Vergleich zu der, die nötig ist, um eine künstliche Ordnung aufrechtzuerhalten, verschwindend gering. Außerdem bekommt man im Zustand der natürlichen Ordnung vom Universum selbst so viel Energie, dass es für alle Arbeiten, die nötig sind, vollkommen ausreicht. Es bleibt noch mehr als genügend übrig, um die eigene Bestimmung zu leben.

In diesem Bewusstsein sparen wir enorm viel Energie, denn der Kampf an der Oberfläche findet ein Ende, sobald unser Bewusstsein tiefer reicht. Unser innerer Kampf wird sinnlos, und damit auch unser Kampf in der Welt, gegen Aspekte der Welt. Was wir im Inneren bekämpfen, das müssen wir natürlich auch im Außen bekämpfen, weil es das künstliche Gleichgewicht bedroht. Was wir aber im Inneren loslassen und somit gar nicht mehr existiert, erzeugt auch keine Resonanz mehr im Außen. Das bedeutet, dass wir von entsprechenden Schwingungen im Außen unberührt bleiben, weil sie in uns keine Resonanz mehr erzeugen. Das äußere Erleben ist eben größtenteils ein Spiegel des inneren Erlebens.

Die Lebensenergie, die im Zustand natürlicher Ordnung ungehindert fließen kann, bleibt als großes Potenzial (potenzielle Energie, wie sie die Physik nennt) vorhanden. Wir können sie gezielt nutzen, um in der Welt im Einklang mit dem großen Ganzen zu wirken. Um unsere eigene Bestimmung zu erfüllen, gemäß unseren wahren Fähigkeiten, die sich ja erst im Laufe der Selbsterkenntnis und Selbstwerdung entfalten.

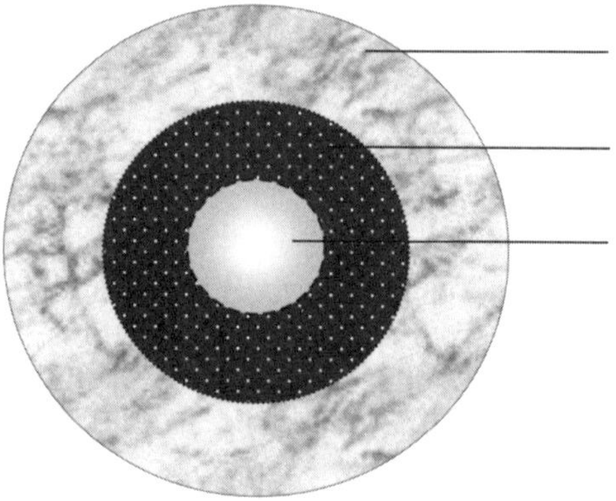

Abbildung 5: Ringmodell der Seelenschichten im Zustand der natürlichen Ordnung

Im Prozess der Selbstklärung und der inneren Aufräumarbeit entstehen eine innere Klarheit und Transzendenz, sodass das innere Licht des Selbst bis an unsere Oberfläche dringen und darüber hinaus in die Welt leuchten kann.

Das Selbst und der Geist in ihren absoluten Aspekten gewinnen dabei an Bedeutung. Sie lösen die Bedeutsamkeiten der relativen Dinge ab. Systemtheoretisch gesprochen, verändert sich durch diesen Erkenntnisprozess der Bezugsrahmen: Der Bezug auf das Relative wird durch den Bezug auf das Absolute abgelöst. Das Relative als solches bleibt natürlich trotzdem bestehen, aber wir erkennen es in seiner Relativität und können es entsprechend behandeln. Das Relative verändert sich außerdem mehr und mehr durch die Impulse aus dem Absoluten, es wird also dem wahren Wesen des Menschen angeglichen. Unser Leben wird somit »vom Kopf auf die Füße gestellt«, es gewinnt eine wirklich verlässliche Basis, sodass wir uns frei fühlen, die relativen Dinge innerlich mehr loszulassen. Das allein ist schon etwas, das uns Menschen glücklich macht und erfüllt.

Das Relative bekommt – wieder ein »Paradox« – durch das Loslassen und seine Angleichung an das Absolute zugleich mehr Bedeutsamkeit als vorher. Durch die Erkenntnis seiner Relativität wird es flexibel genug, sich als Ausdrucksmittel des Wesentlichen zur Verfügung zu stellen. Es wird damit selbst wesentlicher. So können unsere ganze relative Persönlichkeit und all die kleinen Dinge unseres Lebens Ausdruck unseres wahren Wesens werden, wenn wir uns von den alten, unwesentlichen Strukturen und Rollen erlösen, an denen wir vorher festhielten. Unser Leben erhält damit auch im Relativen mehr Wesentlichkeit und Bedeutsamkeit, da es inspiriert und genährt wird durch unser wahres Wesen.

Je weniger Bedeutung wir den relativen Manifestationen unseres Seins geben, je weniger wir uns mit ihnen identifizieren, umso mehr können sie zu flexiblen Instrumenten unseres Wesens und damit selbst wesentlich werden. Je absichtsloser unser Handeln ist, umso größer und echter ist unsere Wirkung, da das Handeln zum Werkzeug unseres Wesens und damit der kosmischen Ordnung werden kann. Voraussetzung dafür ist nur, dass wir uns von unseren Identifizierungen auf das Relative lösen. Dazu müssen wir die künstliche, starre Ordnung auflösen und zu einer natürlichen, leichten und flexiblen Ordnung finden.

Hilfreiche Mittel, um diese Selbstklärung zu unterstützen und zu erleichtern, stellt die Psychologie zur Verfügung, wie z. B. das

Modell des »Inneren Teams« von Friedemann Schulz von Thun. Dieses Modell fördert die ganzheitliche Selbsterkenntnis, indem es verschiedene Anteile der Psyche eines Menschen als verschiedene »Mitglieder« seines »inneren Teams« darstellt, die jeweils bestimmte Interessen und Motive haben. Hierdurch können wir uns gut der inneren Dynamik der in uns wirkenden relativen Kräfte bewusst werden und in diese regulierend und heilend eingreifen. Das Modell hilft uns dabei, uns aus der unbewussten Identifizierung mit bestimmten Anteilen zu lösen und unsere eigentliche Funktion als »Oberhaupt« des Teams auszuführen. (Genaue Angaben zu Schulz von Thuns Buch *Miteinander reden 3* finden Sie im Literaturverzeichnis.)

Es sind natürlich noch weitere Hilfsmittel denkbar, um uns selbst zu klären und zu ordnen. Wir können unserer Kreativität hierbei freien Lauf lassen. Letztendlich aber geht es immer darum, dass wir uns darüber bewusst werden, was ist. Erst dies ermöglicht uns, damit umzugehen, es »in Ordnung zu bringen« und schließlich darüber hinauszugelangen.

Das Potenzial der Weisheit

Was wir allgemein »Weisheit« nennen, ist praktisch nichts anderes als das voll entfaltete und gelebte Potenzial der bewussten Verbundenheit mit dem Absoluten. Es ist ein Leben im Einklang mit dem kosmischen Prinzip. Somit ist in jedem Menschen potenziell die Quelle der Weisheit vorhanden. Eigentlich ist in allen Dingen der Welt eine unbewusste Weisheit enthalten, da in allem, was ist, die ganze Wahrheit eine Entsprechung hat – sowohl in ihrem absoluten als auch in ihrem relativen Aspekt. Der

Mensch hat jedoch eine besondere Form von Bewusstsein, verglichen mit Tieren z. B., die ja auch in gewissem Sinne Anteil haben am »kosmischen Geist«, aber kein Bewusstsein in dieser Form. Er kann daher eine *bewusste* Form von Weisheit entfalten. Diese Weisheit – als bewusste Verbundenheit mit dem Absoluten – manifestiert sich in seiner Psyche anhand bestimmter Strukturen bzw. Dimensionen. Die Psyche eines »weisen« Menschen wird zwangsläufig zum Abbild der kosmischen Ordnung.

Wie sieht nun dieses Abbild aus? Um dies zu verdeutlichen, möchte ich den Vergleich mit den grundlegenden kosmischen Kräften heranziehen. Diese wirken auf die Himmelskörper und bewirken ihre natürliche Ordnung und Bewegung. Im Zustand natürlicher Ordnung wirken diese Kräfte logischerweise auch in uns und sind uns bewusst. Diese Kräfte sind: Rotation, Revolution, Schwerkraft und Fliehkraft.

Ein Himmelskörper dreht sich um sich selbst, hat also eine bestimmte Eigendrehung (Rotation). Zugleich kreist er in irgendeiner Form um einen anderen Himmelskörper bzw. einen äußeren Schwerpunkt (Revolution). Eine bestimmte Schwerkraft wirkt außerdem auf ihn, die von diesem Schwerpunkt ausgeht. Zudem wirkt eine Fliehkraft in die entgegengesetzte Richtung, die von der Geschwindigkeit der Revolution abhängt. All diese Faktoren stehen in bestimmten Verhältnissen zueinander, damit das Ganze funktioniert und der Himmelskörper auf seiner Bahn bleibt. Sie bilden also ein Gleichgewicht. Dieses Gleichgewicht entspricht der kosmischen Ordnung, einer natürlichen Ordnung kosmischer Kräfte. Die genannten kosmischen Kräfte lassen sich in Relation bringen zu bestimmten Kräften, die in unserer Psyche wirken und sich im Zustand der natürlichen Ordnung im Gleichgewicht befinden.

Es gab in der Vergangenheit der Psychologie schon einmal einen ähnlichen Versuch (siehe dazu *Grundformen der Angst* von Fritz Riemann, detaillierte Angaben finden Sie auch im Literaturverzeichnis). Jedoch wurde hier nur der relative Aspekt der Psyche in Bezug auf Raum und Zeit betrachtet, also die Dualitäten Nähe – Distanz und Dauer – Wechsel in der relativen Welt. Dies betrifft besonders grundlegende Ängste, die unser Gleichgewicht in diesen relativen Dimensionen der Raumzeit stören können, wie z. B. die Angst vor Nähe oder die Angst vor dem Alleinsein. Ich möchte hier die Perspektive erweitern und den Menschen mit allen Dimensionen, auch seinem absoluten Anteil, betrachten. Denn ein ganzheitliches Gleichgewicht der Psyche muss logischerweise auch diese Dimensionen einbeziehen.

Das ganzheitliche Gleichgewicht betrifft also unseren Bezug zur eigenen Tiefe (dem Selbst), zum Höheren (dem reinen Bewusstsein) sowie zum Leben in der relativen Welt. Wir werden diese Zusammenhänge noch ausführlich betrachten, denn dies kann Ihnen eine gute Orientierung und Hilfe geben, um zu Ihrem eigenen, natürlichen Gleichgewicht zu finden. Zunächst möchte ich jedoch die Grundlage für dieses neue Modell darstellen, die in der Erweiterung der Raumzeit-Perspektive liegt und im Kapitel über Raum und Zeit schon angedeutet wurde.

Die Raumzeit eröffnet im Grunde vier Dimensionen: drei Dimensionen des Raumes (Höhe, Breite, Länge) und eine Dimension der Zeit. Wenn man die drei Dimensionen des Raumes zu einer zusammenfasst, was die Physik z. B. in Form der sogenannten »Feynmandiagramme« tut, dann können wir uns die Raumzeit praktisch als ein Diagramm mit zwei Achsen (Raum und Zeit) vorstellen. Es spannt eine zweidimensionale Fläche bzw. Ebene auf.

Dies ist praktisch die Ebene, auf der wir uns in unserem normalen, begrenzten Alltagsbewusstsein, in der relativen Welt, bewegen. Das Absolute lässt sich dann als das »Außerhalb« dieser Fläche denken, was natürlich in gewissem Sinne auch diese Fläche beinhaltet – konkret vielleicht als eine Achse, die beispielsweise senkrecht auf dieser Fläche steht und jedem Punkt der Fläche ein gewisses absolutes »Potenzial« zuordnet, das jenseits dieser bestimmten Relationen existiert. So können wir uns die erweiterte Dimension unseres Menschseins symbolisch vorstellen. Diese weitere, absolute Dimension existiert jenseits von Raum und Zeit, bzw. sie geht über unsere gewohnte Raumzeit hinaus (Abb. 6).

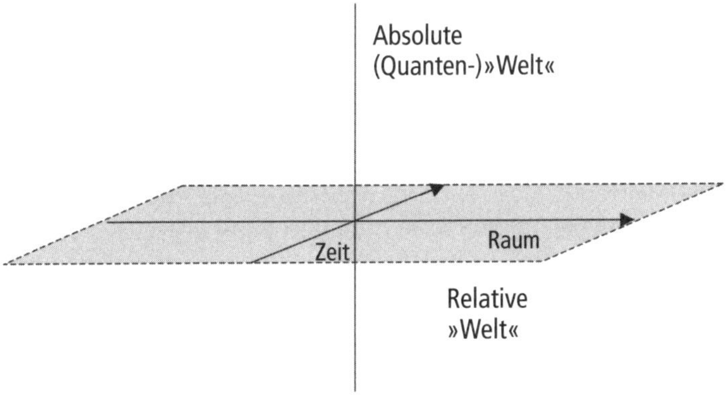

Abbildung 6: Raumzeit-Diagramm

In der Abbildung ist die absolute Achse nicht als Pfeil dargestellt, weil es hier eigentlich gar keine Relationen im üblichen Sinne gibt. Die Linie ist nur als Andeutung der absoluten Dimension zu verstehen, welche über das Relative hinausgeht. »Absolut« in Bezug auf unsere Vorstellungen von Raum und Zeit würde heißen: nicht relativierbar bzw. jenseits der Relationen von Raum und Zeit, somit also unendlich und ewig. Eine Dimension, die vielleicht innerhalb gewisser anderer, nicht raum-zeitlich bedingter Grenzen immer existiert und alles umfasst – unabhängig von den Geschehnissen in der relativen Welt. Dies wäre die »spirituelle« Dimension. Sie wird auch in einigen Weisheitskonzepten genannt (zum Überblick verschiedener Weisheitskonzepte siehe z. B. *Weisheit* von Ina Rösing) und spielt vor allem in östlichen Konzepten eine große Rolle (wie z. B. bei Jiddu Krishnamurti).

Die absolute Dimension bietet einen übergeordneten Bezugspunkt, an dem der Mensch sich jederzeit orientieren und wahrhaft Sinn finden kann, wenn es ihm gelingt, sich aus den Verwicklungen und Identifizierungen mit der relativen Welt zu lösen, d. h. insbesondere den Strom der relativen Zeit zu transzendieren. Dadurch entsteht eine bewusste Beziehung zu dem, was über den Menschen hinausgeht, sprich zu dem universellen Bewusstein, dem »Geist Gottes«. Überdies entsteht – in anderer Richtung – eine Verbindung zu der Kraft, die uns ständig hervorbringt, der tiefen inneren Quelle seines Seins bzw. der individuellen Lebensenergie, der »Schöpfungskraft Gottes«.

Es ist durchaus auch denkbar, dass es noch andere Ebenen, andere Raumzeiten, gibt, die wir von unserer Ebene aus nicht wahrnehmen können, wohl aber durch die Bewegung entlang der senkrechten Achse antreffen bzw. berühren können, z. B. indem wir unseren Bewusstseinszustand verändern. In der Erweiterung des Bildes tun sich unendliche Möglichkeiten auf, und tatsächlich ist ja der Geist in sich selbst unendlich, grenzenlos, wie auch die Seele. Die Psyche geht deshalb schon ihrer Natur nach über die Grenzen der gewohnten Raumzeit hinaus. Zumindest ist dieses Potenzial in ihr enthalten und muss deshalb mit einbezogen werden.

Die oben geschilderten vier kosmischen Kräfte der Rotation, Revolution, Schwerkraft und Fliehkraft lassen sich nun dementsprechend bestimmten Aspekten der Psyche aus ganzheitlicher Sicht zuordnen. Diese Kräfte bzw. Aspekte wirken praktisch in jedem Menschen, da wir alle Teil des Kosmos sind. Aber in einem »weisen« Menschen finden sie eine bewusste Entsprechung insofern, als dass er sein Leben und sein Dasein an diesen Dimensionen ausrichtet. Damit bringt er sie reiner und unverfälschter und vor allem mit ihrem vollen Potenzial zum Ausdruck. Verstehen wir diese kosmischen Wirkkräfte, wird es uns selbst leichter fallen, unser »weises« Potenzial zu entfalten. Die vier kosmischen Kräfte äußern bzw. manifestieren sich dabei wie folgt:

Der Aspekt der *Rotation* betrifft die Eigendrehung, die eigene Individualität, die Bewusstheit über die eigenen Grenzen und die Relativität des eigenen Seins in dieser »horizontalen«, zweidimensionalen Welt. Er betrifft die Erkenntnis der eigenen räumlichen Abgrenzung zu anderen Individuen und der Umwelt allgemein, als auch die zeitliche Begrenztheit der eigenen Existenz auf relativer Ebene. Die Rotation spiegelt eine gewisse »Selbstbezogenheit«, die elementar ist für jegliche Selbsterkenntnis. Sie deutet zugleich auf den absoluten Aspekt hin, denn im Inneren eines rotierenden Körpers, in seinem Zentrum, gibt es einen Punkt ewiger Ruhe und Stille. Es ist ein Punkt ohne Bewegung. Je tiefer der Mensch sich seiner selbst, also seiner Eigendrehung, bewusst wird, umso näher kommt er auch diesem Punkt der Stille, der Zeitlosigkeit, im eigenen Inneren. Ohne diesen Ruhepunkt wäre keine geordnete, harmonische Rotation möglich.

Der Aspekt der *Revolution* (die Drehung um andere Himmelskörper) betrifft das Handeln in der Welt, also das »Kreisen« bzw. Kümmern um andere Dinge in der Welt als um sich selbst, die Bewegung in der Horizontalen. Diese Bewegung geschieht hier in bestimmten Raum-Zeit-Relationen, sprich in einer bestimmten Form der Bewegung mit einer bestimmten, naturgegebenen Geschwindigkeit. Das ermöglicht erst eine harmonische, geordnete Bewegung.

Die Revolution symbolisiert also das bewusste, geordnete Handeln und Wirken in der Welt zugunsten und im Sinne eines Inhaltes, der außerhalb des eigenen Daseins liegt und diesem Dasein überhaupt einen Sinn auf dieser relativen Ebene gibt. Es verdeutlicht auch, wie wichtig es ist, dass der Mensch seine Kräfte *einer* Sache, *einem* Schwerpunkt in seinem Leben widmet; dass er seine Kräfte und sein Wirken auf diesen Schwerpunkt konzentriert. Dieser Fokus muss natürlich im Einklang stehen mit dem eigenen Sein, der Eigendrehung. Wo viele Schwerpunkte sind, wird die Bewegung unharmonisch und chaotisch, und die Energie verstreut sich.

Damit eng zusammen hängt der Aspekt der *Schwerkraft*. Dies beschreibt die Wirkung des Schwerpunkts, um den das eigene Dasein kreist – aber auch die eigene innere Tiefe, die Verbindung zum tiefen Selbst. Beide sind letztlich zwei Aspekte einer Sache. Denn nur ein Mensch, der Zugang zur eigenen inneren Tiefe gefunden hat, hat ein Gefühl dafür, was der wirkliche Sinn seines Daseins und somit der Schwerpunkt seines Lebens und Wirkens im Relativen sein kann. Der Aspekt der Schwerkraft betrifft also im Gegensatz zur Revolution nicht die horizontale Ebene der Bewegung in der Welt, sondern die vertikale Achse der eigenen inneren Tiefe, der Verbundenheit mit dem ewigen Ursprung, des Selbst.

Dies wiederum ist eng verbunden mit dem Aspekt der Eigendrehung, der Rotation. Die Bewusstheit des eigenen, tieferen

Selbst ist eng verbunden mit dem Gewahrsein der ewigen Stille im eigenen Kern. Beide bedingen sich gegenseitig, denn da, wo kein fester Bezugspunkt ist, wo die »Wurzeln« fehlen, da ist auch keine harmonische Eigendrehung möglich und somit auch kein innerer Ruhepunkt. Und da, wo die innere Ruhe fehlt, ist es schwer, das Selbst zu spüren.

Der Ausgleich zur Wirkung der Schwerkraft ist die *Fliehkraft*. Sie ist die Gegenkraft auf der vertikalen Achse. Ohne Fliehkraft könnte ein Himmelskörper nicht um einen Schwerpunkt kreisen, sondern würde mit ihm kollidieren und sich damit selbst zerstören. Ist die Fliehkraft dagegen zu groß, wird der Himmelskörper ins Weltall geschleudert. Die Stärke der Fliehkraft aber ist abhängig von der Geschwindigkeit der Bewegung und der Masse des Körpers.

Im Menschsein entspricht die Fliehkraft dem Bezug zum »Höheren«, also zu dem, was über den Menschen hinausgeht, die Unendlichkeit des Seins, der Wahrheit, die grenzenlose Weisheit der Schöpfung und sogar das »Jenseits«, das »Außerhalb« des Weltalls. Sie repräsentiert wie die Schwerkraft eine Verbindung zum Absoluten, jedoch in anderer Richtung. Sie repräsentiert das Bedürfnis des Menschen nach Erkenntnis und Entfaltung, nach Entwicklung, nach etwas »Höherem«, nach Freiheit und Erweiterung des eigenen Daseins und Wissens. Zugleich steht sie für das Bedürfnis nach etwas Heiligem, Reinem, Göttlichem.

Diese Dimension übt seit jeher eine starke »Anziehungskraft« auf den Menschen aus. Dies ist auch nötig, denn wenn es nicht so wäre, würde der Mensch seiner Schwerkraft erliegen, wäre das Opfer seiner Materie, und es wäre überhaupt keine Bewegung in der »horizontalen« (weltlichen) Welt möglich. Andererseits ginge der Mensch als solcher in den Weiten des Alls bzw. der Wahrheit

»verloren«, würde vielleicht auf ewig ungezielt darin herumirren, wenn er nicht zugleich verbunden wäre mit der Schwerkraft, der eigenen inneren Tiefe. Das Ziel unseres Menschseins ist nicht, sich in den Weiten des Alls zu verlieren, sondern in *dieser* Raumzeit zu lernen und zu handeln, sich zu entwickeln, im Bewusstsein über alle Dimensionen. Dazu müssen wir uns bewusst verbinden mit der eigenen Tiefe und der tiefen Dimension in allem, was existiert, sowie mit dem Höheren, dem »spirituellen« Aspekt unseres eigenen Seins und des Daseins von allem.

Dieser Vergleich macht uns bewusst, wie fragil und verletzlich eigentlich das Menschsein ist. Unser natürliches Gleichgewicht zu bewahren ist eine große Kunst und setzt viel Bewusstheit voraus. Natürlich steht es jedem frei, sich irgendwie chaotisch und ungeordnet in der Welt zu bewegen. Ein solcher Zustand führt letztlich aber nur zu äußerem und innerem Leiden, zu einem Gefühl von Mangel und Unausgeglichenheit, von innerer Leere und gleichzeitiger Überforderung. Und dieses Szenario ist weder heilsam für uns noch für die Welt, in der wir leben.

Wenn es uns gelingt, im bewussten Einklang mit den kosmischen Kräften zu leben, können wir uns in diesem Rahmen leicht und frei bewegen, so, wie es unserer Bestimmung entspricht. Wir werden dann »getragen« von den Kräften und müssen selbst kaum noch Energie aufwenden – höchstens die Kraft des Bewusstseins, der Erkenntnis, die nötig ist, um dieses Gleichgewicht aufrechtzuerhalten. Ein Mensch, der in diesem natürlichen Gleichgewicht lebt, wird von zwei festen (absoluten) Bezugspunkten gehalten, an denen er sich jederzeit orientieren und in denen er Gewissheit finden kann.

Wir erkennen jetzt, dass ein wahrhaft natürliches Gleichgewicht nicht statisch und starr, sondern höchst dynamisch und komplex ist. Die natürliche Ordnung muss und möchte sich selbst ständig aktualisieren, um zu bestehen. So, wie die absolute Wahrheit sich ständig im Relativen aktualisiert und dadurch einen Eindruck von Beständigkeit erzeugt. Ein Leben im Einklang mit der Wahrheit ist ein Leben, in dem wir ihre Gesetze bzw. Aspekte bewusst verwirklichen und umsetzen.

Den Zustand des inneren Gleichgewichts stellt symbolisch Abbildung 7 dar.

Diese Dimensionen der Weisheit bzw. des verwirklichten Menschseins lassen sich noch weiter differenzieren, indem wir jede Dimension unterteilen in die Wirkungsrichtungen des Energieflusses. Wenn wir uns mit jeder dieser Dimensionen bewusst

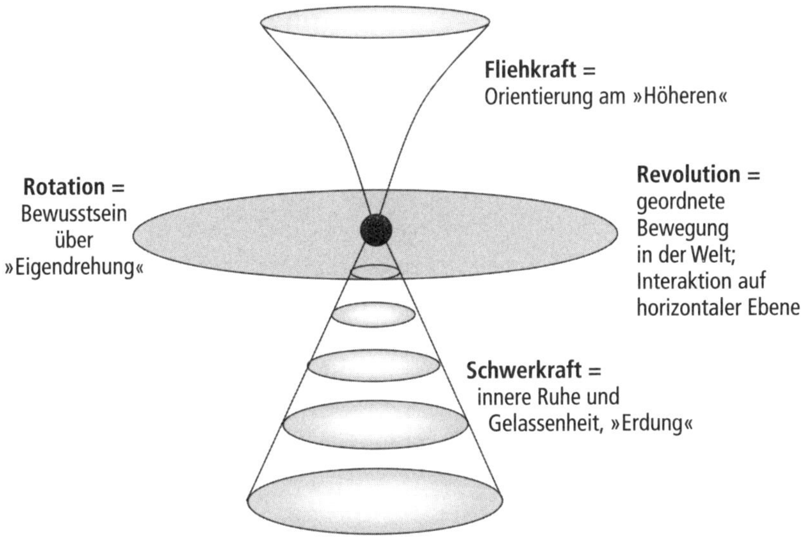

Abbildung 7: Dimensionen der Weisheit: die kosmische Analogie

austauschen, dann spiegelt sich diese Interaktion in einem bestimmten Energiefluss wider. Auf jeder Ebene, in jeder Dimension wirkt das Gesetz von Geben und Nehmen, das Prinzip des Austauschs, des Gleichgewichts. Wir müssen etwas geben, um etwas zu empfangen. Das, was wir empfangen, ermöglicht uns wiederum, etwas zu geben. Diese Aspekte soll die folgende Grafik verdeutlichen.

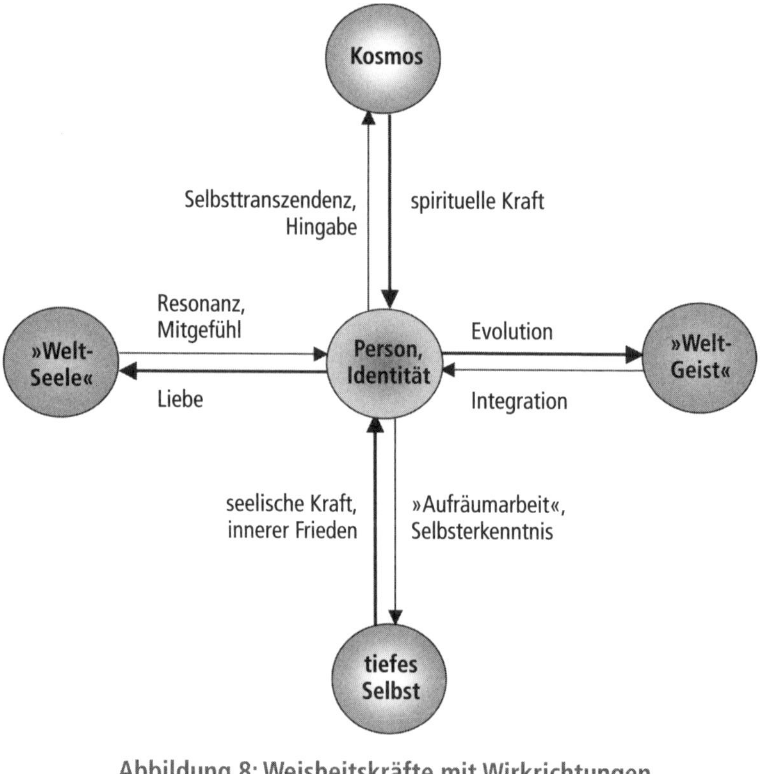

Abbildung 8: Weisheitskräfte mit Wirkrichtungen

So manifestiert sich unser innerer Austausch mit dem Kosmos bzw. auch mit unserem »höheren Selbst« in der Form, dass wir z.B. die Bereitschaft geben, unser Sein zu transzendieren, also uns aus der Diktatur unseres Egos zu lösen und unseren Geist, unser Bewusstsein, zu erweitern. Wir geben uns praktisch selbst hin, aber nicht unser Selbst, sondern alles, was unwesentlich ist, was nicht dem wahren Wesen entspricht. Wir lassen das Unwesentliche los und geben es an das Universum ab, denn das Universum braucht unsere Erfahrungen, um sich selbst zu entfalten. In seiner Unendlichkeit ist alles geborgen und geht nichts wirklich verloren. Hierfür bekommen wir vom Universum wiederum spirituelle Energie und bewusstseinserweiternde Erfahrungen »geschenkt«, die unser Leben sehr bereichern können.

In anderer Richtung räumen wir unser eigenes inneres Selbst, die Tiefe unserer Seele, auf, um uns zu klären und durchlässig zu machen für das innere Licht, das aus unserem Selbst leuchtet. Dies ist das, was wir geben müssen. Wir müssen Ordnung schaffen im Inneren, müssen sozusagen den inneren Kampf beenden. Das, was ist, nehmen wir liebevoll an und schaffen somit in uns selbst Frieden und Klarheit. Um unsere innere Entropie so zu verringern, müssen wir Energie aufwenden. Als Ausgleich beschenkt uns unser tiefes Selbst mit enormer Energie. Wir empfangen unbegrenzte seelische Kraft und Stärke, und es breitet sich zugleich ein Gefühl tiefen inneren Friedens aus, ein Gefühl von Ruhe und Gelassenheit, innerer Klarheit und Reinheit.

Die »Gaben«, die wir aus der vertikalen Richtung, also vom Höheren und aus der Tiefe, bekommen, können wir dann wiederum in unser alltägliches Leben auf horizontaler Ebene investieren. Dies äußert sich auf geistiger und auf seelischer Ebene unterschiedlich:

Auf der seelischen Ebene erhalten wir durch die tiefe Verbundenheit mit dem Selbst und die Inspirationen aus dem Kosmos eine große Liebesfähigkeit. Dies wird sich in unserem Leben als reine, bedingungslose, spirituelle Liebe äußern, die nicht mehr durch das Ego begrenzt und verfälscht wird. Das Licht dieser Liebe können wir einfach in die Welt leuchten lassen, sodass es andere Menschen berühren und sie an ihr eigenes inneres Licht erinnern kann. Wir müssen uns nicht »opfern« oder unterwerfen. In diesem Bewusstsein sind wir nicht mehr von der Liebe anderer Menschen abhängig. Wir leben ja schon im Gewahrsein universeller Liebe und Verbundenheit. Frei können wir durchs Leben gehen, in unserem Selbst verwurzelt bleiben, ohne innerlich aus dem Gleichgewicht zu geraten und ohne uns für die oftmals egoistischen Bedürfnisse anderer benutzen zu lassen.

Von der Umwelt werden wir dafür durch neue Erkenntnisse, Einsichten und Erfahrungen »belohnt«. Wir werden dann auch Menschen anziehen, die zu dieser Schwingung der Liebe passen. Das Gesetz der Resonanz wirkt auch hier. Durch unsere Gabe der Liebe erhöht sich zugleich unser Mitgefühl, denn die Liebe ermöglicht ein tieferes, intuitives Verständnis des wahren Wesens der Dinge. Dadurch können wir aus der Umwelt viel mehr Informationen bzw. Impulse erhalten, weil wir viel offener dafür sind. Wir sind empfänglicher für die wahren Geschehnisse in der Welt, auch auf tieferen Ebenen als der offensichtlichen.

Dies wiederum bereichert unser Leben und unser Bewusstsein, da wir dadurch auch viel über uns selbst lernen. Die Welt, die wir erleben, ist ja immer auch ein Spiegel der eigenen Innenwelt. Wir werden also vom Leben mit Lebendigkeit, Intensität und Fülle beschenkt, wenn wir fähig sind, wahrhafte Liebe zu geben. Dieses Geben geschieht bedingungslos, und so können wir uns von den Geschenken des Lebens einfach überraschen lassen, sie annehmen, loslassen und weitergehen.

Auf geistiger Ebene können wir der Welt unsere Erkenntnisse und Einsichten vermitteln, wodurch wir – im Rahmen unserer Fähigkeiten, auf unsere jeweils eigene, persönliche Art und Weise – zur Bewusstseinsentwicklung und zur Evolution der Menschheit beitragen. Wir können anderen Menschen Anregungen geben, die ihnen helfen, freier und glücklicher zu werden; die ihnen helfen, ihr wahres Potenzial zu entfalten. Indem wir uns geistig der Welt öffnen, sie an unseren Erkenntnissen teilhaben lassen und sie inspirieren, bekommen wir auch die Wirkungen unserer Gedanken zu spüren. Wir können erfahren, wie andere Menschen darauf reagieren und ob wir ihnen damit helfen können.

Über die Welt und die Menschen können wir somit wiederum selbst viel lernen. Wenn wir all die Erfahrungen in unser Weltbild integrieren, nähern wir uns auf der Ebene des relativen Wissens bzw. Verständnisses immer mehr der äußeren Wahrheit an. Unser eigenes Handeln wird dabei wirksamer und angemessener, weil es das wahre Sein und die wahren Bedürfnisse anderer Menschen mehr berücksichtigen und einbeziehen kann. Wir können unsere Bestimmung immer besser und leichter ausführen. Dieser Erkenntnisgewinn ist unser Geschenk auf der relativen, weltlichen Ebene.

Natürlich müssen wir nicht zum »Guru« werden, um unser Sein zu entfalten. Wie sich unser Selbst und unsere Einsichten in unserem Leben und Handeln manifestieren, kann ganz verschieden sein, je nach unseren individuellen Potenzialen. Es ist nicht nötig, irgendjemanden zu »bekehren« oder sich über andere zu erheben. Dies würde nur auf egoistische Motive hindeuten. Es genügt völlig, einfach zu *sein* und absichtslos zu wirken, wie es dem eigenen Wesen entspricht. Ein verwirklichter Mensch ist weitestgehend frei von Rollen und den Identifizierungen der Oberfläche. Er ist einfach er selbst und entfaltet sich, unabhängig von den Bildern, die andere sich von ihm machen, und unabhängig von Rollen, Namen oder Titeln, die sie ihm geben. Das ist im Grunde oft ganz unspektakulär, aber dennoch zutiefst erfüllend und bereichernd.

Grundlage, um im Einklang mit der kosmischen Ordnung zu leben, ist das Prinzip des Ausgleichs, das Gesetz von Geben und Nehmen. Dies bezieht, wie wir gesehen haben, auch die vertikale Dimension mit ein. Erst wenn wir uns über diese bewusst sind, können wir die universelle Gerechtigkeit erkennen, die alles Sein durchdringt und das Leben bewahrt und lenkt. Vielen Menschen fehlt das Vertrauen in diese Gerechtigkeit, weil sie nicht alle Dimensionen sehen, auf denen dieser Austausch geschieht.

Tatsache ist jedoch: Wir können niemals etwas geben, ohne etwas zu bekommen, und wir können nichts bekommen, ohne etwas dafür zu geben. Je selbstloser bzw. egoloser und unvoreingenommener wir geben, umso reicher werden wir vom Universum beschenkt. Dabei sollten wir uns bewusst sein, dass wir in *vertikaler Richtung* vor allem das *Unwesentliche*, also den Ballast, die alten Gewohnheiten und Gefühle, die wir nicht mehr brauchen, abgeben müssen, um beschenkt zu werden. Auf *horizontaler Ebene* geben wir dagegen das *Wesentliche*, das Licht des eigenen Selbst. Das ist ein wichtiger Unterschied.

Viele Menschen geben auf der weltlichen Ebene viel Unwesentliches, weil sie um ihr inneres Licht gar nicht wissen. Sie wundern sich dann, warum sie auch nur Unwesentliches, nur bedingte Liebe und oberflächliche Gesten erhalten. Wir ernten in dieser Welt, was wir säen. Wenn wir ohne wahre Liebe sind, werden uns andere Menschen zumeist auch ohne Liebe oder mit nur geheuchelter, halbherziger Liebe begegnen – es sei denn, wir begegnen einem wirklich erwachten Menschen, der tiefer sieht und uns bedingungslos lieben kann, weil er unsere wahre Schönheit hinter all den Schichten erkennt. Aber unsere eigene Schwingung wird dann verhindern, dass wir solchen Menschen begegnen bzw. sie überhaupt erkennen, wenn wir ihnen begegnen, weil wir von unseren eigenen Vorstellungen verblendet sind. Eine solche Liebe könnten wir überhaupt nicht annehmen, weil in uns kein Raum dafür wäre, sie zu empfangen.

Der Ausweg aus diesem Dilemma liegt in unserer Selbsterkenntnis, in unserer uns immanenten Weisheit.

Desidentifizierung als wichtiges Werkzeug der Entwicklung

Damit unser psychisches System nicht aus dem Gleichgewicht kommt – oder um dieses überhaupt zu erreichen –, ist die Fähigkeit der *Desidentifizierung* nötig. Wir müssen uns also bewusst aus der Identifizierung mit bestimmten Inhalten der Wahrnehmung, des Fühlens und des Denkens lösen. Wenn diese Fähigkeit nicht oder nur schwach vorhanden ist, kann es zu vielen Irritationen und Fehlentwicklungen kommen. Ich werde Ihnen diese kurz aufzeigen, da dies auch für das Verständnis von psychischen Krankheiten von Bedeutung ist. Wie wir uns dann »desidentifizieren« können, möchte ich daran anschließen. Dieser psychische Ablösungsprozess hängt eng mit der Entropie zusammen. Auch das werden wir näher betrachten. All dies ist wesentlich, um unser Bewusstsein und damit unser inneres Licht zu entwickeln.

Der Zustand des psychischen Gleichgewichts ist leicht störbar, und zwar weniger durch äußere Einflüsse, sondern zunächst einmal durch innere Einflüsse und Schwachstellen. Erst diese bieten die Voraussetzung dafür, dass auch äußere Einflüsse leicht störend wirken können. Wie schwierig es ist, das natürliche Gleichgewicht zu bewahren – oder überhaupt zu finden –, zeigt uns der Gesundheitszustand der heutigen Menschen. Körperliche oder psychische Krankheiten sind fast zum Normalzustand geworden, und das Gesundheitssystem ist hoffnungslos überfordert. Es ist ein Spiegel des inneren Zustands des Menschen, der nicht im Gleichgewicht mit den kosmischen Kräften lebt. In der Gesellschaft gilt eine gewisse Unausgeglichenheit sogar als normal, sodass wir nur sehr wenige Menschen finden können, die körperlich-seelisch-geistig vollkommen gesund bzw. im Gleichgewicht sind.

Ein wesentlicher Faktor, der unser Gleichgewicht stören kann, ist die Identifizierung. Wir neigen dazu, uns übermäßig mit Inhalten der eigenen Wahrnehmung, der Gefühle oder auch des eigenen Denkens zu identifizieren. Das kann sich auf verschiedene Weise hinderlich auswirken: Wenn wir uns z. B. zu sehr mit dem eigenen Innenleben beschäftigen, verlieren wir den Bezug zur Außenwelt. Wenn wir uns zu sehr mit den spirituellen Erfahrungen und den kosmischen Impulsen identifizieren, verlieren wir unsere »Erdung«, unseren inneren Halt. Identifizieren wir uns zu sehr mit den Impulsen und Kräften aus unserem eigenen Selbst, dann können wir den Bezug zum »Höheren« verlieren. Identifizieren wir uns zu sehr mit den Zeitabläufen und Erfordernissen unserer Umwelt und anderer Menschen, kommen wir aus unserem eigenen inneren Rhythmus. Wir verlieren das Gefühl für unsere eigene Zeit und den Hintergrund und ewigen Ursprung unseres eigenen Seins. Wenn wir uns zu sehr mit dem Gefühl der Liebe identifizieren, vergessen wir vielleicht, bei uns selbst zu bleiben und auch zu unserer eigenen inneren Kraft und Wahrheit zu stehen. Identifizieren wir uns zu sehr mit unserer inneren Wahrheit, neigen wir vielleicht dazu, diese anderen aufzwingen zu wollen.

Diese Liste könnte man ewig fortführen. Ich möchte Ihnen damit verdeutlichen, dass wir das innere Gleichgewicht nur dann bewahren können, wenn wir bewusst mit den Inhalten unseres eigenen Erlebens umgehen können. Das heißt, dass wir die Fähigkeit brauchen, das Ausmaß unserer Identifizierung mit diesen Inhalten selbst zu regulieren. Das dualistische Denken, das die Ursache des Ungleichgewichts und zugleich seine Folge ist, können wir nur überwinden, wenn wir die übermäßige, unkontrollierte, unbewusste Identifizierung mit bestimmten Inhalten vermeiden.

Letztlich ist es immer das Ego, das zur Identifizierung neigt, da es sich selbst dadurch bestätigen möchte. Es sucht einen Halt, um sich zu stärken, weil es selbst relativ ist. Dies ist eine Gefahr, insbesondere wenn dem Menschen die absoluten Dimensionen seines Seins allmählich bewusst werden und das Ego noch nicht vollständig losgelassen wurde. Dann identifiziert sich das Ego natürlich mit den großartigen Erfahrungen und bläht sich dadurch noch mehr auf, womit niemandem geholfen ist. Es ist deshalb wichtig, sich selbst gut zu kennen und das Ego zu transzendieren, um wirklichen inneren Frieden zu finden – und dies ist ja die Voraussetzung für äußeren Frieden. Solange das Ego um Vorherrschaft kämpft, kann es für uns keinen Frieden geben – weder innen noch außen.

Wie können wir die Fallstricke unseres Egos nun umgehen? Die beste Möglichkeit, dem Ego sein Futter zu nehmen und bewusst zu bleiben, liegt in der Desidentifizierung, also darin, immer wieder bewusst Abstand zu nehmen von den Inhalten der eigenen psychischen Realität. Das heißt nicht, sie infrage zu stellen, sondern sie – bei Bedarf – aus einer gewissen Distanz heraus zu betrachten, um die eigene Entscheidungsfreiheit zu bewahren.

Wir können uns das (Alltags-)Bewusstsein wie eine Kugel vorstellen, die in der hügeligen Landschaft der Erfahrungen umherrollt. Naturgemäß neigt die Kugel gemäß ihrer Schwerkraft dazu, ins Tal zu rollen. Dies ist der Zustand der Identifizierung. So neigt das Bewusstsein oder vielmehr das Ich, mit dem das Alltagsbewusstsein identifiziert ist dazu, den Weg des geringsten Widerstands zu gehen, dort zu verharren und sich damit vollkommen zu identifizieren. Durch Einflüsse von außen wird die Kugel gelegentlich angestoßen, ihre Lage zu verändern und in ein anderes Tal zu rollen, wo sie dann wieder liegen bleibt, bis der nächste Anstoß kommt.

Dies ist ein Leben im Zustand ständiger Identifizierung. Ein solcher Mensch lässt sich von äußeren Umständen treiben und fühlt sich als Opfer dieser Umstände. Er ist innerlich schwach und passiv und reagiert praktisch nur auf die Einflüsse, die ständig von außen kommen, ohne jemals selbst zu agieren. Dieser Mensch fühlt sich vielleicht in gewisser Weise frei, weil er in seiner Passivität keinen Widerstand spürt und weil er sein eigenes kleines Tal für die Welt hält. In Wahrheit jedoch gebraucht er seinen freien Willen überhaupt nicht.

So ähnlich sieht es auch mit unserer inneren Seelenlandschaft aus. Auch hier neigen wir dazu, uns mit bestimmten Gefühlen oder Gedanken zu identifizieren und darin zu verharren. Wir lassen uns von unseren inneren Zuständen treiben wie die Kugel in der Landschaft, von einem zum nächsten und so immer weiter, ohne jemals selbst die Richtung festzulegen oder gar darüber hinauszukommen. So können sich auch die verschiedensten psychischen Störungen entwickeln, deren Eigendynamik wir dann schnell unterliegen.

Der Zustand der Desidentifizierung zeichnet sich nun gerade dadurch aus, dass wir durch die Kraft unseres eigenen freien Willens (ja, den haben wir tatsächlich!) die Kugel auf einen Hügel rollen. Dafür müssen wir natürlich Energie aufwenden, und dies geschieht in Form von Selbsterkenntnis. Wenn wir erkennen, dass wir ständig nur reagieren, dann können wir uns erst bewusst werden, dass die Richtungen, in die uns »das Leben« bzw. unsere Umwelt treiben, vielleicht gar nicht unserem wahren Wesen entsprechen. Finden wir aber Zugang zu unserem tieferen Selbst und seinen Impulsen, können wir gemäß unserer wahren Natur leben. Wir sehen, dass unser bisheriges Leben irgendwie nichtig und begrenzt war, also eigentlich un-wesentlich. Durch diese Einsicht mobilisiert die Seele von selbst die Kraft, die nötig ist, um uns aus den Tälern unseres Lebens zu bewegen und die Hügel zu erklimmen.

Haben wir einmal Abstand gewonnen, sind wir auf einem Hügel zur Ruhe gekommen, dann eröffnet sich uns eine viel weitere Perspektive. Wir können erstmals die ganze Landschaft – oder zumindest sehr viel mehr davon – sehen. Wir betrachten die Orte unseres früheren Lebens und verstehen die Zusammenhänge. Wir können überblicken, welche anderen Orte es noch gibt, wo wir vielleicht noch nie gewesen sind, und wir können uns aus freiem Willen heraus entscheiden, diese Orte einmal zu besuchen. Wir können uns in neue Täler rollen lassen, im Bewusstsein darüber, dass wir die Kraft haben, auch wieder herauszufinden, wenn wir es wollen. Wir wissen, dass wir innerhalb gewisser natürlicher Grenzen und im Einklang mit unserem eigenen inneren Gleichgewicht selbst entscheiden können, was wir wann wo und wie erleben.

Dies ist der Punkt, an dem wir »erwachsen« sind, an dem wir wirkliche Verantwortung für unser Leben und unsere Gedanken und Gefühle übernehmen. Kein anderer Mensch ist für unsere inneren Zustände und für unser Glück verantwortlich, und auch nicht »Gott«. Die Verantwortung liegt allein bei uns, und es liegt in unserer Macht, uns unser Glück zu erschaffen! Diese Erkenntnis ist sehr entscheidend auf unserem Weg der Selbstwerdung.

Deshalb ist es von elementarer Bedeutung, dass wir die Fähigkeit zur Desidentifizierung erlernen, was z. B. durch bestimmte Meditationsformen geschehen kann. Nur ein Mensch, der sich aus den »Fängen« der Identifizierung bei Bedarf lösen kann, ist ein wirklich freier Mensch. Er ist erst wirklich *Mensch*. Er ist erst frei, wirklich er selbst zu sein, im Einklang mit seinem tieferen Selbst und dem kosmischen Bewusstsein. Erlernen wir nicht, uns zu »desidentifizieren«, fehlen uns auch die Fähigkeit und die Kraft, für unser inneres Gleichgewicht zu sorgen. Diese Fähigkeit ist die Grundlage jeglicher dauerhafter, ganzheitlicher Gesundheit. Es ist die Grundlage, um überhaupt ein gesunder Mensch zu werden.

Ich möchte damit nicht sagen, dass Identifizierung schlecht oder falsch ist. Natürlich ist es auch gut, die Täler kennenzulernen, denn die Wahrheit umfasst dies alles. Es wäre falsch, etwas zu vermeiden, was vielleicht sein bzw. erfahren werden soll. Auch hier geht es einfach darum, dass wir uns die Dualität bewusst machen und sie auflösen. Weder extreme Identifizierung noch extreme Desidentifizierung ist gut und gesund, sondern das Wechselspiel von beiden, in Freiheit und Leichtigkeit. In der

Identifizierung können wir Erfahrungen machen, die uns in der Desidentifizierung nicht möglich sind, und umgekehrt. Alles ist eins, alles gehört zusammen. Wie wir aber in Bezug auf das Potenzial der Entfremdung schon gesehen haben, kommt es auf die Synthese an.

Und hier können wir wieder ein Paradox der Wahrheit finden, denn in der Fähigkeit zur vorübergehenden »Entfremdung« (Desidentifizierung) von den Inhalten unserer Wahrnehmung und unseres Denkens können wir bewussten Zugang erhalten zum absoluten Aspekt des Seins. Damit lindern wir die allgemeine Entfremdung der Welt und unsere eigene Entfremdung von uns selbst. Denn unser wahres Wesen bleibt ungehört, solange wir uns mit den Bewegungen der Wellen an der Oberfläche des Ozeans identifizieren. Wir können erst tiefer sehen, wenn wir uns von der Oberfläche lösen. Wir können wahre, tiefe Verbundenheit erst finden, indem wir uns trennen. Wenn wir einmal innerlich Abstand nehmen von unserem alltäglichen Leben und unseren Beziehungen und das alles aus der Distanz betrachten, wird uns manchmal erst die wahre Bedeutung der Zusammenhänge klar. Wir sind dann besser in der Lage, das Wesentliche vom Unwesentlichen zu unterscheiden.

Der Zustand der Desidentifizierung muss nicht zwangsweise anstrengend sein. Wenn wir erst einmal geschafft haben, die Kugel unserer Aufmerksamkeit durch unsere eigene Anstrengung und Bewusstseinsarbeit auf den Hügel zu rollen, kann sie dort mit nur wenig Mühe ruhen. So kann der Geist relativ leicht im Zustand der Desidentifizierung verweilen. Diese Ruhe unterscheidet sich aber wesentlich von der Ruhe der Kugel im Tal. Die Kugel im Tal hat keine Energie, sie ist völlig passiv. Die Kugel auf dem Berg verfügt dagegen über eine hohe potenzielle Energie, die sie je nach Bedarf einsetzen kann. Sie hat selbst die Wahl, wann und wie sie diese Energie nutzen möchte. Dies ist ein entscheidender Vorteil – neben dem großen Erkenntnisgewinn, den die weitere Perspektive ermöglicht.

Welche Folgen hat diese geistige Fähigkeit für unser psychisches Erleben? Im Zustand der Desidentifizierung betrachten wir die Dinge, die geschehen, sowie all die inneren Regungen neutral. Dabei haben wir eine große Energie zur Verfügung, die wir verwenden können, um aus dieser weiteren Perspektive heraus gezielt in das Geschehen einzugreifen – wenn es wirklich nötig ist. Dies ist die Fähigkeit zur bewussten Selbstregulation. Sie ist die Basis unserer Freiheit. Wirkliche Freiheit bedeutet Freiheit von jeglichem »Zwang«, Freiheit für die Verwirklichung der eigentlichen Potenziale, im Einklang mit dem kosmischen Prinzip – und dies beginnt im Innen, sonst bleibt es nur eine Illusion!

Die Fähigkeit der Desidentifizierung können wir trainieren wie einen Muskel, und je mehr Übung wir damit haben, umso leichter können wir diese nutzen. Gerade spirituelle Erfahrungen, die viel intensiver sein können als die alltäglichen, fordern eine hohes »Maß« an Desidentifizierung, um das innere Gleichgewicht zu bewahren. Wir begegnen im erweiterten Bewusstsein Dimensionen bzw. Bewusstseinsräumen, die eine sehr viel höhere Intensität besitzen als unser gewöhnliches Alltagsbewusstsein. Sich auch in diesen Räumen bewusst und gezielt bewegen zu können ist nötig, um diese Erfahrungen nutzen zu können und nicht darin verloren zu gehen.

Unsere Fähigkeit der Desidentifizierung ist ebenfalls notwendig, um unsere eigene psychische Entropie zu verringern. Das bedeutet, dass wir immer wieder die nötige innere »Aufräumarbeit« verrichten und Ordnung schaffen müssen, in der eigenen Seele und im eigenen Geist. Wenn wir uns mit den Inhalten identifizieren, können wir nicht bewusst mit ihnen umgehen. Das ist genauso, als wenn wir unsere Wohnung aufräumen wollen, aber die Dinge, die wir aufräumen wollen, ständig unsere Aufmerksamkeit fesseln, sodass wir vergessen, was wir eigentlich tun wollten. Um Ordnung in der Umgebung wie auch im Inneren schaffen zu können, müssen wir in der Lage sein, Abstand zu nehmen.

Eine innere, natürliche, selbstregulative Ordnung ist wesentlich für die eigene Gesundheit, und sie beeinflusst auch die Dinge, die uns im Leben begegnen, sowie unsere Wirkung auf die Außenwelt. Ein geordneter, klarer, bewusster Mensch hat eine ganz andere Wirkung als ein ungeordneter, unbewusster. Nach dem Gesetz der Resonanz ziehen wir die Menschen und Erfahrungen in unser Leben, die unserer eigenen Schwingung entsprechen. Wir sollten bei uns selbst anfangen, wenn wir Ordnung und Klarheit in unser Leben und unsere Beziehungen bringen wollen.

Die Ebene der Beziehungen

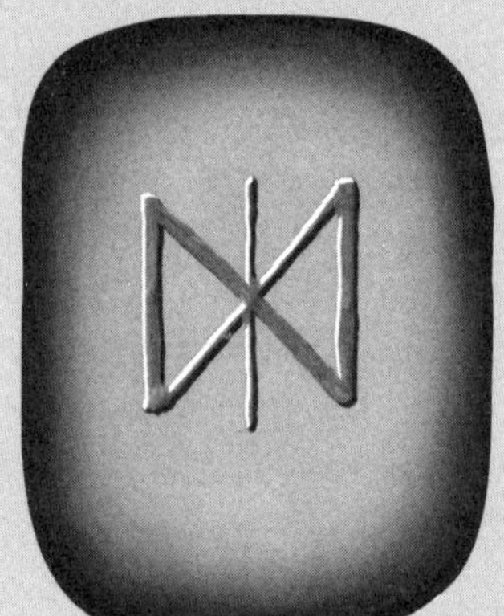

Potenziale der Liebe

Unsere Beziehungen zu anderen Menschen sind ein Spiegel unseres eigenen inneren Zustandes und zugleich ein Spiegelbild unserer eigenen Beziehung zum Kosmos, zum Dasein an sich. Unser innerer Zustand spiegelt sich in unserem Leben auf vielfältige Weise wider, und deshalb können wir aus unseren Beziehungen viel über uns selbst lernen, wenn wir offen dafür sind.

Die meisten Menschen suchen jedoch nicht Erkenntnis, sondern vielmehr Liebe, Nähe, Bestätigung, Abwechslung, Erfüllung, Glück usw. in anderen Menschen. Sie wollen bei anderen eine Quelle für ihre eigene Erfüllung finden. Dies gilt besonders für sogenannte »Liebesbeziehungen«. Die grundlegende Motivation, warum wir meist Beziehungen eingehen, ist ein Gefühl des inneren Mangels, der Unvollständigkeit. Wir suchen nach jemandem, der unsere innere Leere füllt, der uns Erfüllung gibt.

Wir glauben, auf die Liebe und Zuneigung anderer Menschen angewiesen zu sein, um selbst glücklich zu sein. So machen wir uns von Menschen, die uns Liebe versprechen, abhängig und glauben, Opfer für diese Liebe bringen zu müssen. Die Liebe in der heutigen Gesellschaft ist somit eine Art von Tauschgeschäft, von Handel. Man bezahlt mit materiellen Mitteln oder durch die Hingabe seines Körpers oder andere »Opfer«, um geliebt zu werden. Wir folgen den Anforderungen und Bedürfnissen anderer, um geliebt zu werden. Die Anteile in uns, die von anderen nicht gewünscht werden, verleugnen und verdrängen wir dafür. Dies fängt in unserer Kindheit an und setzt sich das ganze Leben lang fort, solange dieser Mangel in uns selbst besteht.

Zugleich aber bewirkt das Gesetz der Resonanz, dass wir auch in der Außenwelt meist keine echte Liebe anziehen, solange wir in uns selbst keine echte Liebe entfaltet und somit die Leere gefüllt haben. Alles, was wir für unser geheucheltes, verbogenes Selbst bekommen, ist geheuchelte, verbogene Liebe. Es ist eine Liebe, die an bestimmte Bedingungen gebunden ist. Und diese Form von Liebe ist das, was wir normalerweise kennen und unter Liebe verstehen.

Liebe bedeutet für den Menschen normalerweise körperliche Anziehung, sexuelle Freuden, emotionale Abhängigkeit, Leidenschaften, Selbstaufopferung, Eifersucht, Schuldgefühle, Heiraten und Kinderkriegen und dergleichen mehr. Diese Liebe ist relativ und dualistisch, sie ist gefangen in Widersprüchen und Gegensätzen, und folglich beinhaltet sie immer Schmerz und Leid. Diese Auffassung von Liebe verstärkt die Unordnung und Entfremdung in der Welt.

Der Mensch hat die Liebe in Konventionen gezwängt und erwartet »Beweise«, er will sie messbar machen. Und solch eine Liebe ist tatsächlich messbar, denn sie ist begrenzt und bedingt und damit relativ. In einem unbewussten Menschen wird die Liebe oder besser gesagt eine gewisse Form von Anziehungskraft oder Magnetismus zum Instrument des Egos, das daraus seine Vorteile ziehen will. Sie wird zum Instrument der Manipulation, indem wir sagen oder denken: »Wenn du mich liebst, dann tust du dies oder jenes für mich« usw.

Im Grunde ist das alles keine wirkliche Liebe. Es ist eine korrupte, entfremdete Form von »Liebe«. Das Ego kennt tatsächlich keine wirkliche Liebe, weil es begrenzt ist. Wirkliche Liebe aber ist unbegrenzt und frei. Das Ego wird regiert von Angst, aber wo Angst ist, kann keine Liebe sein. Angst macht das Herz eng, das

Ego macht das Herz eng, wahre Liebe aber ist Offenheit und Weite, Reinheit und Freiheit im Herzen wie im Geist, und dies bedingungslos.

Ein Egoist kann niemals lieben, nicht einmal sich selbst. Seine narzisstische Selbstbezogenheit ist keine Liebe. Sie ist eine »Verteidigungshaltung«, die auf der Angst davor basiert, sich mit seiner eigenen Vergänglichkeit und Bedeutungslosigkeit zu konfrontieren. Daher benutzt er Gefühle der Zuneigung und Abhängigkeit vor allem dazu, sein Ego aufzubauen, und das Ganze wird zu einem ständigen Kampf um Liebe, in der es immer einen Täter und ein Opfer gibt – wobei die Rollenverteilung auch immer wieder wechseln kann. In Beziehungen egoistischer Menschen geht es nicht wirklich um Liebe, dafür ist dort gar kein Raum. Im Grunde dominiert hier das Streben nach Macht und Einfluss unter dem Deckmantel angeblicher Liebe.

Aber auch die Opferrolle ist von hintergründigem Egoismus, also von der Identifizierung mit dem Ego geprägt. Das Ego verlangt und möchte Opfer bringen, um geliebt zu werden. Wenn wir unser Ego transzendiert haben, suchen wir nicht mehr nach Liebe. Wir verspüren keine Notwendigkeit, uns zu opfern. Sobald unser Ego verschwindet, werden wir erfüllt vom grenzen-losen Sein. Wir sind selbst Quelle der Liebe – was gäbe es da noch zu suchen und zu verlangen? Wozu sollten wir uns opfern? Jemand, der wirklich liebt, bringt keine Opfer, sondern er versucht höchstens, dem anderen Menschen zu seiner Freiheit zu verhelfen, damit auch dieser wahre Liebe in sich selbst erfahren kann.

Nur ein mit dem Ego identifizierter Mensch hat Interesse daran, andere Menschen von sich abhängig zu machen und sie zu kontrollieren oder zu manipulieren. Nur ein Mensch, der keine Ahnung davon hat, was wahre Liebe ist, verlangt Opfer. Und nur ein Mensch, der nicht wirklich lieben kann, wird sich opfern. Denn Liebe beginnt immer im Selbst. Können wir uns selbst nicht lieben, dann können wir auch niemand anderen lieben. Solange wir emotional abhängig sind, werden wir von Verlustängsten bestimmt. Wo aber Angst ist, kann keine echte, bedingungslose Liebe sein. Wie kommen wir aus diesem Dilemma heraus? Indem wir lernen, uns selbst zu lieben, die Quelle der Liebe in uns selbst zu entfalten. Erst dann sind wir nicht mehr angewiesen auf die Liebe anderer. Das ist der Anfang wahrer Liebesfähigkeit und Authentizität.

Es ist also wichtig, zwischen diesen beiden Formen der Liebe zu unterscheiden: Die eine ist die relative »Liebe«, die bedingte und korrupte »Liebe«, die auf der Ebene des Ego existiert und ebenso begrenzt ist wie dieses. Die andere ist die absolute Liebe, die grenzenlos, bedingungslos und frei ist wie das Selbst, aus dem sie entspringt. Sie besitzt etwas Heiliges, Göttliches und zutiefst Heilsames. Relative »Liebe« erzeugt Unordnung und Chaos oder braucht eine künstliche Ordnung, um aufrechterhalten zu werden. Je weniger echte Liebe da ist, umso mehr Regeln und Einschränkungen erlegen sich die Menschen auf, um ihre Liebe zu beweisen und zu erhalten – was aber noch nie wirklich funktioniert hat. Echte, absolute Liebe hat dagegen eine höchst ordnende und heilende Kraft, weil sie die Schwingung des Absoluten in die Welt überträgt.

Aus mangelnder Erfahrung in dieser absoluten Liebe glauben die meisten, dass die relative »Liebe« die einzig wahre ist. Sie meinen, darauf angewiesen zu sein, diese Form von bedingter Zuwendung von anderen Menschen zu erhalten. So geschieht es, dass zwei Menschen, zwischen denen vielleicht eine gewisse magnetische Anziehungskraft existiert oder deren Konditionierungen zusammenpassen, dies für Liebe halten und sich emotional voneinander abhängig machen – mit allen Konsequenzen, die das mit sich bringt. Je mehr man sich aber von anderen Menschen abhängig macht, umso schwerer wird es, Zugang zum wahren inneren Selbst zu finden. Jemand, dem dieser Zugang fehlt, neigt wiederum dazu, sich abhängig zu machen, weil er die innere Leere durch etwas Äußeres füllen will. Es ist ein Teufelskreis.

Um sich der ganzen Dynamik der relativen Liebe bewusst zu werden, muss man sich daraus lösen können und damit einen gewissen Zugang zum absoluten Aspekt des Geistes, zum neutralen Beobachter, haben. Denn die relative Form von Liebe ist zumeist eine unbewusste Form von Liebe. Der Hunger nach Liebe in Verbindung mit mangelnder Bewusstheit führt dazu, dass Menschen sich mit dem Zustand der relativen Liebe identifizieren und dadurch nur schwer darüber hinausgelangen können. Im Grunde sehnt der Mensch sich danach, ins Paradies zurückkehren zu können, und die Liebe ist für ihn wie ein Lockruf des Paradieses, dem er bedingungslos folgt.

Leider aber ist diese unbewusste Form der Liebe wie eine Fata Morgana, die den Menschen in die Irre und ins Leiden führt und tiefer in der Dualität verstrickt. Denn ein Zurück gibt es nicht auf diesem Weg. Die relative Liebe kann uns nicht ins Absolute führen, wenn wir ihr auf derselben relativen Ebene folgen, die ihrer Natur entspricht. Es gibt kein Zurück in die These der unbewussten Verbundenheit, des absoluten Einsseins – höchstens als kurzfristige Erfahrung und zu einem hohen Preis. Es ist eine Synthese nötig, eine bewusste Verbundenheit, die erst erarbeitet werden muss. Entwicklung geht niemals rückwärts, sondern immer vorwärts. In der Sehnsucht nach vergangenen Zuständen und Erfahrungen bleiben wir nur in der Dualität gefangen.

Erst in der Erkenntnis der eigentlichen Lieblosigkeit und Ignoranz, die hinter der Fassade angeblicher Liebe steckt, können wir darüber hinausgelangen. Akzeptieren und würdigen wir die Freiheit und Eigenständigkeit jedes Menschen, können wir erst zu wahrer Liebe finden. Dazu ist es nötig, all die Differenzen und Polaritäten unserer Beziehungen anzunehmen, wie auch deren zwangsläufig innewohnende Unbestimmtheit. Denn wahre Liebe hat für all dies Raum! Sie ist das Produkt der Verwirklichung der Synthese, die Frucht eines gereiften und geklärten Bewusstseins und einer reinen Seele.

In diesem Zusammenhang sollten wir den wichtigen Unterschied zwischen Verliebtsein und Liebe klären. Die relative Liebe entspringt oft aus dem anfänglichen Zustand der Verliebtheit. Verliebtheit ist ein besonderer psychischer Zustand, der mit intensiven Gefühlen der Zuneigung und Verbundenheit einhergeht, zugleich mit einer gewissen Aufregung und Euphorie. Er ist aber auch mit Ängsten und Unsicherheiten verbunden, indem wir uns z. B. fragen, ob diese Gefühle auch erwidert werden. Das Verliebtsein ist eigentlich eine Form von hormonellem Aufruhr, der uns ein gewisses Gefühl von Lebendigkeit verschafft und uns so aus unserem Halbschlaf erwecken kann. Dennoch ist es in diesem Zustand normalerweise so, dass wir uns sehr mit diesen Gefühlen identifizieren und uns unbewusst von ihnen leiten lassen. Und da wir uns dabei so sehr nach außen, auf das Objekt der Verliebtheit, richten, führt dies unweigerlich zur Selbstentfremdung bzw. verstärkt diese noch, wenn sie schon vorhanden war. So wird Erkenntnis nur verhindert.

Verliebtsein ist eine Projektion. Wir projizieren Erwartungen und Bedürfnisse auf einen anderen. Wir suchen dann in diesem Menschen nach Erfüllung dieser Bedürfnisse. Dadurch können wir die andere Person nicht so sehen, wie sie ist, weil wir sie nur durch die Brille der eigenen Bedürfnisse und Erwartungen betrachten. Deshalb sagt man auch »Liebe macht blind« und meint damit eigentlich diesen Zustand der Verliebtheit. Wahre Liebe macht nicht blind, sondern sie öffnet die Augen und das Herz!

Im Zustand der Projektion der Verliebtheit und der damit verbundenen Erwartungshaltung machen wir uns emotional von dem anderen Menschen abhängig, ohne ihn wirklich sehen und würdigen zu können, wie er ist. Wir verlagern unseren Schwerpunkt auf ihn. Und das ist immer auch mit Ängsten verbunden, wie z. B. mit der Angst, abgelehnt zu werden, oder der Angst, diesen Menschen bzw. unsere Verbindung zu ihm zu verlieren. Wo Angst ist, kann aber keine wahre Liebe sein und auch kein unvoreingenommenes Verstehen. Die ganze innere Aufregung ist ein Zeichen dafür, dass wir aus dem Gleichgewicht geraten sind. Im Zustand des Verliebtseins verlieren wir uns selbst. Das ist nicht unbedingt schlecht, weil es uns für neue Erfahrungen öffnet, die uns sonst nicht möglich wären. Jedoch ist die Gefahr dabei groß, dass man sich von den Gefühlen treiben lässt und es versäumt, die tiefere Wahrheit darin zu erkennen. Die meisten Menschen erliegen dieser Gefahr. Sie treiben dann in der Illusion der Einheit und Verbundenheit immer weiter in die Entfremdung hinein.

Warum aber geschieht uns dies? Wir Menschen funktionieren wie alle Tiere normalerweise nach dem Lust-Unlust-Prinzip. Das heißt, wir laufen der Lust hinterher und versuchen, Schmerz und Leiden zu vermeiden. So laufen wir auch dem Verliebtsein hinterher und versuchen, es festzuhalten und das Leiden der Erkenntnis zu vermeiden, solange es geht. Dies holt uns dann aber doch irgendwann ein, und dann sind wir enttäuscht. Denn auf jede Täuschung folgt eine Ent-Täuschung. Der Verlust aber, den wir dann empfinden, ist einzig der Verlust der Illusionen, an die wir uns geklammert haben. Die Wahrheit ist, wie sie ist, und sie kann nicht verloren gehen. Wer im Einklang mit der Wahrheit lebt, wird kaum je eine Ent-Täuschung erfahren.

Unser Streben nach Glück und das Vermeiden von Schmerz führen dazu, dass wir das wahre Leben verhindern, indem wir Aspekte der Wahrheit, die uns gerade nicht gefallen, ausblenden. Wir erzeugen uns so unsere eigenen Illusionen von der Welt, die unseren Bedürfnissen und Wünschen entsprechen. Da dies nicht mit der äußeren Realität übereinstimmt, laufen wir mit diesem Weltbild immer wieder gegen die Wände des Lebens, erleben also schmerzhafte Situationen, die sich vermeiden ließen, wenn wir das Leiden nicht verdrängen wollten. Die größten Schmerzen aber fügen wir uns selber zu in unserem Versuch, das Leiden zu vermeiden. Wir stellen uns blind und wundern uns dann, wenn wir immer wieder schmerzhaft mit Aspekten der Wahrheit zusammenstoßen. Dann klagen wir das Leben oder andere Menschen an, aber es war unsere eigene Blindheit, die uns in diese Situation geführt hat.

Genauso ist das Streben nach Glück, das Festhalten an den schönen Dingen, das beste Mittel, um wahre Glückseligkeit niemals greifen zu können. Im Streben nach Glück stellt sich erfahrungsgemäß der größte Kummer ein, wird die größte Unzufriedenheit offensichtlich. Denn das Streben auf der relativen Ebene führt nur dazu, dass wir uns vom wahren Wesen der Dinge und von wahrhafter Selbsterkenntnis entfernen. Wie wir erfahren haben, wäre aber genau das die Grundlage für wirkliche Glückseligkeit. Wenn wir am Zustand der Verliebtheit festhalten, können wir ihn zwar für eine gewisse Zeit intensivieren, aber zugleich entfernen wir uns vom wahren Wesen der Dinge, sodass das Erwachen später dann umso schmerzhafter ist.

Das Verliebtsein führt wie viele andere emotionale Zustände dazu, dass wir uns selbst verlieren. Die echte Liebe ist jedoch dadurch gekennzeichnet, dass wir uns zutiefst mit unserem Selbst verbinden und in dieser Mitte ruhen. Das Verliebtsein führt fast automatisch zur relativen, manipulativen Liebe, denn wo vorher keine Selbst-Bewusstheit war, da ist auch später nur Abhängigkeit. Relative Liebe geht wie Verliebtheit immer einher mit Angst.

Wahre Liebe kann nur in Freiheit existieren, in einer psychischen Freiheit ohne Angst und Abhängigkeiten. Im Zustand wahrer Liebe verliert man sich nicht, sondern man *findet* sich erst. Man kann dann auch anderen Menschen helfen, sich selbst zu finden. Dies ist eine zutiefst heilsame, regenerierende Kraft, und von dieser Liebe ist die Rede, wenn man sagt: »Liebe heilt.« Nur diese Liebe, eine freie und bedingungslose Liebe, ist wirklich heilsam für uns. Diese Liebe hat nichts mit Aufopferung zu tun, sondern sie ist Selbst-Verwirklichung, die Verwirklichung des wahren Selbst, in ihrer reinsten Form.

Die menschliche, relative »Liebe« ist die entfremdete Form der universellen Liebe, solange der Mensch unbewusst ist. Wahrhafte Liebe beruht auf Bewusstseinsarbeit und auf tiefer Selbsterkenntnis. Sie wird uns nicht einfach so gegeben, sondern wir müssen sie uns erarbeiten mit der Kraft unseres Geistes, unseres Bewusstseins, unserer unvoreingenommenen Erkenntnis. Wenn wir diesen Weg gehen, dann können wir erst an den Punkt kommen, wo uns gewahr wird, dass eine heilige, universelle Liebe die Grundlage von allem ist. Sie ist die ewige, schöpferische Quelle des Seins, die in allem, was ist, enthalten ist. Dies können wir erst dann erfahren, wenn wir bewussten Zugang haben zu dieser ewigen Quelle in uns selbst, denn wir können die Dinge immer nur so tief verstehen wie uns selbst.

An diesem Punkt erkennen wir etwas sehr Bedeutsames: Liebe ist allgegenwärtig. Ihre feine Schwingung durchzieht alles Sein und durchdringt es in seiner Tiefe. Wir verstehen dann, dass aus diesem ewigen Feld der Liebe alles ständig neu hervorgeht, was existiert. Und wenn wir fähig sind, diese ewige Liebe in allem wahrzunehmen, was ist, entfaltet das Sein vor unseren Augen erst seine ganze Schönheit. Denn die wahre Schönheit der Dinge liegt in ihrer Tiefe, nicht an der Oberfläche. An der Oberfläche können wir höchstens einen schwachen Abglanz davon ahnen.

Im Grunde ist es die heilige, universelle, bedingungslose Liebe, nach der wir uns alle sehnen, und doch geben wir uns oftmals mit der relativen, bedingten Liebe zufrieden. Dies tun wir, weil wir – mehr oder weniger unbewusst – davon überzeugt sind, nicht mehr zu verdienen oder nicht mehr bekommen zu können. Oder weil wir glauben, dieses etwas sei immer noch besser als nichts. Das jedoch ist ein Irrtum! Nur die ewige und bedingungslose kosmische Liebe kann uns helfen, zu dem zu werden, was wir sind. So, wie eine Pflanze nur dann wachsen und ihr wahres Potenzial entfalten kann, wenn ihr Licht und Wasser gegeben werden, so kann auch der Mensch nur wirklich wachsen und reifen im Licht der ewigen Liebe. Denn Wachstum braucht Raum, und in der relativen, bedingten Liebe ist kein Raum für Wachstum. Die bedingte Liebe bekämpft alles, was ihre Stabilität und Existenz gefährdet, und Wachstum und Erkenntnis sind für sie die größten Gefahren überhaupt.

In einer Partnerschaft z. B., die auf relativer Liebe gegründet ist, bedeutet es eine Gefahr, wenn einer der Partner sich ändert oder wenn neue Wahrheiten in Form von neuen Ansichten oder

Gefühlen ins Spiel kommen. Diese Form von Partnerschaft basiert auf einer starren, künstlichen Ordnung, die an bestimmte Regeln und Konventionen gebunden ist, damit sie funktioniert. Jede Änderung wird daraufhin überprüft, ob sie in die vorgegebene Form passt. Somit stehen die Partner unvorhergesehenen Änderungen und Entwicklungsprozessen zunächst oft ängstlich und misstrauisch gegenüber, weil das den Status quo gefährden könnte, der ihnen Sicherheit gibt. Das Ideal, die Illusion der Beziehung, steht über der Wirklichkeit. Änderungen, die das System der Beziehung gefährden, werden soweit wie möglich unterdrückt und abgewehrt. Dadurch wird die Entfremdung verstärkt und die Beziehung auf Dauer von innen ausgehöhlt und untergraben. Sie wird zu einer Fassade oder einem »goldenen Käfig«, denn Entwicklung lässt sich letztlich nicht verhindern, und Selbstverleugnung macht niemanden wirklich glücklich. Wirklich glücklich machen kann uns nur die Wirklichkeit!

Im Gewahrsein absoluter Liebe dagegen ist für alles Raum, und jede Entwicklung, jede Änderung, jeder Schritt, den ein Mensch auf seinem Weg vollzieht, ist in dieser Liebe ein Geschenk. Es ist eine Bereicherung für die Beziehung und gibt ihr erst ihren Sinn und ihren Gehalt. Denn wenn wir von wahrer Liebe erfüllt sind, möchten wir verstehen und lernen, und wir haben keine Angst vor den Dingen, die da kommen mögen, weil wir im Ewigen gegründet sind. Wir freuen uns über alle Änderungen, weil sie Teil des Lebens sind und diese Lebendigkeit unserer Liebe erst ihre Kraft verleiht. Die Beziehung auf Basis der absoluten Liebe ist dynamisch und flexibel. Sie kann sich so neuen Möglichkeiten anpassen. Sie folgt keinem Ideal, sondern den Bewegungen der Wirklichkeit. An der Wahrheit der Gegenwart kann sie sich immer wieder neu ausrichten und so deren eigentliches Potenzial erst nutzen. Erst in dieser Liebe hat der Mensch die Chance, wahrhaft Mensch zu sein.

Die gegenwärtig übliche, relative Liebe ist also eigentlich unmenschlich, menschenunwürdig. Sie ist das Produkt, das entsteht, wenn die Seele und der Geist sich von ihrer eigenen Essenz entfremden; wenn sie sich zum Sklaven des Relativen machen. Um ein wirklich menschenwürdiges Zusammenleben zu ermöglichen, müssen wir unser Selbst und unser Bewusstsein stärken und entfalten, sodass das Bewusstsein die ganze Seele durchdringen und die Seele im Einklang mit dem Geist den Körper liebevoll lenken kann, so, wie es dem großen Ganzen förderlich ist. Bevor wir dies nicht lernen, wird die Welt, trotz aller wissenschaftlichen und technischen Errungenschaften, nicht besser werden – im Gegenteil. Das Heilmittel der Welt und auch jeder einzelnen Seele besteht darin, die universelle Liebe zu verwirklichen. Die Form der Liebe, die wir untereinander pflegen, spiegelt unseren Bewusstseinszustand wider. Es ist an der Zeit, die Potenziale unseres Bewusstseins zu entfalten, um wahrhaft lieben zu können.

Hierin spiegelt sich wieder die Dialektik der Entwicklung. Unbewusste Liebe ist in ständigem Konflikt zwischen Liebe bzw. einer gewissen Form von emotionaler Zuneigung und Hass gefangen. Sie schwingt ständig zwischen diesen Extremen hin und her. Dies liegt daran, dass die relative Liebe den Menschen in eine Form zwängen will, die nicht seinem Wesen entspricht. Sie betont nur die Verbindung, die Nähe, und gibt der Freiheit keinen Raum. Da aber in der Natur alles nach Ausgleich strebt, schlägt das Pendel dann irgendwann zur anderen Seite aus, was nichts anderes als Hass und Abneigung, also im Prinzip emotionale Entfremdung bedeutet. Dadurch versucht das System, sich selbst zu regulieren. Es gibt zahlreiche Menschen, die in ihrer Beziehung immer zwischen diesen beiden Phasen schwanken, wobei die letztere Phase dann »Krise« genannt wird. Im Grunde ist aber die ganze Beziehung eine Krise, weil sie von vornherein im Ungleichgewicht war.

Wie können wir diesen Konflikt zwischen Anziehung und Abstoßung beenden? Die Lösung besteht in der *Synthese* aus Liebe und Freiheit, was das Merkmal wirklicher Liebe ist. Dies ist eine bewusste Liebe, die auf wahrer Erkenntnis beruht. Die den anderen als den liebt und annimmt, der er ist, mit all seinen Bedürfnissen und Gefühlen – ohne Bedingungen zu stellen. Nur eine bewusste Liebe kann wirklich bedingungslos sein, weil sie Raum für die Unterschiede, die Verschiedenheit, lässt. Wirkliche, bedingungslose Liebe holt das Beste aus dem Menschen heraus, weil sie ihn zu dem macht, der er wirklich ist. Lieben wir wirklich, dann bewerten oder urteilen wir nicht. Dies ist nur möglich, wenn unser Ego seine Vormachtstellung aufgegeben hat.

In wirklicher Liebe sehen wir, dass Liebe sich nicht auf einen Menschen beschränken muss, ja gar nicht beschränken lassen kann. Wir können jedem Menschen, jedem Lebewesen, ja allem, was ist, mit diesem Licht unseres Selbst begegnen! Und dies ist das Beste, was wir tun können, weil es für uns selbst und für die Welt einfach heilsam ist.

Diese umfassende Liebe braucht keine Erfüllung, denn sie ist in sich selbst erfüllend. So ist die sogenannte »unerfüllte Liebe« ein Paradox, das nur auf relativer Ebene, auf der Ebene des Ego-Ich, bestehen kann. Erfüllt mit wahrer Liebe, fühlen wir keinen Mangel, sondern sind uns unseres ganzen inneren Reichtums bewusst. Wir schöpfen aus diesem Reichtum, um die Welt zu bereichern. Wahrhaftige Liebe ist das Ende unserer emotionalen Bedürftigkeit.

Betrachtungen zum Geben und Nehmen

Das Gesetz des Ausgleichs bewirkt, dass in unserem Leben Geben und Nehmen immer im Gleichgewicht sind. Dies liegt in der Natur der Dinge, nur manchmal erkennen wir es nicht, weil wir uns nicht für alle Ebenen des Seins, auf denen dieser Austausch geschieht, öffnen.

Manche Menschen versuchen, sich vom Leben Dinge zu nehmen, ohne etwas dafür zu geben. Andere wiederum fühlen sich ausgenutzt, wenn sie das Gefühl haben, mehr zu geben als zu bekommen. Weil sie die Dinge nicht in ihrer ganzen Tiefe verstehen, fühlen sie sich mal als Täter oder auch als Opfer.

In Beziehungen fühlen wir uns möglicherweise oft ausgenutzt bzw. haben Angst davor, ausgenutzt zu werden. Aber was ist dieses Gefühl? Wodurch entsteht es? Im Grunde kann nur jemand ausgenutzt werden, der Opfer bringt und dies mit bestimmten Erwartungen verbindet. Wenn diese Erwartungen dann nicht erfüllt werden, fühlt er sich ausgenutzt, weil er für sein Opfer scheinbar keinen angemessenen Ausgleich bekommen hat.

Oftmals versuchen Menschen, andere Menschen durch Opfer zu manipulieren, damit diese sich gezwungen fühlen, einen bestimmten Ausgleich zu bieten. Sie betonen dann, was sie nicht alles für den anderen getan haben. Dadurch versuchen sie, beim anderen ein Gefühl von Schuldigkeit zu erzeugen. Durch solche Mittel der »emotionalen Erpressung« beabsichtigen sie, von anderen das zu erhandeln oder zu erzwingen, was sie zu brauchen glauben. Ein solches manipulatives Opfern äußert sich immer darin, dass derjenige, der das Opfer bringt, darauf Wert legt, dass der Empfänger weiß, wer das Opfer gebracht hat und welch große Bedeutung das Opfer hat. Er versucht, sein Opfer groß und bedeutsam zu machen, um mehr dafür bekommen zu können.

Wenn wir uns also aufopfern, verhalten wir uns im Grunde egoistisch. In Wahrheit sind wir dann der Täter, der Manipulator, denn wir glauben, dass unser Opfer uns die Position gibt, Bedingungen und Forderungen zu stellen. Wenn das Gegenüber dann darauf eingeht und uns seinerseits Opfer bringt, geschieht das ebenfalls auf der Grundlage bestimmter Erwartungen und eigener Bedürfnisse. Wir können hier also eigentlich nicht klar zwischen Täter und Opfer unterteilen, sondern beide Seiten sind beides zugleich – auch wenn man sich dessen nicht bewusst sein mag und sich beide nur als Opfer fühlen mögen. Diese emotionalen Verstrickungen sind die Grundlage und zugleich die Folge vieler abhängiger Beziehungen, nicht nur von Partnerschaften, sondern auch von Freundschaften usw.

Im Grunde spiegelt die Tatsache, etwas als Opfer zu betrachten, schon in sich selbst einen gewissen Egoismus wider. Es weist auf einen Verlust hin. Zu verlieren hat aber nur das Ego. Das Selbst in seiner ewigen Liebe hat nichts zu verlieren, denn es leuchtet wie die Sonne, bedingungslos und frei. Es scheint auf alles, was ist, und ruht dabei in seiner Mitte. Aus dem Selbst heraus können wir Gutes tun, ohne irgendwelche Dinge dafür zu erwarten und ohne aus dem Gleichgewicht zu kommen. Denn wir richten uns dabei nicht vordergründig nach den Anforderungen der anderen. Wir orientieren uns vielmehr an der eigenen Einsicht in die Notwendigkeit (aus einer übergeordneten, ganzheitlichen Sicht heraus) und an unseren eigenen Grenzen und Möglichkeiten im Rahmen des kosmischen Gleichgewichts.

Wir haben schon betrachtet, dass das Geben wie auch das Menschsein eine horizontale und eine vertikale Dimension haben.

In Bezug auf den Kosmos, das Absolute, die vertikale Dimension, können wir das *Unwesentliche* abgeben, das z. B. in alten Verhaltensmustern und ungesunden Gewohnheiten besteht. Wir geben also alles hin, was der Entfaltung unseres Selbst und dem Wiedererlangen unseres inneren Gleichgewichts entgegensteht. Wenn wir so wollen, ist dies das einzige »Opfer«, das wir bringen müssen. »Opfer« aus der Sicht des Egos, das natürlich an diesen Dingen hängt.

Auf horizontaler Ebene, also im zwischenmenschlichen Austausch, sollten wir das *Wesentliche* geben. Das, was unserem eigentlichen Wesen, unserem tiefen Selbst, entspricht. Für Unwesentliches, das sich als »Opfer« zeigt, da es nicht dem eigentlichen Wesen und Bedürfnis entspricht, bekommen wir auf dieser Ebene auch nur Unwesentliches. Für Wesentliches aber Wesentliches – was immer das auch gerade sein mag. Unsere eigene Haltung bestimmt die Qualität, die Tiefe und Schönheit unserer zwischenmenschlichen Beziehungen. Deshalb ist Authentizität so wichtig. Ein Mensch, der sich verbiegt, um anderen zu gefallen, wird keine wirkliche Erfüllung im Leben finden, obwohl dies vielleicht das ist, was er sich am meisten wünscht. Er wird sich immer ungerecht behandelt fühlen, denn keine Bezahlung der Welt ist genug, um die Verleugnung des Selbst auszugleichen. Der Verlust des Selbst ist unbezahlbar.

Was die anderen Menschen aber meist von uns wollen oder verlangen, ist das Unwesentliche. Vielleicht wünschen sie sich auf einer tieferen, unbewussteren Ebene das Wesentliche, haben aber zugleich Angst davor, weil es sich in ihre kleine Welt nicht einordnen lässt. So wollen sie vor allem das, was ihrem Ego gefällt. Und dem Ego gefällt es nicht, wenn ein anderer Mensch stark und frei und mit sich selbst im Einklang ist. Der egozentrierte Mensch richtet bestimmte Wünsche und Erwartungen auf andere und möchte, dass andere Menschen diese Erwartungen erfüllen. Deshalb sollen sie möglichst schwach und manipulierbar sein, und um dies zu erreichen, ist der Egoist bereit, viel Energie zu investieren. Dies ist auf gesellschaftlicher Ebene genauso wie auf privater Ebene anzutreffen, ja eigentlich Normalzustand. Die Korruption in der Politik und der Gesellschaft spiegelt die alltägliche Korruption im Privatleben der Menschen. Denn die Ursache ist stets dieselbe: das mangelnde menschliche Selbst-Bewusstsein.

Wenn wir beginnen, unser inneres Licht zu spüren und in die Welt leuchten zu lassen, also das Wesentliche von uns zu geben, dann wird das diesen egozentrierten Menschen nicht immer gefallen. Denn dann sind wir nicht mehr manipulierbar. Das Licht erleuchtet das Dunkel. Viele Menschen sind an die Dunkelheit gewöhnt und empfinden das Licht als Bedrohung ihres Halbschlafs und ihrer Illusion von Macht und Kontrolle. Die Manipulatoren können ihre Macht nur in der Dunkelheit der Unbewusstheit, im Verborgenen entfalten. Sie werden sich den Einflüssen des Lichts natürlich widersetzen. Andere wiederum werden vielleicht dadurch inspiriert zu erwachen, da sie sich schon immer nach dem Licht gesehnt haben und das große schöpferische Potenzial sehen, das darin liegt.

Was auch immer geschieht – wenn wir wahrhaft wir selbst sein wollen, müssen wir aufhören, uns nach den egoistischen Interessen anderer zu richten. Wir müssen uns befreien von den Einflüssen der Abwertung oder Bewunderung, was alles Methoden der Manipulation sind. Wir müssen uns auf das besinnen, was uns wirklich trägt: das kosmische Prinzip. Wenn wir uns wirklich an etwas hingeben wollen, dann sollten wir uns unserer eigenen Bestimmung hingeben, der tiefen Weisheit in allem, unserem »höheren Selbst«; der Wahrheit, die uns führt.

Unser Selbst ist so unendlich und so wertvoll, dass wir es nur der Unendlichkeit, dem Absoluten, hingeben sollten, nicht den egoistischen Bedürfnissen anderer Menschen. Das stärkt und nährt unser Selbst, da das Absolute seine Quelle ist. Uns an das Relative hinzugeben, entfremdet uns möglicherweise vom Selbst, wenn wir es nicht in seiner ganzen Tiefe bis hin zu seinem absoluten Urgrund verstehen. Wenn wir das Absolute auch im Relativen sehen, dann wird auch hier unsere Hingabe immer förderlich und im Einklang mit dem großen Ganzen sein. Aber selbst dann wird sie auf *unsere* Weise geschehen und nicht nach den Vorstellungen anderer Menschen, die ihren Vorteil daraus ziehen wollen.

Wir sind zwar als einzelne Menschen nur kleine Rädchen im Getriebe von »Gottes« Plan, dem Plan der Schöpfung, der Evolution, aber als solche müssen wir alle den uns bestimmten Platz einnehmen. Nur so können wir den Sinn unseres Daseins erfüllen, damit das Ganze funktioniert. Wir sind wie verschiedene Zellen in einem großen Organismus, und jede einzelne Zelle ist wichtig. Wenn eine Zelle sich selbst verleugnet und ihre wahre Aufgabe verweigert, um sich anderen Zellen »unterzuordnen«, schadet sie dem großen Ganzen. Und wenn viele Zellen ihre wahre Bestimmung nicht erfüllen, dann wird der Organismus krank. Dies ist in unserer derzeitigen Welt der Fall. Die Heilung besteht darin, dass wir uns als Menschen über uns selbst, über unser wahres Selbst, bewusst werden. Damit begreifen wir auch die Stelle, die wir in der Welt einnehmen.

Das heißt nicht, dass man nicht auf den Rat von anderen Menschen hören und nicht mit ihnen zusammenarbeiten soll. Auch die Zellen eines Organismus sind auf komplexe Weise miteinander vernetzt. Eine einzelne, isolierte Zelle hätte gar keinen Sinn. Die Zusammenarbeit muss jedoch in gegenseitigem Respekt, in Freiheit und Offenheit geschehen, aus Einsicht und Wertschätzung der Fähigkeiten anderer, nicht aus Angst und Manipulation heraus! Es besteht niemals die Notwendigkeit, sich in die Opferrolle zu begeben, genauso wenig wie die Notwendigkeit, andere zu beherrschen und zu manipulieren. Das Gute, das wahrhaft Liebevolle, kann sich nur in Freiheit entfalten. Wenn wir uns wirklich menschlich begegnen und miteinander leben und arbeiten wollen, dann müssen wir uns auf *gleicher* Ebene begegnen, offen und frei. In einer Atmosphäre der Offenheit und Toleranz sind keine Opfer nötig, und es liegt an uns, an jedem Einzelnen, eine solche Atmosphäre in seinem Leben zu schaffen.

Wir können uns gewiss sein, dass es in dieser Welt für jeden von uns eine wesensgemäße, ureigene Aufgabe gibt. Finden wir den Zugang zu unserem wahren Wesen, dann wird uns auch unsere wahre Stellung, unsere wahre Aufgabe im großen Ganzen klar. Wir können uns dann daranmachen, unser eigenes Leben so zu gestalten, dass es unserer wahren Aufgabe entspricht und unsere eigene Bestimmung sich optimal entfalten kann.

Ein Mensch jedoch, der sich selbst aufgibt oder sich opfert, verleugnet sein wahres Sein. Er verweigert sich dann dem großen Ganzen als das, was er wirklich ist, und dient stattdessen der Entfremdung. Das ist erst mal weder gut noch schlecht, sondern einfach eine Tatsache, derer man sich bewusst sein sollte. Die Wahrheit kennt kein Gut und Schlecht. Sie ist, wie sie ist. Und im Grunde ist auch die Entfremdung Teil der Wahrheit und hat, wie schon beschrieben, ihren Sinn. Die Gefahr besteht nur in der Eigendynamik, die sie entwickeln kann. Und in der Vergangenheit ist die Entfremdung des Menschen sehr ins Extrem gegangen.

Die Zeit ist deshalb reif für die Synthese. Denn es ist offensichtlich, dass die Menschen, so, wie sie jetzt wirken, ihrer Umwelt und sich selbst nur schaden. Das Zerstörungspotenzial der Entfremdung ist groß. Dies ist das Risiko, die Nebenwirkung des Experiments »Menschheit«, und offensichtlich ist es jetzt an der Zeit, diese Nebenwirkungen einzudämmen, damit das Experiment überhaupt fortgeführt werden kann.

Wahre Hingabe ist Hingabe an das Sein an sich und damit auch an das eigene Sein. Als hingebungsvolle, verwirklichte Menschen leben wir wie eine Blume, die blüht, genährt vom Licht »Gottes« und von der Erde, die sie trägt. Die Blume blüht einfach und schenkt damit der Welt ihre Schönheit – bedingungslos und frei. Die Blume blüht für jeden, der ihre Schönheit betrachten möchte. Manche gehen vielleicht vorbei, ohne sie zu registrieren, andere kritisieren sie vielleicht, weil sie z. B. ein Gänseblümchen ist und keine Rose oder weil sie eine Farbe hat, die ihnen gerade nicht gefällt. Sie aber blüht einfach, weil das ihre Bestimmung ist und das das Beste ist, was sie tun kann. Und vielleicht kommt ab und zu jemand vorbei, der die wahre Schönheit sehen und sich daran erfreuen kann.

Diese Entfaltung des eigenen Wesens ist die Freude der Schöpfung an sich selbst. Dies ist der Lohn für die Mühen des Weges, die wir auf uns nehmen, um zu dem zu werden, was wir sind. Mit jedem Schritt entfaltet sich das eigene Wesen mehr, und die tiefe Schönheit, die darin liegt, wird offensichtlicher. So sorgt das Universum für Ausgleich. Sind wir bereit, *alles* zu geben, werden wir auch *alles* bekommen. Denn mit allem Unwesentlichen, das wir loslassen, wird das Wesentliche offensichtlicher. Wenn wir alles loslassen, was ohnehin vergänglich ist, dann bleibt nur das, was ewig ist. Uns dieser Ewigkeit bewusst zu sein ist das schönste »Geschenk« von allen. Es ist der Lohn, den wir für unsere Mühen und Anstrengungen erhalten.

Jede Geburt ist anstrengend, und so ist es auch die seelisch-geistige, die spirituelle Geburt des Menschen. Durch die körperliche Geburt erblickt der Mensch das Licht der Welt, durch die spirituelle Geburt erblickt er das Licht »Gottes«. Erst wenn beide »Geburten« vollzogen sind, kann der Mensch sich wahrhaft »Mensch« nennen. Erst dann kann er auch wahrhaft menschliche Beziehungen haben.

Selbst-Bewusstheit und Egoismus

Wir werden nun die Unterschiede zwischen Selbst-Bewusstheit und Egoismus genauer betrachten, denn sie sind wesentlich. Gerade in unserem Kulturkreis werden die beiden Aspekte oft verwechselt, was schädlich für uns, unsere Beziehungen und das große Ganze sein kann.

Die Dynamik des inneren Gleichgewichts des verwirklichten Menschen wird in der Analogie zu den kosmischen Kräften besonders deutlich, wie wir bereits gesehen haben. Dies hilft uns zu verstehen, dass die Bewegung eines solchen Menschen in der Alltagswelt bestimmten »höheren« oder »tieferen« Gesetzen gehorcht, die seine Bewegung in Raum und Zeit bestimmen. Ein Planet muss auf seiner Umlaufbahn eine ganz bestimmte Geschwindigkeit haben, um auf seiner Bahn zu bleiben. Wenn er die Geschwindigkeit seiner Bewegung beschleunigen würde, würde sich die Fliehkraft erhöhen und er somit ins Weltall hinausrasen. Wenn er sie verringern würde, kollidierte er irgendwann mit dem Zentrum der Schwerkraft, also dem Himmelskörper, um den er kreist. Analog dazu verlieren wir bei zu großer Beschleunigung unseres Lebens den Kontakt zu unserem Selbst, und bei zu geringer Bewegung bzw. Geschwindigkeit werden wir nach unten gezogen. Dann verlieren wir womöglich den Kontakt zum »Höheren«.

Der Zeitfaktor ist somit entscheidend für unser psychisches Gleichgewicht. Ein bewusster, verwirklichter Mensch weiß, dass alles in der relativen Welt seine naturgegebene Zeit besitzt. Die Dinge mutwillig zu beschleunigen wäre genauso schädlich, wie sie zu verzögern oder aufzuschieben, obwohl ihre Zeit gekommen ist. Er macht alles in seinem eigenen Rhythmus und ist durch kaum etwas aus der Ruhe zu bringen. Das bedeutet nicht, dass er langsam ist. Er folgt einfach seinem eigenen inneren, individuellen Tempo.

In unserer Gesellschaft ist es üblich, sich fast ausschließlich nach äußeren Anforderungen zu richten und die Dinge dann zu tun, wenn sie von anderen gefordert werden, und das auch noch möglichst schnell. In anderen Fällen sollen wir dagegen Dinge nicht erledigen oder aufschieben, die gerade unerwünscht sind, obwohl sie uns wichtig wären. Diese ständige Selbstverleugnung bringt uns Menschen aus dem Gleichgewicht und schadet unserer Gesundheit. Das ist ja keine neue Erkenntnis mehr.

Dennoch lassen es viele mit sich machen, weil sie die Fähigkeit zur Desidentifizierung und einen inneren Halt noch nicht gefunden haben. Sie haben kein echtes Selbst-Bewusstsein entwickelt und lassen sich von den Ängsten des Ego-Ich bestimmen. Daher glauben sie, äußeren Anforderungen genügen zu müssen, um anerkannt und geliebt zu werden oder wenigstens die eigene Existenz abzusichern. Ein Leben in Stress und Hektik ist die Folge. Dies wiederum verhindert den Zugang zum tieferen Selbst. Dadurch werden die Ängste und Unsicherheiten des Ego-Ich weiter genährt, was die Entfremdung verstärkt. Es ist ein Teufelskreis.

Auf räumlicher Ebene ist es ähnlich. Ein Planet hat eine bestimmte Umlaufbahn, von der er nicht abweichen kann, will er im Gleichgewicht bleiben. Er kann also zu einem bestimmten Zeitpunkt nur an einem bestimmten Ort sein. So braucht auch der Mensch seinen eigenen abgegrenzten Lebensraum und kann sich zu einem Zeitpunkt nur mit einer Sache beschäftigen, will er nicht aus dem Gleichgewicht kommen. Er kann nicht überall sein und sich nicht gleichzeitig um alles kümmern. Seine Wirksamkeit in der Welt ist begrenzt, abhängig von dem Ort, wo er sich gerade befindet. Ein selbst-bewusster Mensch ist sich der Grenzen seiner Wirksamkeit bewusst und kann auch vor anderen Menschen dazu stehen.

Wenn wir uns mehr auf unsere inneren Möglichkeiten besinnen und uns statt nach äußeren mehr nach inneren Notwendigkeiten richten, haben wir unmittelbar einen heilsamen Effekt auf die Umwelt. Denn wir tragen unter anderem zur »Entschleunigung« der Welt bei. Wir setzen Impulse, die dem großen Ganzen dienen, weil sie seiner wahren Natur entsprechen.

Anderen Menschen mag das manchmal nicht gefallen, da sie oftmals versuchen, uns in eine Richtung zu lenken, die ihrem eigenen Ego gefällt. Sie lenken uns damit von unserer Bahn ab. Wenn das nicht funktioniert, nennen sie uns womöglich egoistisch oder stur oder dergleichen mehr. Denn aus der Sicht eines Egoisten ist unser Bestehen auf uns selbst gleichbedeutend mit Egoismus. Er kennt nichts anderes. Er kennt nur die zweidimensionale Ebene, auf der er lebt. Ihm fehlt (noch) der bewusste Zugang zu dem, was darüber hinausgeht.

Tatsache ist aber, dass die Grenzen des bewussten, verwirklichten Menschen naturgegeben sind und in Liebe gewahrt bleiben. Die Grenzen des Egoisten sind hingegen künstlich erzeugt, um das Ego aufzublähen, das nur durch Angst aufrechterhalten wird. Der Egoist hat an der Oberfläche eine starke Fassade, ist im Inneren aber unbewusst. Daher ist er manipulierbar, was er auch spürt und daher sein Ego noch mehr verstärkt. Der selbstbewusste Mensch hat in sich einen starken, unerschütterlichen Kern, ist aber an der Oberfläche flexibel, soweit es im Einklang mit dem Kern steht. Er hat keine starre Fassade nötig, sondern ist echt und authentisch, weil er sich auf seine innere Stärke verlassen kann. Dies kann bei anderen, die an das Fassadenhafte gewöhnt sind, manchmal vielleicht den Eindruck von Schwäche erwecken. Diesen Irrtum werden sie jedoch bemerken, sobald sie seine nähere Bekanntschaft machen.

Ein Egoist versucht, andere Menschen gemäß seinen eigenen Vorstellungen zu manipulieren. Er will sich die Welt so schaffen, wie es ihm gefällt, und wertet alles, was dagegenspricht, ab. Er urteilt und kritisiert andere und geht auch mit Gewalt vor, wenn es seinen Interessen dient. Dies muss nicht nur körperliche, sondern kann auch emotionale Gewalt sein, so, wie psychischen Druck auf jemanden auszuüben, ihn emotional zu erpressen, Forderungen zu stellen usw. Der Egoist sucht ständig nach Bestätigung und ist von dieser abhängig. Gelegentlich macht er sich aber auch klein vor anderen, um zu bekommen, was er will. Er versucht, zu kontrollieren und Macht auszuüben, und dies in verschiedensten Formen, offensichtlich oder auch verdeckt. Der Egoist sieht sich selbst als Mittelpunkt der Welt. In seiner Welt gibt es keine Sonne, um die er kreist. Er kreist nur um sich selbst. Oder er kreist scheinbar um etwas anderes, das aber wiederum nur seinem eigenen Narzissmus dient.

Der wirklich selbst-bewusste Mensch hingegen lebt in innerem Frieden und Gleichgewicht. Er hat es nicht nötig, andere zu kontrollieren oder zu kritisieren. Von äußerer Bestätigung ist er unabhängig. Im Rahmen seiner Möglichkeiten ist er immer bereit, Gutes zu tun, ohne etwas dafür zu verlangen oder sich »aufzuopfern«. Er stellt niemals Forderungen. Andere würdigt er in ihrem So-Sein, und nie würde er jemanden angreifen und versuchen, ihm seine psychische Freiheit zu nehmen – im Gegenteil: Er schenkt den Menschen Freiheit und Klarheit, wo er kann.

Ein selbst-bewusster Mensch ist echt und aufrichtig, ohne jemanden zu beleidigen oder sich aufzudrängen. Er geht seinen Weg in Frieden, Freiheit und Liebe. Wenn jemand ihn angreift, schlägt er nicht zurück, sondern bleibt fest verwurzelt in seinem Kern. So kann auf andere Menschen manchmal der Eindruck von Kälte entstehen, da er sich nicht herausfordern oder manipulieren lässt. In Wirklichkeit tut er dies aus Liebe – aus Liebe zu sich selbst und zu allem, was ist. Wer gegen ihn kämpft, beißt sich mitunter die Zähne an ihm aus.

Ein selbst-bewusster Mensch lässt sich nicht fesseln, er bleibt für andere immer irgendwie ungreifbar und rätselhaft. Gleichzeitig ist er aber zu sehr tiefer Nähe und großer Hingabe fähig. Seine Innenwelt ist so reich und schön, dass er kaum äußere »Abwechslungen« um ihrer selbst Willen braucht. Daher scheint er vielleicht eher introvertiert, da er in sich selbst ruht. Zugleich kann er aber sehr aktiv und kommunikativ sein, wenn die Situation es erfordert.

Der selbst-bewusste Mensch ist Individualist, aber in tieferem Sinne. Er ist sich seines wahren Wesens, der Einzigartigkeit seiner Persönlichkeit bewusst, und dennoch nicht fixiert auf eine bestimmte Persönlichkeit. Er muss seine Einzigartigkeit nicht beweisen oder zur Schau stellen. Er ist einfach, was er ist, und er tut, was getan werden muss. Dabei kümmert es ihn wenig, was die anderen über ihn denken könnten. Allgemein verschwendet er wenig Energie an Unwesentliches, sondern bündelt seine Kraft und setzt sie gezielt dort ein, wo sie vonnöten ist.

Der verwirklichte Mensch hilft anderen gern, aber auf seine eigene Art und Weise. Er ist sich dessen bewusst, was er geben kann, ohne sich selbst – den Kontakt mit seinem Selbst – zu verlieren, und nur das wird er geben. Dies aber kann sehr viel mehr sein, als man erwartet. Er schaut sich aber auch genau an, wem er hilft und wobei. Es ist ihm wichtig, dass die Hilfe auf fruchtbaren Boden fällt und nicht für egoistische Zwecke missbraucht wird. Sonst wäre die Energie verschwendet oder würde dem großen Ganzen sogar schaden. So ist er allzeit bereit, das Gute zu tun – und eigentlich tut er dies ständig. Aber so, wie es seinem eigenen Sein und seinen Fähigkeiten entspricht sowie dem großen Ganzen dient.

Der selbst-bewusste Mensch besitzt die Weisheit, das zu ändern, was er ändern kann, und das hinzunehmen, was er nicht ändern kann. Zugleich ist er sich immer darüber bewusst, dass jede wahrhafte Änderung im Inneren beginnen muss. Er ist also kein Revolutionär, der die Welt verändern will, indem er gegen Tatsachen kämpft. Vielmehr ist er ein »Evolutionär«, der die Wahrheit durchdringt und sie von innen heraus durch die Kraft der Erkenntnis und der Liebe transformiert.

Der selbst-bewusste Mensch muss sich nicht künstlich aufblähen und größer machen, als er ist. Er ist sich einfach seiner wahren Größe bewusst, ohne »größenwahnsinnig« zu sein oder sich allmächtig zu fühlen, da er zugleich auch seine Grenzen und die Gefahr der »Störbarkeit« seines Gleichgewichts kennt. Er weiß, dass er ein Teil des Ganzen ist und nur im Einklang mit diesem und in Hingabe an dieses ganz er selbst sein kann. Er weiß, dass die größte Macht im *Dienen* liegt, in der Hingabe an das große Sein und im bewussten Gebrauch seiner Gesetze.

Ein Mensch, der sich durch sein Ego leiten lässt, tendiert dazu, für alles und jeden außer sich selbst die Verantwortung zu übernehmen, weil äußere Macht und Verantwortung seinem Selbstwertgefühl dienen. Eine Verantwortung, die er natürlich nicht wirklich tragen kann. Ein selbst-bewusster Mensch übernimmt vor allem die Verantwortung für sich selbst, für seinen eigenen inneren Zustand, für die Qualität seiner Gedanken und Gefühle und somit auch für die Qualität seiner Handlungen. Darin wird er zugleich auch seiner Verantwortung der Welt gegenüber auf die beste Weise gerecht, ohne dies »an die große Glocke zu hängen«. Er lebt und wirkt in vollem Bewusstsein, auf leichte und natürliche Weise. Er handelt in jedem Moment nach bestem Wissen und Gewissen, um dann loszulassen und weiterzugehen. Ein egoistischer Mensch dagegen hält an den »Erfolgen« seiner Taten fest und verdrängt seine »Fehler«, oft ohne daraus zu lernen.

Der Egoist verurteilt den Selbst-Bewussten, der Selbst-Bewusste jedoch den Egoisten nicht, da er die tiefere Wahrheit dahinter versteht. Wenn ein Mensch einen anderen Menschen moralisch verurteilt, ist das ein Zeichen seiner eigenen Unreife. Und das Verurteilen verhindert wiederum wahres Verstehen. Erkenntnis aber ist der Schlüssel zu unserer Erlösung, zu wahrhaftiger Glückseligkeit und Liebe. Deshalb heißt es in der Bibel: »Richtet nicht, dann werdet ihr nicht gerichtet.«

Dies waren einige wesentliche Faktoren, die Ihnen helfen können, zwischen den Eigenschaften des Selbst-Bewussten und des Egoisten zu unterscheiden und die Hintergründe zu verstehen.

Dieses tiefere Verständnis gibt Ihnen die Möglichkeit, das Verhalten anderer richtig einzuschätzen. Vor allem aber gibt es Ihnen die Chance, selbst bewusst zu entscheiden, wie Sie von nun an leben möchten!

Das Prinzip des kleinsten gemeinsamen Nenners

Da wir hier das große Thema der zwischenmenschlichen Beziehungen betrachten, möchte ich Ihnen auf der Grundlage unserer bisherigen Betrachtungen ein einfaches Modell anbieten. Sie können sich bei der Gestaltung Ihrer zwischenmenschlichen Beziehungen daran orientieren, damit die Beziehungen für alle Beteiligten positiv und heilsam sind. Ich nenne es das *Prinzip des kleinsten gemeinsamen Nenners*. Dieses Prinzip steht im Einklang mit dem kosmischen Gleichgewicht. Als kleines Denkmodell kann es Sie inspirieren und dazu beitragen, dass Ihre Beziehungen fruchtbarer und menschlicher werden. Sie können lernen, die Unterschiede besser anzunehmen und sich auf das Wesentliche zu besinnen.

Wir kennen den Begriff des kleinsten gemeinsamen Nenners aus der Mathematik, speziell der Bruchrechnung. Ein Bruch besteht aus einem Zähler und einem Nenner. Dies können wir auch auf Menschen übertragen. Wenn wir zwei Menschen haben, die sich begegnen, ergibt sich eine bestimmte Form von Gemeinsamkeiten, ein gemeinsamer Nenner. Zugleich besitzt jeder von ihnen einen eigenen, individuellen Anteil. Dies wäre in der Mathematik der Zähler. Dieser hat, sagen wir von Natur aus, einen bestimmten Wert (hier ist keine Bewertung in dem Sinne gemeint), der der Persönlichkeit des Menschen entspricht. Es ist sozusagen der natürliche Raum der Person, der ihrem Wesen entspricht. Jede Person ist in diesem Modell von Natur aus einem Bruch zuzuordnen, der aus einem Zähler und einem Nenner besteht. Jeder repräsentiert eine bestimmte Qualität, eine bestimmte Zahl.

Zwei Menschen, die einen gemeinsamen Nenner gefunden haben und dazu neigen, das Absolute im Relativen zu suchen, haben nun normalerweise das Bedürfnis, diesen gemeinsamen Nenner zu vergrößern. Sie bemühen sich also, mehr und mehr Gemeinsamkeiten zu finden und somit die »Schnittmenge« ihrer Lebenswelten zu vergrößern. Dies geschieht aus dem menschlichen Bedürfnis der Einheitserfahrung heraus. Oft richtet sich dieses Bedürfnis auf die relative Ebene der Lebensumstände und alltäglichen Gewohnheiten, weil die tiefere Dimension unbewusst ist, in der ja Einheit längst schon Realität ist.

Wenn wir aber nun den gemeinsamen Nenner erhöhen, erhöht sich damit automatisch auch der Zähler jedes Bruches, da die Zahl als solche ja gleich bleiben muss. Diese Erhöhung des Zählers symbolisiert das Phänomen, dass der Mensch immer mehr Verhaltensweisen, Eigenschaften und Gewohnheiten annimmt, die nicht seiner eigentlichen Persönlichkeit oder Natur entsprechen. Er tut mehr und mehr Dinge, die er eigentlich nicht tun will, um mehr Gemeinsamkeiten zu schaffen. Um den Nenner groß zu halten, wird das eigene Leben immer umfangreicher und unüberschaubarer. Man füllt es an mit Kleinigkeiten und unwesentlichen Dingen, mit denen man sich mehr und mehr identifiziert, bis man all das schließlich für Inhalte seiner eigenen Persönlichkeit hält. Das Wesentliche vermischt sich mit dem Unwesentlichen, um den gemeinsamen Nenner groß zu halten.

Diese mutwillige Vergrößerung bringt natürlich ein gewisses Gefühl der Erweiterung und ist als solches nicht schlecht. Es ist eine Erfahrung, die im Menschsein möglich ist und deshalb auch gemacht werden kann. Gleichzeitig sollten wir uns aber über diese Gesetze bewusst sein, wenn wir uns mit anderen Menschen auf der relativen Ebene vereinigen wollen. Auf der relativen Ebene wird alles oftmals in Quantität gemessen. Wir denken, ein größerer gemeinsamer Nenner ist besser als ein kleiner, so, wie wir auch über materielle Dinge denken, dass viele davon besser sind als wenige usw.

Tatsache ist jedoch, dass in allem, in jedem Atom, in jedem Augenblick die ganze Wahrheit enthalten ist. Deshalb beinhaltet auch der kleinste gemeinsame Nenner die ganze gemeinsame Wahrheit. Man muss nur in die Tiefe sehen. Es ist gar keine Erweiterung nötig, wenn wir Zugang haben zu unserer eigenen inneren Weite und Tiefe, in der wir auch der Weite und Tiefe des anderen uneingeschränkt begegnen können. Dann liegt das ganze Potenzial der Begegnung in jedem Augenblick und kann sich jederzeit entfalten. Wir müssen es nur zulassen und uns vorurteilsfrei dafür öffnen. Dann brauchen zwei Menschen nicht mehr viel Zeit miteinander zu verbringen, weil in einem einzigen Moment alles geschehen kann.

Wie können wir dieses Modell nun umsetzen? Wir können beginnen, nicht mehr quantitativ, sondern qualitativ zu leben und zu denken. Dann sehen wir, wie erleichternd es sein kann, wenn wir uns auf unser wahres Wesen und den naturgegebenen kleinsten gemeinsamen Nenner besinnen. Wir können diesen in seiner Qualität dann einfach pflegen und ehren, anstatt zu versuchen, ihn mutwillig zu vergrößern, wobei wir das Wesentliche aus den Augen verlieren. In einem solchen Zusammensein kann und darf jeder einfach er selbst sein, ohne Ansprüche oder Erwartungen, weil die wahre Verbundenheit immer offensichtlich ist.

Womöglich enthielt der anfängliche gemeinsame Nenner aber auch von vornherein viele unwesentliche Dinge, mit denen wir uns einst identifiziert hatten. Wenn wir uns nun mehr auf das Wesentliche besinnen, dann merken wir vielleicht, dass unser gemeinsamer Nenner kleiner wird. Einfach, weil die unwesentlichen Dinge, die uns verbunden haben, wegfallen. Wir erkennen womöglich, dass es einen noch kleineren, aber wesentlicheren gemeinsamen Nenner gibt. Einen Nenner, der dennoch das ganze Potenzial unserer Beziehung enthält – sogar in reinerer, unverfälschterer Form als zuvor.

Es kann sehr schön und bereichernd sein, wenn wir diesen Weg der Erkenntnis gemeinsam mit unseren Partnern gehen. Leider kommt das aber nur sehr selten vor, da nur wenige sich der Wahrheit stellen wollen und lieber in ihren Illusionen und Scheinsicherheiten verharren. Ein kleinerer gemeinsamer Nenner könnte sich etwa darin äußern, dass man nicht mehr Tisch und Bett teilen möchte, dass man mehr Dinge allein machen möchte und jeder eigene Hobbys und Freunde hat. Dies kann im Fall einer Ehe ziemlich am Fundament rütteln, weil es nicht dem gesellschaftlichen Ideal entspricht. Die starren Strukturen des Relativen können erschüttert werden. Jenseits dieser Strukturen jedoch können sich die Partner auf echtere Weise näher kommen, wenn es wirklich sein soll und ihrer beider Naturen entspricht. Die Konventionen der Gesellschaft verlieren dabei ihre Bedeutung.

Natürlich kann es auch sein, dass der gemeinsame Nenner fast nur aus Unwesentlichem bestand und daher nahezu ganz wegfällt, wenn wir uns und den anderen ehrlich erkennen und einander unverfälscht begegnen. Aber selbst dann bleibt noch die tiefe Verbundenheit im Absoluten. Sie besteht einfach dadurch, dass wir alle aus derselben Quelle kommen und mit dieser Quelle im tiefen Inneren jederzeit verbunden sind. Auch diese Einsicht kann ein großes Geschenk für uns sein und wird jede zwischenmenschliche Beziehung bereichern.

Wenn nun aber in einer Beziehung nur einer von beiden Partnern diesen heilsamen Erkenntnisprozess durchmacht, der andere lieber an dem unwesentlichen gemeinsamen Nenner festhält oder ihn gar vergrößern will, dann führt das unweigerlich zu Spannungen und Widersprüchen in der Beziehung. Dann kann letztlich gar kein gemeinsamer Nenner mehr gefunden werden, obwohl er eigentlich vielleicht da wäre, hätten beide sich auf das Wesentliche besonnen. In einem solchen Fall ist es oft nötig, loszulassen, weil sonst der unbewusste Mensch den bewussteren in seiner Entwicklung und Entfaltung behindert, indem er versucht, ihn an das Alte, Unwesentliche zu binden. Zwar kann der bewusstere Partner den unbewussten irgendwie verstehen, nicht aber umgekehrt, was ewige Missverständnisse und Konflikte hervorbringt. In dieser Konstellation gibt es nahezu keine Basis mehr für eine förderliche Beziehung.

Sind wir uns unseres wahren Wesens bewusst und leben wir im Einklang mit diesem, werden wir aber nach dem Gesetz der Resonanz mehr und mehr Menschen anziehen, die dieser Schwingung entsprechen. So können und werden wir auf ganz natürliche Weise Menschen finden, mit denen wir einen gemeinsamen Nenner haben, der im Wesentlichen begründet ist.

Je wesentlicher unsere Beziehungen zu anderen sind, umso freier fühlen wir uns, umso klarer können wir uns in diesen selbst und gegenseitig erkennen und umso eher haben wir auch Zugang zum absoluten, ewigen gemeinsamen Nenner allen Seins. Der gemeinsame Nenner allen Seins ist die ewige Quelle der Schöpfung, durch die wir mit unserem Selbst verbunden sind. Selbst-Bewusstheit ist die Basis für erfüllende und bereichernde zwischenmenschliche Beziehungen jeglicher Art.

»Reduzieren« wir unser Leben auf das Wesentliche, also auf unsere wahre Natur, dann können wir die wahre und unendliche Verbundenheit allen Seins erfahren. Durch die scheinbare »Einschränkung« an der Oberfläche, auf der Ebene des Relativen erweitern und vertiefen wir unser Sein – unser persönliches und unser Menschsein überhaupt. Dann können wir anderen in wirklicher Menschlichkeit begegnen. Und dann können wir Menschen anziehen, die auch auf relativer Ebene zu unserem wahren Wesen passen.

In der Tiefe bietet auch der kleinste gemeinsame Nenner der Welt das ganze Potenzial der Unendlichkeit! Der Mut, das Unwesentliche loszulassen und die Unterschiede klar zu sehen, eröffnet uns eine Einsicht in das wirklich Wesentliche. Je deutlicher die Unterschiede, umso fruchtbarer die Gemeinsamkeiten. Das ist das Potenzial, das in der Besinnung auf den kleinsten gemeinsamen Nenner liegt. Es liegt an uns, unsere quantitative Vorstellung von Beziehung loszulassen und der Qualität Raum zu geben.

Grundlagen einer »neuen« Ethik

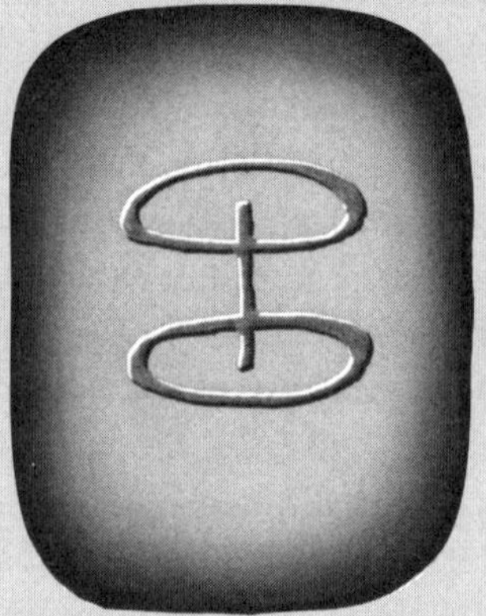

Können wir nun aus dem, was wir über die Wahrheit und über die Natur des Menschen wissen, irgendwelche ethischen Maßstäbe ableiten? Wozu kann uns eine Ethik überhaupt dienen?

Im Grunde gibt es keine Notwendigkeit, die Dinge zu bewerten. Sie sind, wie sie sind, und alles, was ist, ist ein Teil der Wahrheit. Alles, womit wir uns bislang beschäftigt haben, sind Tatsachen. Ich habe Ihnen lediglich einige wesentliche Zusammenhänge beschrieben und deren Konsequenzen aufgezeigt, ohne sie moralisch zu bewerten. Wie wir am Anfang schon gesehen haben, hat die Wahrheit keinen Gegensatz, sondern schließt alle Gegensätze in sich ein. Wenn wir etwas verurteilen, dann verhindern wir die tiefere Erkenntnis, das wahre Verstehen.

Dennoch können uns bestimmte ethische Qualitäten und Prinzipien dabei helfen, unseren Weg der Selbstwerdung zu gehen. Sie können uns bei Bedarf starke Instrumente bieten und uns inspirieren, zu denen zu werden, die wir wirklich sind. Damit unser wirkliches Glück sowie das Glück der Menschheit, die letztlich ein und dasselbe sind, in greifbare Nähe rücken. Welche Qualitäten das sein und wie wir sie verwenden können, möchte ich in diesem Kapitel darstellen.

Vom Sinn und Unsinn ethischer Prinzipien

Wenn ethische Prinzipien uns wirklich helfen sollen, dann dürfen sie unsere Erkenntnis nicht verhindern, indem sie uns in der Dualität von »gut« und »böse« halten, sondern sie müssen unsere tiefere Einsicht fördern. Gerade durch die tiefere Erkenntnis entwickeln wir eine gewisse Differenzierungsfähigkeit, eine Klarheit der Einsicht, die uns helfen kann, bewusst mit den Phänomenen umzugehen, sodass sie unserem eigenen Wohl und dem Wohl des großen Ganzen dienen. Diese Unterscheidungskraft bewirkt kein moralisches Verurteilen von Gegebenheiten, sondern sie ist ein starkes Instrument, mit dem unser Bewusstsein operieren kann, um dem großen Ganzen zu dienen.

Wir dienen dem großen Ganzen nicht, indem wir Menschen für ihre Handlungen verurteilen oder ihnen Regeln aufzwingen wollen, denen zu folgen sie gar nicht die Möglichkeiten bzw. das nötige Bewusstsein haben. Die Handlungen der Menschen spiegeln immer ihren Bewusstseinszustand wider. Und jemand, der sich verurteilt und unverstanden fühlt, wird Widerstand leisten und sich wahrer Erkenntnis verschließen. Das wahrhaft Gute kann nur in Freiheit geschehen. So ist der Sinn ethischer Prinzipien einzig der, dem Menschen *Werkzeuge* in die Hand zu geben, mit denen er den Herausforderungen des Lebens begegnen kann, um das Beste aus seinen Erfahrungen herauszuziehen. Sie sollen ihm helfen, allmählich seine wahren Möglichkeiten zu entfalten. Eine Ethik, die wahrhaft Gutes bewirken soll, muss im Einklang mit der Natur des Menschen stehen, muss also auf tiefer und umfassender Erkenntnis der menschlichen Psyche basieren.

Dies haben z. B. die Religionen oftmals versäumt, weil zum Zeitpunkt ihres Entstehens die Menschen noch wenig bewusst waren über ihre eigene Natur (und dies hat sich bis heute kaum geändert). So wurden Gebote geschaffen, die zwar vielleicht aus der Erkenntnis der tieferen Wahrheit hervorgingen, jedoch die Wahrheit des Menschen nicht genügend berücksichtigt haben. Und aus dieser Unkenntnis resultiert eine verhängnisvolle Dynamik, die entsteht, wenn wir Gebote zu Dogmen erheben, um anderen damit vorzuschreiben, wie sie sich zu verhalten – oder gar, wie sie zu fühlen – haben.

Wenn wir beispielsweise einem in der Dualität verhafteten Menschen sagen »Du sollst lieben«, dann versuchen wir, ihm etwas aufzuerlegen, was seinen momentanen Fähigkeiten gar nicht entspricht. Liebe lässt sich nicht erzwingen. Zwang erzeugt nur Angst, und Abwehr und vergrößert die innere Spaltung. Vielleicht heuchelt dann der Mensch an der Oberfläche eine gewisse Liebe und Mitmenschlichkeit, um die Anforderungen der Religion oder seiner Mitmenschen zu erfüllen, während er alle anderen Gefühle zu verdrängen versucht. Damit wird die künstliche, entfremdete Ordnung der Psyche noch verstärkt und wahre Liebe damit eher verhindert. Es gibt im Prinzip keine bessere Methode, um Liebe zu ersticken, als die Forderung nach Liebe. Denn wahre Liebe ist jenseits der Dualität, jenseits von Zwang und Moral. Sie ist leicht und frei und lässt sich nicht in Formen oder Normen quetschen.

Im Grunde ist dies die Gefahr jeglicher Moral. Eine Moral besagt, wie der Mensch sein und leben soll. Dies aber ist in dieser Form nicht menschlich, denn es lässt der Wahrheit des Menschseins keinen Raum. Moral ist dualistisch und verstärkt damit die Dualität, mit der der Mensch ohnehin schon zu kämpfen hat. Die Ethik geht darüber hinaus. Sie ist sozusagen die Philosophie der Moral. Eine gute Ethik muss im Einklang mit der Wahrheit stehen und somit auch der Wahrheit des Menschseins, seiner psychischen Struktur, gerecht werden. Sie soll dem Menschen helfen, sein *eigenes* Leben auf heilsame Art und Weise zu gestalten, anstatt anderen Menschen Vorschriften zu machen. Nicht mehr und nicht weniger ist ihr Sinn.

Eine gute, menschenwürdige Ethik muss den beiden wesentlichen Kräften dienen, die im Menschen wirken: dem Streben der Seele nach Liebe und Glück und dem Verlangen des Geistes nach Erkenntnis. Denn dies dient zugleich der Evolution, die dazu angelegt ist, dass die Wahrheit sich selbst erfahren kann. Und dies geschieht durch Liebe und Erkenntnis, welche sich gegenseitig bedingen und stützen.

Eine gute Ethik ist also eine Ethik, die uns Menschen inspiriert, unsere wahren Potenziale zu verwirklichen, und zugleich Hilfsmittel dafür bereitstellt. Eine gute Ethik ist eine Ethik, die uns glücklich *und* weise macht. Dabei ist es wichtig, beide Qualitäten im Gleichgewicht zu entfalten und sie auf einen Nenner zu bringen, sodass sie sich in uns gegenseitig stützen und verstärken. Ist das nicht der Fall, fallen wir auf eine Seite und verlieren den Bezug zur anderen, was unheilsame Folgen hat und letztlich beides verhindert.

So führt z. B. das Streben nach Glück, wenn es nicht mit Weisheit und Erkenntnis gepaart ist, zum reinen Hedonismus. Dieser führt immer zur Zerstörung, weil er praktisch ein unbewusstes Ausleben innerer Bedürfnisse ist und den Menschen aus dem Gleichgewicht bringt. Der unbewusste Mensch versucht, Glück durch das Streben nach Lust zu erreichen, indem er einfach dem evolutionär in ihm angelegten Lust-Unlust-Prinzip folgt. Dies aber bindet ihn an die Ebene der Dualität und verhindert damit wirkliches, tieferes Glück. Dem Luststreben zu folgen, ohne sich die Mühe der Erkenntnis zu machen, führt immer ins Unglück, wie wir überall auf der Welt sehen können. Denn Lust und Schmerz gehen immer Hand in Hand. Sie sind zwei Pole ein und derselben Schwingung, der Schwingung des Lebens auf relativer Ebene. Das Luststreben muss zwangsweise zum Leiden führen, weil es das eigene tiefere Glück verhindert sowie meist auch im Widerspruch zum Glück anderer und dem Wohlergehen des großen Ganzen steht. Ein Mensch, der dem bloßen Luststreben folgt, sieht die Dinge durch die Brille seiner eigenen Bedürfnisse, und alles, was ihm nicht passt, klammert er aus oder wertet er ab.

So wird auch der Sinn des Leidens einsichtig. Das Leiden weist uns darauf hin, dass wir noch längst nicht am Ziel sind, sondern dass wir uns immer noch in der Dualität befinden. Das Streben nach Glück ist an sich nichts Schlechtes, denn es hält uns am Leben. Es bewirkt einen Großteil unseres Handelns, und es kann uns zu wirklicher Erfüllung führen, wenn wir ihm auf bewusste, achtsame Weise folgen. Auch die Tiere lassen sich von ihrem Lust-Unlust-Prinzip leiten und dienen damit dem großen Ganzen. Jedoch nimmt das Luststreben in Zusammenhang mit der Entfremdung des Menschen verheerende Ausmaße an und kann in unheilvolle Richtungen führen, die die Entfremdung noch verstärken.

Erst das Leiden weckt uns aus unserem Halbschlaf. Wir beginnen, unser Handeln und unser Weltbild zu hinterfragen. Wer leidet, der stellt Fragen und beginnt zu denken. So ist das Leiden eine logische Konsequenz aus dem Luststreben, durch die uns das Leben darauf hinweisen will, dass wir die Erkenntnis vernachlässigt haben. Wirkliche, tiefe Glückseligkeit können wir erst dann erfahren, wenn wir die Dualität überwinden und eine tiefe Einsicht in das Wesen der Dinge erlangen.

Aber auch die Erkenntnis und die Entfaltung der Weisheit führen ins Leiden, wenn sie nicht zugleich unser Bedürfnis nach Liebe und Glück berücksichtigen und diesen Zielen dienen. Jemand, der alles analysiert, sein Herz aber vor den Dingen verschließt, wird weder weise noch glücklich werden. Und auch die Weite und Tiefe seiner Erkenntnis wird begrenzt sein.

Ein voll erwachter Mensch, der also im Einklang mit seinem absoluten sowie seinem relativen Anteil lebt, kann auf bewusste

Weise glücklich sein und sich so aus der Dualität von Glück und Leid lösen. Denn ein bewusster Mensch kann weiter sehen. Er muss vom Leben durch das Leiden nicht mehr an seine wahre Aufgabe erinnert werden. Er braucht diese Anstöße nicht mehr, weil er freiwillig alle Mühen auf sich nimmt, die seiner Verwirklichung und damit dem großen Ganzen dienen.

Zwar gibt es die Schwingung des Leidens dann trotzdem noch in der Welt, weil die Polarität an der Oberfläche nach wie vor besteht, was auch wichtig und gut so ist. Auch an der Oberfläche der Seele gibt es immer eine gewisse Polarität, und so kann auch einen erwachten Menschen das Leiden immer berühren – glücklicherweise, denn sonst wären seine Wahrnehmung und Erlebensfähigkeit sehr eingeschränkt! Wenn wir uns aber bewusst mit dem absoluten Aspekt unseres Seins verbinden, identifizieren wir uns nicht mehr mit diesen oberflächlichen Bewegungen. So ist es uns möglich, das Leiden zu transzendieren, es wahrzunehmen, es anzunehmen und loszulassen, ohne von ihm mitgerissen zu werden.

Für geklärte Seelen gibt es kaum noch großes Leiden, weil der innere Frieden alles erfüllt und höchste bzw. tiefste Glückseligkeit bewirkt. Die Schwingungen des Leidens, die wir dann aus der Welt aufnehmen, erzeugen in uns dann kein Mit-Leiden, sondern einfaches Mitgefühl. Und aus diesem heraus können wir unser eigenes Glück, unser eigenes Licht der Liebe – sowie auch unser Licht der Erkenntnis –, in die Welt scheinen lassen und damit auch ihr Leiden lindern.

Wir sehen daran, dass ein ethisches Leben eigentlich nichts anderes als die Verwirklichung unseres wahrhaftigen Potenzials ist. Ein Mensch, der sein Glück gefunden und seine Weisheit entfaltet hat, der im bewussten Einklang mit seinem Selbst und dem kosmischen Bewusstsein lebt, ist automatisch heilsam für die Welt. Die ethischen Qualitäten entfalten sich dann auf ganz natürliche Weise.

Die Besinnung auf diese Qualitäten kann uns wiederum helfen, zu diesem verwirklichten, bewussten Sein zu gelangen. Wir richten dann unser Bewusstsein auf die absolute Basis, aus welcher sie hervorgegangen sind und deren relative Entsprechungen sie darstellen. Sobald wir bewussten Zugang zu dieser Basis haben, werden einzelne Prinzipien bedeutungslos. Sie sind nur Hilfsmittel auf dem Weg unserer Selbst- und Bewusstwerdung.

Ethische Prinzipien mit diesem Hintergrund wirken, indem wir unseren Geist auf sie ausrichten. Dadurch stärken wir die entsprechenden Qualitäten und Anteile in uns selbst – denn wo unsere Aufmerksamkeit ist, da ist die Energie. Sie können uns helfen, uns nicht mehr mit dem Ego-Ich (unserer relativen Ebene) zu identifizieren. Wir gelangen zu wahrer Selbst-Bewusstheit (unserer absoluten Ebene). Die Ebene des Ego-Ich hält sich durch Teufelskreise aufrecht und bindet das Bewusstsein an diese, wodurch tiefere und umfassendere Selbst-Erkenntnis verhindert wird. Auf der Ebene der Selbst-Bewusstheit wirken jedoch Engelskreise, sodass auch dieser Prozess sich selbst verstärkt und stützt, sobald wir ihn zulassen und ihm Raum geben. Die Kunst ist, zwischen diesen beiden Ebenen umzuschalten. Dazu brauchen wir die richtigen Impulse, und diese können uns die ethischen Prinzipien geben.

Die Grundlage vieler großer, offensichtlicher Änderungen im Leben ist einfach eine kleine Bewegung, eine neue Ausrichtung des Bewusstseins in einem einzigen Moment. In unserem Bewusstsein liegt der Ursprung für alles, was sich in unserem Leben manifestiert. Denn alles ist Geist, alles ist in seiner Essenz mental, und der Ursprung von allem liegt im Mentalen. So liegen hier auch unzählige Ansatzpunkte, um die Teufelskreise des Ego-Ich in Engelskreise der Selbst-Bewusstheit zu verwandeln. An diesen Ansatzpunkten knüpfen die ethischen Prinzipien an.

Ich möchte hier nun eine neue Ethik vorstellen, welche eigentlich so neu gar nicht ist, weil sie eine ewige Wahrheit repräsentiert und so in der einen oder anderen Form auch in der Vergangenheit schon aufgetaucht ist, z. B. in bestimmten religiösen Geboten oder moralphilosophischen Überlegungen. Insbesondere die Philosophie des Yoga hat hier eine große Erkenntnistiefe erreicht, und so lassen sich die von mir beschriebenen ethischen Prinzipien auch in der einen oder anderen Form z. B. im *Yoga des Herzens* von Alice Christensen wiederfinden. In ihrer Systematik, Klarheit und ihrer philosophischen Begründbarkeit orientiert sich diese Ethik an den Eigenschaften der Wahrheit und an der Natur unserer menschlichen Psyche.

Ein ethischer »Werkzeugkasten«

Welche konkreten ethischen Prinzipien und Qualitäten können uns nun hilfreich sein? Logischerweise muss eine Ethik, die uns zum Absoluten führen soll, auch im Bewusstsein der absoluten Gesetze der Wahrheit begründet sein. Ein wesentliches Gesetz der Wahrheit ist aber gerade die Polarität, das Gleichgewicht der Gegensätze, die Ergänzung verschiedener Qualitäten. Die Wahrheit selbst besteht durch das Gleichgewicht der Gegensätze, der verschiedenen Aspekte, wie schon der Taoismus erkannt hat. Eine Ethik, die im Einklang mit der Wahrheit steht, muss diese Polarität berücksichtigen. Sie soll uns ja helfen, unser eigenes psychisches Gleichgewicht zu finden und zu bewahren, wie es im Modell der Weisheit beschrieben wurde.

Das grundlegende Prinzip einer wahrhaften Ethik ist also das *Gleichgewicht der Werte*. Die Basis dieser Ethik besteht somit aus zwei sich ergänzenden Qualitäten. Diese wiederum verstärken und erhalten das Gleichgewicht, welches sich ganz natürlich selbst trägt, sobald es verwirklicht wurde. Eine solche, natürliche Ethik steht im Einklang mit dem kosmischen Prinzip und dem Wesen des Menschen. Sie braucht deshalb relativ wenig Energie, um umgesetzt zu werden, im Vergleich zu einer unnatürlichen, einseitigen Moral, die praktisch nie verwirklicht werden kann, weil sie nur die Dualität an der Oberfläche verstärkt.

Welche zwei Basisqualitäten können dies nun sein? Erinnern wir uns, dass die Wahrheit die Basis von allem ist. Wahrheit ist alles, was existiert. Eine Ethik, die unsere Erkenntnisfähigkeiten zur Entfaltung bringen soll, muss daher der Wahrheit in allem Raum geben und uns für diese öffnen, anstatt Wahrheiten auszuklammern. Sie muss unser Herz klären und unser inneres Licht befreien. Sie muss sowohl die Wahrheit unserer eigenen Person als auch die Wahrheiten anderer Personen und die Wahrheit in allem Sein würdigen.

Dies wird gewährleistet und gefördert durch die Qualität des *Nichtschädigens*, welche bedeutet, alle Aspekte der Wahrheit zu würdigen als das, was sie sind: Manifestationen des einen Seins, die alle ihren Sinn im großen Ganzen haben. Dies bezieht sich auf jegliche Existenz, nicht zuletzt auch auf unsere eigene! Auf der anderen Seite brauchen wir die Qualität der *Wahrhaftigkeit*, welche bedeutet, im Einklang mit der inneren Wahrheit zu leben und dieser im eigenen Leben Raum zu geben. Diese Qualität ist ebenso wesentlich und unabdingbar, um unser eigenes Potenzial zu entfalten, durch welches sich auch die Wahrheit in ihrer natürlichen Weise manifestieren möchte.

Das Nichtschädigen fördert dabei vor allem unsere Herzensqualitäten wie auch unsere Einsicht in das wahre Wesen der Dinge. Die Wahrhaftigkeit unterstützt uns primär darin, unser Bewusstsein, unsere geistigen Qualitäten und Erkenntnisfähigkeiten zu entwickeln. Natürlich ist dieser Prozess aufs Engste mit der Entfaltung einer gewissen seelischen Stärke, Reife und Klarheit verbunden. Indem wir zu unserer eigenen Wahrheit stehen, werden wir seelisch stärker und reiner. Aus der geistigen und seelischen Klarheit heraus können wir auch andere Wesen in ihrem Sein würdigen.

Diese beiden Qualitäten werde ich in meinen folgenden Betrachtungen ausführlicher vorstellen. Sie spannen das ganze Spektrum auf und werden durch die anderen Prinzipien in ihrer Verwirklichung und Ganzheit gestützt und gefördert. Um jedoch das wahre Potenzial dieser Qualitäten und Prinzipien zu verstehen, ist es nötig, sie aus ihren dualistischen Bedeutungen zu erlösen. Wir müssen sie aus einer übergeordneten Perspektive heraus, jenseits der Dualität, betrachten, sodass sie uns Menschen wirklich dienlich sein können. Erst dann können sie uns zur Selbstverwirklichung inspirieren.

Die Basisqualitäten: Nichtschädigen und Wahrhaftigkeit

Das Gebot des *Nichtschädigens* findet sich in wohl allen Religionen und spirituellen Richtungen in der einen oder anderen Form wieder. Es beruht im Idealfall auf der Erkenntnis der grundlegenden Verbundenheit, der Einheit allen Seins, und der daraus folgenden Einsicht, dass wir, wenn wir einen Aspekt dieses Seins schädigen, zugleich in gewisser Weise auch uns selbst schädigen. Da alles, was ist, wahr ist und Wahrheit in sich trägt, da alles die Quelle der Schöpfung in sich trägt, ist alles als solches erst mal auch »gut«. Es ist vom Leben, von der Schöpfung, so gewollt. Wenn wir etwas ablehnen, verurteilen oder bekämpfen, handeln wir aus einer gewissen geistigen Beschränktheit und Egozentrik heraus. Der Kampf gegen Wahrheiten ist kein Ausdruck unserer Stärke, sondern unserer Schwäche und Begrenztheit. Und im Kampf gegen innere Wahrheiten schädigen wir uns auch selbst. Unser innerer Kampf ist es, der sich im äußeren widerspiegelt.

Grundlage für ein friedvolles Leben in der Welt ist deshalb zunächst der innere Frieden. Wie können wir aber in Frieden mit uns leben? Wir müssen aufhören, uns selbst zu schädigen und zu verurteilen. Wir müssen lernen, uns selbst zu lieben, also alles anzunehmen, was ist, und es mit den Augen der Liebe zu betrachten. Denn alles ist wahr. Es ist nötig, Mitgefühl mit uns selbst zu fühlen, was etwas anderes ist als Selbstmitleid. Zugleich ist es wichtig, ganz klar hinsehen zu können. Wir müssen lernen, für uns selbst einzustehen und liebevoll für uns zu sorgen, nicht für das Ego und seine Bedürfnisse, sondern für das Ganze, was wir sind. Das ist die Grundlage unserer psychischen Gesundheit.

Wenn wir eigene oder fremde Wahrheiten verurteilen, verhindern wir den Fluss der Liebe und des Verständnisses. Das schädigt uns letztlich selbst. Bitte beachten Sie jedoch: Verständnis bedeutet nicht zugleich auch *Ein*verständnis, also Billigung oder Entschuldigung, sondern einfaches, vorurteilsfreies Erkennen! Wir können andere tief verstehen, ohne dass wir ihre Wahrheiten für uns selbst als richtig annehmen müssen, weil unser Weg nicht ihrer ist.

Auf jeden Fall aber haben andere ein Recht auf ihre eigenen Wahrheiten und Ansichten. Sie dürfen Fehler machen und unvollkommen sein, wie auch wir selbst, denn nichts ist perfekt in dieser relativen Welt. Alles ist in Entwicklung, und wir müssen Fehler machen, um daraus zu lernen. Wie sonst könnten wir das tun? Nur durch die Erfahrungen des Lebens verstehen wir, was Leben ist. Und in unseren Reaktionen auf die Wahrheiten anderer erfahren wir viel über unsere eigene Wahrheit und die Wahrheit des großen Ganzen. Allerdings nur, wenn wir tiefer sehen und uns nicht durch Urteile beschränken. Wollen wir aber aus unseren Fehlern nicht lernen, dann haben wir sie umsonst gemacht.

Da wir alle nun mal in gewisser Weise immer schwach und fehlbar sind, da wir alle immer in Entwicklung sind, ist es manchmal nicht einfach, das Nichtschädigen zu praktizieren. Besonders dann, wenn andere Menschen nicht nach diesem Prinzip leben und versuchen, uns gemäß ihrer eigenen Wahrheiten und Bedürfnisse zu beeinflussen und zu manipulieren. Wieder andere urteilen vielleicht über uns und bekämpfen oder manipulieren uns auf irgendeine Weise, weil ihnen unsere Wahrheit nicht gefällt. Oder sie projizieren einfach ihre Bedürfnisse auf uns und versuchen uns dazu zu bewegen, diese Bedürfnisse zu erfüllen. Solche Menschen versuchen damit praktisch, uns von unserer »Umlaufbahn« abzulenken.

Diese Versuche schädigen uns, da sie uns aus dem Gleichgewicht bringen können. Wie können wir uns dagegen zur Wehr setzen, ohne die anderen dadurch zu schädigen? Wenn wir sie bekämpfen, schädigen wir sie und uns selbst, weil wir nicht in Liebe handeln, sondern uns auf ihre Schwingung von Hass, Gewalt oder Ignoranz ziehen lassen. Dies schadet uns, weil es wiederum unser Gleichgewicht gefährdet und unsere Entropie erhöht, und dem anderen hilft es auch nicht. Dieser hat nach wie vor ein Recht auf seine eigene Wahrheit, und dies müssen wir respektieren.

Was ist nun die Lösung? Die Kraft der Zerstörung, die natürlich potenziell in uns allen vorhanden ist, müssen wir weder verdrängen noch auf den »Störfaktor«, in diesem Fall die andere Person, richten. Denn beides wäre ungesund und würde die Dualität verstärken. Stattdessen können wir diese Kraft auf die *energetische Verbindung* zu der Person lenken. Lassen wir uns auf die Ebene der anderen Person ziehen, wird die Kraft der Zerstörung unbewusst wirken und nur Schaden anrichten. Können wir uns aber innerlich bewusst von der Situation distanzieren, dann können wir die Zerstörungskraft bewusst und kontrolliert einsetzen, ohne den anderen zu schädigen.

Wir wissen bereits, dass Geist und Seele aufs Engste miteinander verbunden sind. Daher können wir unsere geistigen Fähigkeiten nutzen, um die Energien so auszurichten, wie es unserem Willen entspricht. Wir können die energetischen Verbindungen zu anderen Menschen spüren. Wir können wahrnehmen, wie sie uns vielleicht gerade Energie entziehen und unser Energiefeld stören. Mit den Mitteln unseres freien Willens und unserer geistigen Vorstellungskraft können wir diese Verbindungen einfach durchtrennen, sodass die gesendeten Energien keine Wirkung mehr auf uns haben. Wir können lernen, unseren freien Willen zu nutzen und unseren Geist bewusst so zu steuern, wie es am besten ist.

Dieser gezielte Einsatz ist vergleichbar mit einer chirurgischen Operation, die innerhalb eines Organismus präzise die krank machenden Verbindungen durchtrennt. Auch wenn der anderen Person eine solche Durchtrennung der Verbindungen lieblos und kalt erscheinen mag, falls sie es überhaupt bemerkt, steht dahinter doch eine große Liebesfähigkeit. Sie äußert sich in der Sorgfalt der Operation. Wir nehmen in diesem Fall große geistige Anstrengungen auf uns und üben große Selbstkontrolle aus, um den anderen nicht zu schädigen und ihm den Raum seiner eigenen Wahrheit zu lassen. Wir würdigen damit sein Dasein, denn wir berühren es gar nicht. Zugleich aber schädigen wir uns damit nicht selbst, da wir dadurch unsere eigene innere Wahrheit und unser eigenes Gleichgewicht schützen. Die Freiheit unseres eigenen Daseins bewahren wir uns. Alles darf sein, wie es ist, aber wir entscheiden, was davon in einem bestimmten Moment in uns Raum bekommt.

Schwieriger ist das in Situationen, in denen andere uns einfach aus Unwissenheit unserer wahren Natur so behandeln, dass es unserem Gleichgewicht schadet, dies aber gar nicht böse meinen. Auch hier haben wir das Recht und die Pflicht, zu unserer eigenen Wahrheit zu stehen und unser Gleichgewicht notfalls zu schützen. Wenn wir uns für andere »verbiegen«, nur weil sie sich emotional von uns abhängig machen, helfen wir damit niemandem. Im Gegenteil, wir schaden uns selbst, und wir verweigern den anderen die Möglichkeit der Erkenntnis.

Die sorgfältige, liebevolle Durchtrennung schädlicher Verbindungen ist also das beste Mittel, um nicht zu schädigen und dennoch wir selbst zu sein und unsere eigene Wahrheit leben zu können. Diese Durchtrennung isoliert nicht, sondern schließt lediglich die störenden Frequenzen aus. Auf einer anderen Ebene, der Ebene reiner Liebe, können wir den anderen zugleich tief verstehen, da sie alles umfasst und alles verbindet, was ist. Aber auch wenn wir vielleicht noch nicht mit dieser ewigen Schwingung verbunden sind, ist es manchmal nötig, die schädlichen Energiekanäle zu durchtrennen. Denn dies ermöglicht uns erst, überhaupt zu uns selbst zu finden und somit auch Zugang zur Quelle wahrhafter Liebe zu erhalten.

Das Äußere hat immer eine Entsprechung im Inneren, und

umgekehrt. Daher ist diese Form der Durchtrennung auch ein gutes Mittel, um uns von eigenen störenden Inhalten zu lösen und damit ihre Wirkung aufzuheben. Wir verdrängen nicht, sondern operieren gezielt. Wir sind uns dessen, was uns stört, bewusst, es bleibt da, aber die Verbindung ist aufgelöst. So können wir uns nach und nach von alten Verhaltensmustern und Konditionierungen befreien und Raum schaffen für Neues, für Inhalte, die unserem wahren Wesen besser entsprechen und unserer Gesundheit förderlich sind. Es ist eine Art psychische Deprogrammierung, die wir jederzeit und immer wieder vornehmen können, wenn es nötig ist.

Diese »Distanzierungsarbeit« im Innen und im Außen hängt eng zusammen, denn die schädigenden Frequenzen aus der Umwelt können nur deshalb in uns wirken, weil wir entsprechende Anteile in uns selbst haben. Auch hier wirkt das Gesetz der Resonanz. Wir können nun damit beginnen, diese Verbindungen im Inneren zu durchtrennen. Automatisch haben dann auch die entsprechenden äußeren Einflüsse weniger Wirkung auf uns. Wir können auch anfangen, uns schädigende Verbindungen aus der Außenwelt zu kappen. Damit werden die inneren Anteile nicht mehr verstärkt, und wir können so in Ruhe an ihnen arbeiten und uns von ihnen lösen bzw. erlösen. Besonders schwierig ist das, wenn wir uns in einer Umgebung befinden, in der diese Anteile unablässig angeregt werden. Die ständige Verstärkung ist natürlich ein Aufruf des Lebens an uns, uns dieser Dinge in uns selbst bewusst zu werden und uns an die Arbeit zu machen.

Manchmal müssen wir uns wahrscheinlich auch für eine Weile aus dem gewohnten Umfeld zurückziehen, um uns aus den alten Mustern zu lösen. Die anderen mögen dies vielleicht als »Schädigung« empfinden, da es ihre gewohnte Ordnung stört und ihr System durcheinanderbringt. Im Grunde ist es aber ein Geschenk, das wir ihnen machen, weil eine Ordnung, die das Gleichgewicht der Beteiligten stört, keine gesunde, natürliche, sondern eine künstliche ist. Wenn solch eine Ordnung aus dem Gleichgewicht gerät, dann entsteht erst einmal Unordnung, also eine größere Entropie. Aber erst dadurch gibt es überhaupt die Chance, dass die Dinge zu einer gesünderen, natürlicheren Form finden. In allen Einflüssen, die künstliche Ordnungen auf bewusste, liebevolle Weise durcheinanderbringen, liegt ein großes Potenzial der Erkenntnis und Bewusstwerdung. Sie dienen damit dem großen Ganzen und auch jedem einzelnen Beteiligten – ob es ihm bewusst ist oder nicht.

Diese bewusste Durchtrennung von Verbindungen ist ein Notinstrument, das uns auf unserem Weg helfen kann. Je bewusster und stärker wir aber werden, umso weniger brauchen wir solche Instrumente, weil dann die Berührungspunkte im Inneren langsam verschwinden. Je mehr wir fähig sind, in Leichtigkeit das loszulassen, was uns schädigt, umso weniger werden wir uns genötigt fühlen, irgendetwas zu zerstören. Wenn wir uns unserer Freiheit bewusst sind, die Dinge innerlich anzunehmen und loszulassen, dann müssen wir keine schädigenden Energien mehr abwehren, weil sie dann ohnehin keine Resonanz mehr in uns erzeugen. Um aber diese Fähigkeit überhaupt entwickeln zu können, ist es manchmal nötig, Verbindungen gezielt zu durchtrennen. Es ist die bessere Alternative, wenn wir zerstörerische Energien in uns spüren, diese auf die Verbindungen und nicht auf die Menschen zu richten. Nennen wir es eine Schadensbegrenzungsmaßnahme, die durchaus viel Gutes bewirken und uns auf unserem Weg der Reifung helfen kann.

Je selbstverständlicher wir unser wahres Sein leben, umso weniger werden wir zerstörerische Kräfte in uns spüren. Sind wir uns unserer wahren inneren Freiheit bewusst, dann können die Lebensenergie und die Liebe frei fließen. In uns existiert eine Schöpfungskraft, eine Energie, die leben und sich entfalten will und die sich letztlich nicht einschränken und in Formen pressen lässt. Wenn diese Energie auf Einschränkungen trifft, kann sie zerstörerisch wirken, weil sie diese durchbrechen will. Die Zerstörungskraft spüren wir also vor allem dann, wenn wir eine Einschränkung unseres Selbst erfahren.

Solange wir uns unserer wahren Freiheit und Lebendigkeit nicht bewusst sind und ihr keinen Raum in unserem Leben geben, so lange werden wir mit zerstörerischen Kräften in unserem Inneren konfrontiert sein. Unsere Gewalt und unsere Aggression dienen uns dann dazu, die starren Fesseln zu sprengen. Es ist nur wichtig, die wahre Bedeutung dieser Gefühle zu verstehen und sie nicht auf die Außenwelt zu richten. Die Ursache jeder psychischen Beschränkung liegt letztlich in unserem Inneren. Natürlich ist es auch nicht gut, die destruktive Energie auf das eigene Innere zu richten. Die beste Möglichkeit ist daher, über unsere Durchtrennung hinderlicher Verbindungen zur eigenen Freiheit zu finden und zugleich die Freiheit der anderen zu würdigen.

Normalerweise verstehen Menschen das Prinzip des Nichtschädigens falsch, nämlich aus egoistischer Perspektive. Sie sagen zu anderen: »Du sollst nicht schädigen, du sollst mich würdigen und respektieren«, und meinen damit nur ihr Ego, das Bestätigung sucht. Für den Egoisten bedeutet eine Beleidigung des Egos eine Schädigung seiner Person, weil er mit seinem Ego identifiziert ist. Respekt bedeutet für ihn, dass man sein Ego und all dessen Wünsche und Bedürfnisse nicht einfach nur zur Kenntnis nimmt, sondern auch erfüllt und als absolute Wahrheit annimmt.

Er macht sich gern selbst zum Maßstab aller Dinge, und er bedient sich gern der Instrumente der »Höflichkeit«, um die Fassadenschicht zu nähren. Das gibt ihm ein Gefühl von Wichtigkeit und Kontrolle und macht andere manipulierbarer.

In der Welt der Entfremdung ist Höflichkeit nicht viel mehr als ein oberflächlicher Ersatz für wirklichen Respekt, tiefe Achtung und Würdigung des anderen Menschen. Sie entspricht der bedingten Liebe des Ego-Ich. Höflichkeit ist meist ein Mittel der Manipulation. Wirkliche Achtung würde sich dagegen gerade dadurch ausdrücken, dass man *nicht* versucht, andere zu manipulieren. Zugleich ist sie auf dieser relativen, entfremdeten Ebene eine Art von »Schadensbegrenzungsmaßnahme«, die aber nicht wirklich funktionieren kann. Sie trägt letztlich dazu bei, die Spaltung aufrechtzuerhalten und zu verstärken. Der Egoist braucht die Fassade und die Norm, weil er sich dadurch bestätigt, und so besteht er umso stärker auf gesellschaftlichen Konventionen, je mehr er sich in seinem Einfluss bedroht fühlt.

Entziehen wir uns also dem Einflussbereich einer mit dem Ego identifizierten Person und teilen ihre Sichtweise und Gefühle nicht, schädigen wir sie aus ihrer Sicht selbst. Das kann sie uns dann als »Verletzung« vorwerfen, da wir ihre »Macht« eingeschränkt haben. Für einen Narzissten ist aber im Grunde das ganze Sein an sich eine Beleidigung. Alle Ereignisse des Lebens, die das Ego an seine eigentliche Bedeutungslosigkeit erinnern, »verletzen« es. Diese Ereignisse sind es aber gerade, die das Potenzial zum Erwachen in sich tragen.

Egoistische Menschen neigen dazu, sich ihre eigene Wahrheit schaffen zu wollen, die im Widerspruch zur Wahrheit des großen Ganzen steht. Sie nehmen nur die Aspekte in ihre Wahrheit auf, die dem Ego gefallen, und alles andere blenden sie aus. In der Illusion ihrer Allmacht rennen sie sich dann die Köpfe ein an allem, was unerschütterlich im Absoluten gegründet ist und sich nicht nach ihrer eigenen Wahrheit richtet. Ist es die Schuld des Baumes, wenn der Mensch in seiner Blindheit gegen ihn rennt und sich somit Schmerzen zufügt? Wenn der Baum stehen bleibt, ist er eine »Beleidigung« für das Ego. Er aber dient damit dem großen Ganzen, da sein Dasein einen Sinn erfüllt, und er verhilft damit letztlich auch dem Menschen zu mehr Erkenntnis. Wenn alle Bäume den Menschen ausweichen würden, um sie in ihrer Blindheit nicht zu stören, dann könnten sie ihre Aufgabe nicht erfüllen. Die Menschen würden nie erfahren, dass es überhaupt Bäume gibt. Sie würden nie erkennen, dass sie Grenzen haben und dass es andere Realitäten außerhalb ihrer eigenen gibt.

Menschen können und dürfen in ihren Illusionen leben. Das ist ihr gutes Recht, und es ist nicht unsere Aufgabe, sie zu »bekehren«. Wenn es aber dazu kommt, dass jemand mit unserer eigenen Wahrheit sozusagen »zusammenstößt«, dann haben wir das Recht und die Pflicht, zu unserer eigenen momentanen Wahrheit zu stehen – wobei wir natürlich aus jedem »Zusammenstoß« auch etwas lernen können, dafür sind wir ja hier.

Das Prinzip des Nichtverletzens ist also so zu verstehen, dass es hierbei um das absichtliche, ursächliche Verletzen geht, das aus uns selbst heraus seinen Ursprung hat. Gegen die Verletzungen, die andere sich im Zusammenstoß mit unserer Wahrheit zufügen, sind wir machtlos. Dafür tragen die anderen die Verantwortung. Wir aber können die Verantwortung für unseren eigenen inneren Zustand übernehmen, und das müssen wir auch tun, um eine heilsame Wirkung in der Welt entfalten und unsere wahre Bestimmung leben zu können. Wenn wir in uns selbst inneren Frieden haben, dann können wir auch die Herausforderungen des Lebens aus diesem inneren Frieden heraus annehmen und unsere Lehren daraus ziehen. Selbst unseren »Feinden« können wir dann in Frieden begegnen, indem wir keine zerstörerischen Energien auf sie richten, sondern aus der ewigen Schwingung der alles umfassenden Liebe und des tiefen Verstehens heraus handeln.

Nicht zu verletzen heißt, allem, was ist, in Liebe zu begegnen. In einer Liebe, die Raum für Freiheit und Wahrheit und damit auch für Widersprüche und Unterschiede lässt. Wahre Liebe befreit, wahre Erkenntnis befreit, und sie wirken befreiend auf alles, was in Kontakt mit ihnen kommt. So liegt in der Zerstörung der Illusionen eine große Heilkraft, die zwar das Ego des Menschen vielleicht noch nicht sieht, das Selbst aber sehr wohl spüren kann.

Indem wir zu unserer eigenen Wahrheit, der Wahrheit der Liebe und der Erkenntnis stehen, schaffen wir auch im Leben mehr und mehr Raum dafür, dass diese Wahrheit sich entfalten kann. Dieser Weg kann manchmal schmerzhaft oder schwierig sein, aber es ist gewissermaßen unser »Liebesdienst« an der Welt. Es nützt niemandem, wenn wir uns in einsame Höhlen zurückziehen, um unseren inneren Frieden zu genießen und den manchmal schmerzhaften Kontakt mit unbewussteren Menschen zu vermeiden. Manchmal ist so ein Rückzug vielleicht nötig, um überhaupt zu sich selbst zu finden. Wir sind aber letztlich alle aufgerufen, das Licht der Liebe und Erkenntnis in die Welt zu bringen. Ob die Menschen es sehen oder ihre Augen davor verschließen wollen, liegt an ihnen.

Kommen wir nun zu der zweiten, sehr bedeutenden Basisqualität: unsere Fähigkeit zur *Wahrhaftigkeit*. Sie stützt das Prinzip des Nichtverletzens und gleicht es aus. In gewissem Sinne bedingt sie dieses sogar. Indem wir unserer eigenen Wahrheit in unserem Leben Raum geben, ermöglichen wir zugleich anderen eine umfassendere Erkenntnis. Sie können ihr inneres Weltbild an die realen äußeren Gegebenheiten anpassen. Wir geben ihnen dadurch die Möglichkeit, sich besser zu orientieren und weitere schmerzhafte Zusammenstöße mit der Realität zu vermeiden. Je realistischer ihr Bild von der Wahrheit ist, umso angemessener können ihre Erwartungen sein und umso eher werden sie echte Erfüllung finden. Unsere Wahrhaftigkeit fördert die Bewusstwerdung der Menschheit, was das beste Mittel ist, um ihr selbstschädigendes Verhalten in Bezug auf sich selbst, ihre Mitmenschen und ihre Umwelt also solche zu reduzieren.

Wir sind oftmals viel zu sehr darauf ausgerichtet, ein »guter Mensch« zu sein, in den Augen der anderen oder auch vor uns selbst. Dabei verpassen wir, im Einklang mit unserer eigenen inneren Wahrheit das wahrhaft Gute und Richtige zu tun, welches manchmal anderen gar nicht gefallen mag. Wir müssen unserem Weg folgen, ob anderen das gefällt oder nicht, und auch sie haben ihre eigenen Wege, denen sie folgen müssen. Das Prinzip der Wahrhaftigkeit kann diesen Unterschieden Raum geben und die gegenseitigen Abhängigkeiten und emotionalen Verstrickungen mit anderen auflösen, die Teil der künstlichen Ordnung und damit Zeichen mangelnder Klarheit und Bewusstheit sind.

Wenn wir wirkliche Verantwortung für uns selbst und unseren eigenen inneren Zustand übernehmen und aus dieser Wahrheit heraus leben, ist dies zugleich das Beste für die Welt, was wir tun können. Natürlich sollten wir gleichzeitig die Wahrheiten anderer ebenso würdigen. Wir haben alle das Recht auf psychische Freiheit, denn dies ist die ureigenste Natur unseres Seins. In unserem tiefsten Inneren sind wir alle grenzenlos und frei und dadurch ja erst verbunden mit allem, was ist. Jemand, der diese

Freiheit unserer Seele und unseres Geistes nicht respektiert, ist in seinem Bewusstsein sehr begrenzt und gefangen in der eigenen Bedürftigkeit.

Das Prinzip der Wahrhaftigkeit ist zugleich der Ausweg aus der elementaren Entfremdung des Menschen von der absoluten Wahrheit. (Natürlich ist er nicht wirklich entfremdet, sondern immer ein Teil dieser ewigen Wahrheit. Die Entfremdung besteht in der Begrenztheit seines Bewusstseins.) Wenn der Sinn der Evolution darin liegt, dass die Wahrheit sich in uns ihrer selbst bewusst wird, dann erfüllen wir unsere Aufgabe am besten, wenn wir so authentisch und zugleich so bewusst wie möglich leben. Indem wir zu unserer eigenen Wahrheit stehen, die ein Teil des großen Ganzen ist und in diesem seinen Sinn hat, ermöglichen wir auch anderen Menschen eine klarere Sicht auf die Wahrheit als solche. Sie erhalten dadurch die Möglichkeit zu verstehen, ohne dass wir ihnen unsere Wahrheit aufzuzwingen versuchen. Und auch wir können am meisten lernen, wenn wir unsere eigene Wahrheit leben und sie dabei ständig an der Realität testen, anstatt nur davon zu träumen.

Wenn sich zwei Menschen begegnen, spiegeln sie sich gegenseitig verschiedene Aspekte der Wahrheit. Und je aufrichtiger und unverfälschter die Menschen sind, umso klarer ist der Spiegel. Dies hilft allen Beteiligten, sich der Wahrheit zu nähern und mehr zu erkennen. Für alle ist das wiederum nur gut – auch wenn die Egos sich manchmal vielleicht dagegen wehren mögen. In zwei Menschen begegnen sich ja nicht nur ihre beiden relativen Wahrheiten, die – aufrichtig und respektvoll geäußert – zum Erkenntnisgewinn beider über die relative Wahrheit an sich beitragen können. Jeder Mensch ist auch ein Teil der absoluten Wahrheit, und insofern begegnet sich die absolute Wahrheit in der Begegnung selbst. Wenn die Menschen mehr zu ihren relativen Wahrheiten stehen, dann können sie einen bewussten Zugang zur absoluten Wahrheit in dieser Begegnung erhalten. Für beide Menschen kann solch eine Begegnung sehr bereichernd sein, die dem Beziehungsaspekt eine ganz neue Dimension verleiht. Dies habe ich bereits im Prinzip des kleinsten gemeinsamen Nenners angesprochen.

Wie können wir diese Wahrhaftigkeit in uns wachsen lassen? Vor allem müssen wir lernen, uns selbst gegenüber aufrichtig zu sein. Wer zu sich selbst nicht ehrlich ist und sich selbst nicht unvoreingenommen betrachten kann, der kann seine eigene innere Wahrheit überhaupt nicht vollständig erfassen und folglich auch nicht äußern. Wer keine Klarheit hat über sich selbst und seine eigentlichen Bedürfnisse, wer in Widersprüchen und Konflikten gefangen ist, der kann auch nach außen nicht klarmachen, wer er ist und was er will.

Innere Aufräum- und Klärungsarbeit ist daher nötig, um die eigene innere Wahrheit überhaupt zu entdecken und zu entfalten. Wir müssen aufhören, Dinge zu verdrängen oder sie abzulehnen. Wir müssen fähig sein, uns selbst vorurteilslos und mit liebevoller Klarheit zu betrachten, um zu erkennen, wer wir wirklich sind. Von alten Glaubensmustern und Wertvorstellungen müssen wir uns befreien, die andere uns irgendwann einmal eingetrichtert haben. Wir sind aufgerufen, *eigene* Maßstäbe zu entwickeln, um unsere innere Wahrheit auch nach außen leben zu können.

Unaufrichtigkeit und Lügen sind immer ein Zeichen von Schwäche und Unbewusstheit. Dies ist keine Entschuldigung, sondern eine bloße Tatsache. Jedem Menschen steht es frei, an sich zu arbeiten, um sich von der »Notwendigkeit« der Lüge und

Unaufrichtigkeit zu befreien. Denn Lügen sind niemals nötig, wenn wir innerlich stark und bewusst sind und Zugang zu unserer essenziellen Freiheit gefunden haben. Ein Mensch, der sich genötigt fühlt zu lügen, ist sich seines wahren Menschseins noch gar nicht bewusst. Er redet sich vielleicht damit heraus, dass er anderen nicht schaden möchte, aber die Lüge ist in Wahrheit eine große Schädigung. Sie ist ein Zeichen von Respektlosigkeit und Ignoranz – auch gegenüber sich selbst. Jeder Mensch hat ein Recht auf Erkenntnis, und jeder Mensch hat ein Recht darauf, die Wahrheit zu erfahren, soweit er sie erfassen kann. Nur das Ego hat das Bedürfnis zu lügen und damit die Wahrheit bewusst zu verfälschen, da es so gern den Weg des geringsten Widerstandes geht. Wenn wir aber dem Ego dienen, dienen wir der Begrenztheit und Unbewusstheit. Dies ist weder für uns noch für andere heilsam, sondern es schädigt alles, was ist, indem es Entwicklung verhindert.

Natürlich ist es immer ein Lernprozess, wahrhaftig zu leben, da es auf Selbsterkenntnis, auf wahrer Selbst-Bewusstheit basiert. Diese können wir nicht von heute auf morgen realisieren. Sie muss außerdem auch immer aktiv aufrechterhalten werden, da die relative Dimension der Wahrheit veränderlich ist. Der Weg der Bewusstwerdung hat somit praktisch kein Ende. Wenn das Ziel aber klar ist, dann ebnet sich auch der Weg dorthin, und mit der Zeit werden wir sicherer dabei, auf ihm weiter voranzugehen.

Der Weg der Wahrheit ist der Weg zu uns selbst, und der Weg zu uns selbst führt in die universelle Wahrheit, deren Teil wir sind. Wenn wir unsere Neigung zu lügen dem Universum als etwas Unwesentliches hingeben, dann werden wir vom Universum dafür mit Einsicht, Stärke und Liebe beschenkt. Unser Leben –

sowie auch das unserer Mitmenschen – kann wesentlicher und erfüllender werden.

Ich werde nun einige ethische Prinzipien aufführen, die uns dabei unterstützen, die Basisqualitäten des Nichtschädigens und der Wahrhaftigkeit auf seelischer wie auch auf geistiger Ebene zu verwirklichen. Bitte verstehen Sie diese nicht als Dogmen, sondern als Hilfsmittel, als Werkzeuge unseres Bewusstseins. Wir können sie je nach Bedarf verwenden, um die Herausforderungen des Lebens zu meistern.

Ergänzende ethische Prinzipien

Nichtstehlen

Das Prinzip des Nichtstehlens bezieht sich auf den Aspekt von Geben und Nehmen. Stehlen bedeutet, sich etwas zu nehmen, ohne einen entsprechenden Ausgleich dafür geben zu wollen. Dies funktioniert natürlich nicht wirklich, weil das Leben immer seinen Ausgleich fordert. Das Gesetz des Gleichgewichts wirkt auch hier. Der Bankräuber »bezahlt« seinen Raub z.B. mit den Energien, die er investieren muss, um diesen Raub zu vertuschen, und mit der inneren Unordnung, die er dadurch erzeugt. Er bezahlt so oder so, auch wenn er nicht »erwischt« wird. Er bezahlt sogar einen sehr hohen Preis, denn er »opfert« dafür seine Chance auf inneren Frieden. Auf irgendeiner Ebene fordert das Leben immer einen Ausgleich, da alles miteinander verbunden ist und ein gewisses Gleichgewicht der Dinge bestehen muss. So betrügen wir uns praktisch nur selbst, wenn wir etwas stehlen. So »bestraft« uns auch die Erde, wenn wir ihr ihre Güter rauben, da dadurch das natürliche Gleichgewicht gestört wird. Durch Naturkatastrophen gleicht sie es dann wieder aus. Wenn wir die Natur schänden und ausbeuten, erzeugen wir eine gewisse künstliche Ordnung, die die Erde auflöst, indem sie vorübergehend die Entropie erhöht und chaotische Zustände erzeugt.

Das Gebot des Nichtstehlens bezieht sich aber nicht nur auf weltliche, materielle Dinge, sondern auch auf Aspekte wie Raum und Zeit an sich. Wie oft stehlen wir anderen Menschen ihre Zeit, indem wir sie für die eigenen Bedürfnisse in Anspruch nehmen? Wie oft versuchen wir, andere zu vereinnahmen oder zu beeinflussen? Wie häufig ziehen wir sie somit in unseren eigenen Lebensraum oder schränken ihren Freiraum ein? Wie oft versuchen wir, Menschen dazu zu bewegen, etwas »uns zuliebe« zu tun, das sie eigentlich gar nicht tun wollen? Wie oft fordern wir von anderen »Beweise« ihrer Liebe, ihrer Zuneigung? Das alles bedeutet Stehlen. Wir rauben anderen ihre Energie und stellen Forderungen, weil wir glauben, diese Bestätigung und Zuwendung zu brauchen. Wir denken, wir hätten einen Anspruch darauf, und es wäre die Pflicht der anderen, unsere Bedürfnisse zu erfüllen. Wir leben oft in gegenseitiger Abhängigkeit.

In unserer Bedürftigkeit neigen wir dazu, alles zu nehmen, was wir kriegen können, und sei es auch mit den Mitteln von Gewalt oder Manipulation. Damit erzeugen wir Leiden und Unordnung in der Welt, und dies kehrt in der einen oder anderen Form immer zu uns zurück, denn wir sind energetisch mit allem verbunden. Dies kann sich z. B. in Beziehungsproblemen jeglicher Form ausdrücken oder in Geldproblemen. Wenn wir in einem Lebensbereich viel nehmen, dann gleicht das Leben dies manchmal auch durch Einschränkungen in einem anderen Lebensbereich aus. Auf irgendeine Art und Weise müssen wir zahlen für alles, was wir uns nehmen.

Auch der Konsum von Drogen ist eine Form von Stehlen. Man möchte dabei ohne viel zu investieren einen Zustand der Freiheit, Intensität, Erfüllung oder Geborgenheit erreichen, der eigentlich erst durch intensive Arbeit an sich selbst geschaffen werden kann. Das führt natürlich dazu, dass man »Schulden« beim Leben macht, die man bezahlen muss. Der Preis ist der innere Unfrieden, die innere Dualität, die Schwächung der Persönlichkeit, die Qualen der Sucht oder des Entzugs. Man bezahlt auch mit der körperlichen Gesundheit.

Im Konsum von Drogen liegt immer die Gefahr, dass man mit den künstlich erzeugten Zuständen nicht bewusst umgehen kann und ihnen so zum Opfer fällt – sei es auch nur dadurch, dass man sich auf diese rauschhaften Zustände fixiert. Ohne die inneren Voraussetzungen geschaffen zu haben, macht sich der Mensch abhängig von dem, was ihm kurzfristig ein Gefühl von Freiheit gibt. Diese dem Leben kurzfristig abgerungene Freiheit wird durch noch größere Abhängigkeit und innere Unzufriedenheit außerhalb dieser Zustände »ausgeglichen«. Der Mensch bleibt in seiner Bedürftigkeit und seiner inneren Widersprüchlichkeit gefangen.

Diese dem Stehlen zugrunde liegende Haltung der Bedürftigkeit, des Mangels, resultiert aber nur daraus, dass der Mensch sich seines eigenen inneren Reichtums, seines wahren Selbst nicht bewusst ist. Wenn wir diese Verbindung spüren, dann sind wir erfüllt von Leben und von Liebe. Wir brauchen weder von der Welt noch von anderen Menschen Dinge oder Energien zu rauben. Im Bewusstsein des wahren Selbst fragen wir nicht mehr danach, was wir bekommen können. Wir wollen vielmehr wissen, wie wir das, was wir an Reichtum in uns tragen, am besten geben können.

Wenn wir beginnen, unsere Liebe und innere Schönheit nach außen in die Welt zu tragen, ohne etwas Bestimmtes dafür zu erwarten oder zu verlangen, dann wird das Leben uns als Ausgleich mit Liebe und Schönheit beschenken – in welcher Form auch immer. Sollten wir auf diesem Weg etwas brauchen, dann können wir klar und offen darum bitten, und es wird uns auf irgendeine Weise gegeben werden, weil es im Sinne des großen Ganzen ist. Es gibt keine Notwendigkeit zu stehlen. Was wir uns vom Leben erstehlen, ist niemals im Sinne des großen Ganzen.

Das Gebot des Nichtstehlens kann uns dabei helfen, uns aus der geistigen Haltung der Bedürftigkeit und damit auch aus der Abhängigkeit von anderen zu lösen. Wir können uns besser auf uns selbst besinnen. Es unterstützt uns darin, uns dem gegenwärtigen inneren Mangel, der Unvollkommenheit, der inneren Unordnung zu stellen. Es fordert uns auf, uns an die Arbeit zu machen. Denn nur das, was man sich bewusst macht, kann man auch ändern. Durch diesen inneren Richtungswechsel können wir erst der tatsächlichen Erfüllung, der inneren Ganzwerdung und Heilung schrittweise näher kommen.

Stehlen bedeutet, die natürliche Ordnung zu verletzen und letztlich auch uns selbst zu schädigen. Nicht mehr zu stehlen hilft uns dabei, uns aus den Abhängigkeiten und der Bedürftigkeit zu lösen. Dies bildet wiederum eine Grundlage für mehr Wahrhaftigkeit in unserem Leben. Somit hängt das Prinzip des Nichtstehlens eng mit den beiden Basisqualitäten zusammen und kann diese sinnvoll stützen.

Sexuelle Enthaltsamkeit

Dieses Prinzip klingt zunächst einmal radikal und lebensfremd, aber so meine ich es nicht. Sexuelle Enthaltsamkeit bedeutet einfach, achtsam und bewusst mit dem sexuellen Verlangen umzugehen und sich nicht von ihm bestimmen zu lassen. Wir sollen aber nicht jegliche sexuelle Gefühle verdrängen oder bekämpfen, was wieder dualistisch wäre. Denn alles, was ist, hat seinen Sinn. Außerdem ist das Kämpfen gegen etwas nur eine andere, invertierte Form von Fixierung. Der Kampf gegen eine bestimmte Qualität bindet uns an diese und verhindert damit, dass wir uns davon befreien und aus dieser Distanz heraus bewusst mit ihr umgehen können.

Was ist nun eigentlich mit Enthaltsamkeit gemeint? Um wirklich frei zu sein und selbstbestimmt leben zu können, müssen wir uns logischerweise aus der Fixierung auf unsere sexuellen Bedürfnisse lösen. Die Gefühle dürfen da sein, denn sie haben ihren Sinn, und wir können viel aus ihnen lernen. Wir aber haben immer die freie Wahl, ihnen zu folgen oder auch nicht. Es ist möglich, die Gefühle in jedem Moment einfach zu beobachten, ohne den Zwang zu verspüren, irgendetwas als Konsequenz daraus zu tun. Wir können beobachten, was ist, und dabei in der Mitte unseres Selbst ruhen. Dazu brauchen wir die Fähigkeit der Desidentifizierung.

Erst, wenn wir diese Fähigkeit haben, können wir bewusst mit der Sexualität umgehen. Wir sind dann fähig, ihr eigentliches Potenzial wirklich zu nutzen, ohne unsere Freiheit und Würde zu verlieren und ohne uns selbst und andere zu schädigen. Wenn wir uns einfach unbewusst auf die Ebene der Instinkte fallen lassen, dann schädigen wir uns selbst und andere, weil wir dann offen sind für alle möglichen Formen von manipulativen und auch zerstörerischen Energien. Dadurch verlieren wir unser Gleichgewicht, unsere Menschlichkeit und die Reinheit unseres Geistes und unserer Seele.

Die wenigsten haben verstanden, was Sexualität wirklich ist. Die meisten verstehen darunter nur die körperliche Vereinigung zweier Menschen oder das körperliche Ausleben sexueller Impulse. Da sie sich der tieferen Dimensionen des Menschseins oftmals nicht bewusst sind, merken sie nicht, welchen Schaden sie mit dieser Haltung in genau diesen bewirken. Sexualität wird oftmals ausgelebt, ohne eine wirkliche seelisch-geistig-spirituelle Verbundenheit mit dem anderen zu empfinden und ohne wirkliche Liebe zu spüren. Dies ist auch in vielen Beziehungen der Fall. Viele Paare sind einfach zusammen, weil ihre oberflächlichen Konditionierungen und Programme zusammenpassen, nicht aber ihre Seelen und Geister. Über deren wahre Natur sind sie sich oftmals gar nicht bewusst.

Dieses allgemein übliche Praktizieren von Sexualität ist ein gegenseitiges Benutzen, um körperliche oder egoistische Bedürfnisse zu befriedigen. Die Würde und Freiheit aller Beteiligten wird dabei missachtet. Die Partner beteiligen sich überhaupt nur, weil sie sich ihrer eigenen Würde und Freiheit nicht bewusst sind. Wenn wir jemanden auf diese Weise sexuell benutzen, fügen wir ihm und auch uns selbst Schaden zu, da wir ihn als Mittel zum Zweck betrachten. Für die Qualität der Liebe verschließen wir uns somit – unabhängig davon, ob uns das gerade bewusst ist oder nicht. Wenn dieser Missbrauch auf Gegenseitigkeit beruht, macht das die Sache nicht besser, sondern es potenziert sich die schädigende Wirkung noch.

Ein Mensch, der tief mit seinem wahren Wesen verbunden ist und sich damit auch seiner ureigenen Würde bewusst ist, wird diese negativen Auswirkungen in seinem Energiefeld deutlich spüren. Aus dieser Einsicht heraus wird er von selbst alle Aktionen unterlassen, die in diese Richtung gehen. Für einen selbst-bewussten Menschen geschieht die wahre Vereinigung auf einer ganz anderen Ebene, der Ebene der Liebe und des Verstehens, der Seele und des Geistes. Das bietet erst die Grundlage für eine nicht-schädigende körperliche Vereinigung, die dem wahren Sein beider Menschen gerecht wird.

Dafür benötigen wir eine hohe und zugleich tief gehende Bewusstheit, welche wir besser erreichen können, wenn wir uns vorübergehend aus unseren gewöhnlichen sexuellen Aktivitäten zurückziehen. Denn die Fixierung auf die sexuellen Bedürfnisse bindet uns an eben diese Ebene und verhindert, dass wir uns der tieferen Ebenen unseres Seins – und damit auch der tieferen Ebenen des Partners – überhaupt bewusst werden können. Wir sehen dann alles nur durch die Brille unserer eigenen Bedürftigkeit, was wahre Einsicht und wahres Verstehen und damit auch wahre Liebe verhindert. Diese Unbewusstheit führt wieder dazu, dass wir uns auf oberflächliche Bedürfnisse fixieren und andere auf dieser Ebene manipulieren und missbrauchen. Der offensichtliche sexuelle Missbrauch in der Gesellschaft, über den sich so viele Menschen entrüsten, ist nur ein Spiegelbild des ganz alltäglichen, verdeckten Missbrauchs in den Beziehungen. Ein solches Verhalten steht im Widerspruch zur Qualität des Nichtschädigens. Das Prinzip der sexuellen Enthaltsamkeit kann uns dabei helfen, unser selbst- und fremdschädigendes Verhalten loszulassen und uns auf die tieferen Dimensionen zu besinnen.

Der bewusste Umgang mit der Sexualität ist zugleich eine Grundlage der Wahrhaftigkeit, denn erst in dieser Bewusstheit sind wir auf dieser Ebene nicht mehr manipulierbar. Solange wir das noch sind, sind wir Opfer der Energien, die auf uns und in uns wirken. Wir sind nicht frei dafür, wirklich zu uns selbst zu stehen und unsere eigene Wahrheit zu leben. Ohne Wahrhaftigkeit können wir wiederum dieses Prinzip gar nicht leben. Wir müssen erst ehrlich zu uns selbst sein, wenn wir erkennen wollen, wann wir andere missbrauchen und wann wir uns manipulieren lassen.

Wir machen uns oft vor, etwas sei unser eigener freier Wunsch oder Wille, aber in Wirklichkeit folgen wir nur einem körperlichen, hormonellen oder energetischen Impuls. Wir richten uns lieber nach den Erwartungen anderer, aus Angst diese zu verlieren, wenn wir ihren Anforderungen nicht genügen. Oder wir folgen den Bedürfnissen des Egos, welches sich mächtig fühlen und andere manipulieren, vielleicht auch andere durch Aufopferung an sich binden möchte. All diese und ähnliche Motive entspringen nicht unserem wahren Wesen, unserem tiefen Selbst. Wenn wir wahrhaft einen freien Willen haben, dann können – und werden – wir uns dagegen entscheiden, diesen Impulsen zu folgen. Statt dessen werden wir dem Licht der Liebe unseres Selbst Raum geben und uns davon führen lassen, weil dies für alle Beteiligten einfach heilsam ist.

Ich möchte noch einmal betonen, dass die körperlichen Bedürfnisse an sich nicht schlecht oder falsch sind. Es kommt nur darauf an, wie wir mit ihnen umgehen. Die sexuellen Bedürfnisse spiegeln unsere Sehnsucht nach Einssein, nach Verschmelzung und nach Transzendierung unseres Ich, unserer persönlichen Grenzen, sie spiegeln unser Bedürfnis nach Hingabe an etwas Höheres. Wenn wir aber innerlich nicht klar und bewusst sind, ziehen wir daraus die falschen Konsequenzen. Wir richten dann diese Bedürfnisse auf die rein materielle Ebene und versuchen, darin die ganze Erfüllung zu finden. Alle anderen Ebenen blenden wir dabei aus. Wenn uns dies wirklich erfüllen würde, dann hätten wir eine Welt voller glücklicher Menschen, in der es weder Krieg noch Leiden gäbe.

Der Mensch neigt dazu, den Weg des geringsten Widerstandes zu gehen. Er läuft der Lust hinterher und versucht, das Leiden zu vermeiden, wodurch aber das Leiden sich als ständige hintergründige Schwingung erst in seinem Leben manifestieren kann. Denn was man verdrängt, das lagert sich in der Tiefe der Seele an. Der Mensch flieht vor dem Leiden in die oberflächliche Lust, den Konsum von Informationen, von Erlebnissen usw. Und je weiter er auf dieser Ebene rennt, umso größer werden das verdrängte Leiden und die Angst davor und umso mehr flieht er weiter und läuft dem Glück hinterher. Das sexuelle Luststreben ist dabei nur ein Beispiel für das allgemeine Streben des Menschen nach oberflächlichem, schnellem Glück. Er sucht nach sofortiger Erfüllung im Offensichtlichen, was für ihn das Materielle, Körperliche ist. Dieses Offensichtliche findet sich nur auf der relativen Ebene.

Ich muss wohl nicht betonen, dass gerade dieses Streben auf der horizontalen Ebene wahres, umfassendes Glück verhindert. Der Mensch sucht im Grunde nach Liebe, aber auf dieser Suche macht er sich zum Opfer seiner Bedürfnisse. Er manifestiert damit in seinem Leben das Gegenteil von Freiheit. Wahre Liebe kann aber, wie wir gesehen haben, nur in Freiheit existieren. Ein Mensch, der sich an seine Bedürfnisse und Triebe versklavt, ist nicht frei, das zu sehen und anzunehmen, was wirklich ist. Er ist nicht frei zu lieben, denn sein Herz ist eng und begrenzt durch seine Angst vor dem Verdrängten.

Was gibt nun der Sexualität ihren wirklichen Sinn? Dieser entfaltet sich einzig im Gewahrsein der allgegenwärtigen Schwingung der Liebe. Denn dann manifestiert sich die Sexualität als ein

Geschehen, das eigentlich im Nichtmateriellen liegt. Die körperliche Manifestation ist dabei gar nicht wesentlich. Ein Mensch, der wirklich liebt, ist auf diese Ebene nicht mehr angewiesen und jagt ihr deshalb nicht hinterher. Wenn die körperliche Vereinigung dann aber doch einmal geschieht, kann er sie umso mehr genießen, denn sie wird dann geführt von Liebe und Menschlichkeit.

Diese Vereinigung vor dem Hintergrund wahrhaftiger Liebe ist die einzige Form von »Sexualität«, die wirklich rein ist. Sie steht im Einklang mit allen ethischen Prinzipien und somit mit dem Gesetz der universellen Liebe und der kosmischen Ordnung. Diese Form bietet uns zugleich ein ungeheures Erkenntnispotenzial, da sie eine bewusste Manifestation reiner Schöpfungskraft ist. Auf geistig-seelischer Ebene dient sie daher der Evolution der Menschheit. Uns auf die rein körperliche Befriedigung zu fixieren, hält uns dagegen auf einer niedrigen evolutionären Ebene gefangen.

Erst wenn wir uns unabhängig machen vom Streben nach Lust, können wir wahre Glückseligkeit erfahren. Alles andere bindet uns an die Ebene der Dualität. In der *Transzendierung* unserer Bedürfnisse, und nicht der Verdrängung, liegt der Schlüssel zu wahrer Erfüllung. Über das Prinzip der Enthaltsamkeit können wir uns deshalb, wenn wir es richtig verstehen, aus der Dualität befreien.

Unsere Verbindung zum Universum hilft uns, in vertikaler Ebene alles Unwesentliche abzugeben und loszulassen, das sich in schädigenden Verhaltensweisen und Gewohnheiten äußert. Wenn wir unsere alten Glaubensinhalte und Konditionierungen loslassen und ans Universum abgeben, werden wir dafür mit Freiheit und Liebe beschenkt. Wir können z. B. die Vorstellung hingeben, dass andere Menschen für die Befriedigung unserer

Bedürfnisse und damit für unser Glück verantwortlich seien. Dieses Loslassen verstärkt unseren Zugang zum Wesentlichen und damit zu unserem wahren Glück. Denn nur das tiefe Bewusstsein unseres wahren Wesens kann uns wirklich erfüllen.

Nichtbesitzergreifen

Dieses Prinzip fördert ebenfalls unsere Fähigkeit zum Loslassen. Es macht uns bewusst, wann wir von Dingen oder Menschen Besitz ergreifen, sie also als unseren Besitz betrachten. Erst dann können wir uns von dieser inneren Haltung des Besitzens lösen, sowie damit zugleich auch aus der Identifzierung mit dem Objekt der Betrachtung.

Der Wunsch zu besitzen entspringt dem grundlegenden Bedürfnis nach Kontrolle. Um unser persönliches Leben so zu gestalten, wie es für uns förderlich ist, müssen wir einen gewissen Einfluss auf unsere Umgebung ausüben. Wir ziehen die Dinge in unser Leben, die für unsere Verwirklichung notwendig sind. Das Gefühl einer gewissen Beständigkeit und Verlässlichkeit brauchen wir dabei. Auf materieller Ebene äußert sich das darin, dass wir uns Dinge kaufen. Diese betrachten wir dann als unseren Besitz.

Wenn wir diesem Bedürfnis zu besitzen aber unbewusst folgen, dann führt dies irgendwann dazu, dass unser Besitz beginnt, *uns* zu besitzen. Wir dienen dann vielmehr unserem Besitz als dem Sinn unseres eigentlichen Daseins. Zu viel Besitz kann die Aufmerksamkeit zu sehr auf die Oberfläche richten. Wir stecken dann all unsere Energie in die Aufrechterhaltung eines gewissen »Lebensstandards«, ohne uns zu fragen, ob dies wirklich unserem Bedürfnis entspricht. Vielleicht befriedigt es nur unser Ego, das vor anderen Menschen etwas darstellen will oder auf materieller Ebene eine Sicherheit, einen Halt finden will, um sich damit zu identifizieren.

Wir glauben, wenn wir einmal etwas bezahlen, um einen Gegenstand zu erwerben, dann haben wir alles ausgeglichen. Tatsache ist aber, dass sich das Leben in jedem Moment selbst aktualisiert. Wir müssen immer wieder Energie investieren, um den Zustand des Besitzens aufrechtzuerhalten. Dinge, die wir besitzen, müssen wir in Ordnung halten. Wir müssen Vorkehrungen treffen, um sie nicht zu verlieren. Kurzum: Wir müssen uns um sie kümmern – vielleicht, indem wir viel arbeiten, um sie erhalten zu können wie z. B. ein Haus oder ein Auto. Und im Hintergrund schwebt möglicherweise die ständige Angst, unseren Besitz zu verlieren. Wenn dieser Verlust dann eintritt, erschüttert uns das oft tief, weil wir uns auf diese Dinge verlassen haben. Sie haben uns eine Illusion von Halt und Beständigkeit gegeben. Eine Beständigkeit, die wir uns aber praktisch immer wieder selbst erschaffen haben.

Und wie verhalten wir uns in zwischenmenschlichen Beziehungen? Auch da betrachten wir andere Menschen, z. B. unseren Partner und unsere Kinder, oftmals als unseren Besitz. Wir versuchen, andere bewusst oder unbewusst an uns zu binden. Wir beeinflussen sie, damit sie unseren Vorstellungen entsprechen und unsere Bedürfnisse befriedigen. Wir investieren viel Energie, um diesen Zustand zu erhalten. Auch hier schwebt im Hintergrund immer die Angst vor dem Verlust dieser Menschen mit, was eigentlich wahre Liebe verhindert. Abhängigkeit ist keine Liebe.

Besitz ist jedoch im Grunde nur eine Illusion. Es ist eine Beziehung zwischen uns und einem Ding oder Menschen, die in unserer Vorstellung existiert. In Wahrheit hat alles sein Eigenleben und folgt seinen eigenen Gesetzen. Alles ist vergänglich in dieser relativen Welt. Wenn wir uns an Gegenstände oder Menschen klammern und sie als unseren Besitz betrachten, entfremden wir uns dadurch von der Wahrheit. Natürlich ist es gut, für eine gewisse Beständigkeit im eigenen Leben zu sorgen, aber wenn diese zum Absoluten, zum Gesetz erhoben wird, nach dem sich alles zu richten hat, dann kreieren wir uns damit nur Leiden. Wir fürchten dann, etwas zu verlieren, das wir eigentlich niemals je besessen haben oder besitzen können.

Was erhalten wir, wenn wir unsere Neigung zu besitzen an das Universum abgeben? Wenn wir unsere Fixierungen auf der relativen Ebene loslassen, bekommt das wahre Leben mehr Raum. Wenn wir die Menschen in unserem Leben loslassen, dann können sie mehr sie selbst sein. Und wir sind weniger abhängig von ihnen. Unsere zwischenmenschlichen Beziehungen werden dadurch wesentlicher und lebendiger. Ohne Besitzanspruch können wir innerlich zur Ruhe kommen und uns mehr über uns selbst bewusst werden. Stärken wir unser Selbst-Bewusstsein, haben wir wiederum die Kraft, weiter loszulassen.

Wenn wir alles loslassen, was ohnehin vergänglich ist, wird das Ewige offensichtlicher. Sind wir uns dieses ewigen Urgrunds bewusst, entdecken wir, dass wir auf ganz natürliche Art und Weise mit allem, was ist, verbunden sind. Wir müssen es also nicht festhalten. Es ist ja immer da.

Der Strom des relativen Seins ist ein ewiges Kommen und Gehen. Wenn wir im Einklang mit dem großen Sein leben wollen, müssen wir fähig sein, die Dinge, die geschehen, anzunehmen und loszulassen, wie sie geschehen. Sobald wir festhalten, entfernen wir uns von der Wahrheit. Widerspruch und Leiden sind die Konsequenz.

Wir können uns eines gewiss sein: Das Wirkliche geht niemals verloren. Es ist, wie es ist – wie auch immer sich das gerade im Leben ausdrücken mag. Die Wahrheit ist ewig und doch immer wieder neu. Wir können also einfach loslassen und uns für die Erkenntnis der Wirklichkeit öffnen. Wenn etwas wirklich sein soll, dann wird es sich in einem Moment auch manifestieren. Wenn nicht, dann können wir es auch nicht erzwingen, sondern uns höchstens eine Illusion davon machen.

Durch das Gesetz der Resonanz aber werden wir ganz automatisch und natürlich immer die Dinge und Menschen in unser Leben ziehen, die unserem Entwicklungsstand gerade entsprechen und die uns wichtige Erfahrungen auf unserem Weg der Erkenntnis ermöglichen. So sorgt das Leben ganz automatisch dafür, dass wir immer das bekommen, was wir brauchen und wofür wir bereit sind – auch wenn wir manchmal glauben, etwas anderes zu brauchen. Wenn wir auf den Dingen und Beziehungen der Vergangenheit bestehen und uns daran klammern, obwohl sie vielleicht gar nicht mehr unserem Wesen entsprechen, verhindern wir damit unsere eigene Entwicklung und vielleicht auch die Entwicklung der anderen.

Das Prinzip des Nichtbesitzergreifens hängt eng mit dem Nichtstehlen und auch mit der sexuellen Enthaltsamkeit zusammen. Es fordert uns dazu auf, die Dinge zu vereinfachen, die wir brauchen, und uns auf das zu besinnen, was wir wirklich brauchen; was wirklich wesentlich ist für uns. Wenn wir aufhören, Besitz zu ergreifen, fällt es uns leichter, in unserer Mitte zu ruhen. Die Fixierung auf den Besitz bringt uns aus dem Gleichgewicht bzw. verhindert, dass wir es überhaupt finden. Die Kunst des Loslassens macht das Leben liebevoller und leichter.

Unser Leben zu vereinfachen und zu klären, wird uns immer

erleichtern. Die dazu nötige Aufräumarbeit fällt sowohl im Inneren als auch im Äußeren an. Sie trägt dazu bei, die Entropie unseres eigenen Lebens gering zu halten und sie zugleich immer wieder an die kosmische Ordnung anzugleichen – und damit an das eigene wahre Sein. Wie wichtig diese Form von Aufräumen ist, habe ich bereits geschildert.

Fest steht, dass wir viel mehr Energie verschwenden, als uns normalerweise bewusst ist. Wir brauchen sie auf, um all den Ballast mit uns herumzuschleppen, an dem wir hängen und mit dem wir uns identifizieren. Damit machen wir uns nur das Leben schwer. Denn das, was wirklich unserem Wesen entspricht, wird auch da bleiben, wenn wir es loslassen. Wir haben also nicht wirklich etwas zu verlieren. Wir geben nur der Wahrheit mehr Raum in unserem Leben, und das ist letztlich immer heilsam.

Schenken wir dem Leben und dem Universum mehr Vertrauen! In allem, was geschieht, liegt eine tiefe Weisheit verborgen. Aus allem, was geschieht, können wir etwas lernen. Das Beste, was wir tun können, ist also, uns für das, was wirklich geschehen soll, zu öffnen. Indem wir das Unwesentliche immer wieder loslassen und indem wir aufhören, Besitz zu ergreifen. Ohnehin ist uns im Leben alles nur geliehen, und wir müssen uns irgendwann davon trennen. Je stärker wir festhalten, umso schmerzvoller wird das Loslassen.

Auf unserer Suche nach Liebe und Geborgenheit erschaffen wir uns Leiden und Schmerz, wenn wir diese Suche auf die relative Ebene richten und sie in unserem Leben selbst erzwingen wollen. Denn damit sinken wir tiefer in die Dualität. Wenn aber wirkliche Liebe und Geborgenheit existieren, wenn wirkliche Verbundenheit existiert, dann existieren sie auch hier und jetzt, in der Wirklichkeit der Gegenwart.

Das Nichtbesitzergreifen bzw. das Loslassen ist eine Grundlage für mehr Wahrhaftigkeit sowie auch für nicht-schädigendes Verhalten. Wenn wir uns mehr auf uns selbst besinnen und uns aus den Abhängigkeiten und Verstrickungen mit anderen lösen, können wir angstfreier zu uns selbst stehen. Paradoxerweise bewirken Angst und Fixierung sich gegenseitig. Aus der Angst heraus vergrößern wir die Fixierung, und diese vergrößert die Entfremdung von der Wahrheit. Somit fürchten wir uns wieder mehr vor der Vergänglichkeit und dem Verlust. Das Loslassen ist das Ende unserer Angst und der Beginn der Authentizität, wobei natürlich auch Angst eine Wahrheit ist, zu der man stehen kann – was auch wieder Mut und Stärke erfordert.

Wir können außerdem liebevoller mit anderen umgehen, denn das Besitzergreifen entwürdigt und schädigt den Menschen. Es versucht, ihn zu einem Objekt zu degradieren, über welches man je nach Bedarf verfügen kann. Leben wir das Prinzip des Nichtbesitzergreifens, können wir erst wirklich menschlich und liebesfähig sein.

Reinheit

Dieses Prinzip hilft uns vor allem dabei, unsere Wahrhaftigkeit zu entfalten. Wir können uns selbst klären und uns somit innerlich von Ballast und Unstimmigkeiten reinigen. Wenn wir in uns selbst unordentlich und »unrein« bzw. unklar sind, dann spiegelt sich das in unserer Wirkung auf die Umwelt wider – egal, welche Fassade wir uns angelegt haben, um diese Unordnung zu ver- stecken. Sie wirkt auf energetischer Ebene im Hintergrund, und somit ganz unmittelbar. Unsere eigene innere Unklarheit oder Unreinheit trübt die Kraft unserer Authentizität. Wenn wir uns über unsere eigene innere Wahrheit nicht einmal bewusst sind, oder wenn wir nicht fähig sind, alle inneren »Wahrheiten« auf einen Nenner zu bringen, dann wird auch unser Handeln chaotisch sein. Unser Leben wird widersprüchlich und unrein. Umgekehrt erzeugt jede bewusste Lüge und Unaufrichtigkeit gegenüber der Außenwelt innere Unordnung. Sie trüben die Reinheit und die Kraft des eigenen Wesens. Somit ist Reinheit auch eine wichtige Basis für ein nicht-schädigendes Leben und Verhalten.

Schuldgefühle spielen in diesem Zusammenhang eine große Rolle, denn sie weisen oft auf innere Unreinheiten und Unklarheiten hin. Wenn ein Mensch sich innerlich rein fühlt, wenn er sein inneres Licht spürt und aus diesem Licht heraus handelt, dann wird er sich nie schuldig fühlen – auch wenn andere Menschen vielleicht versuchen, Schuldgefühle in ihm zu wecken, um ihn zu manipulieren. Innerlich rein zu sein heißt, ohne Schuld, also im wahrsten Sinne des Wortes un-schuldig zu sein. Aufrichtigkeit ist die Basis für diese Unschuld und Reinheit, und diese sind wiederum der Schlüssel zu wirklichem Glück und wahrhafter Liebe.

Jemand, der von seiner eigenen Schuldigkeit bedrückt wird, ob nun bewusst oder unbewusst, ist normalerweise nicht empfänglich für die Schwingung der universellen Liebe – es sei denn, er »opfert« seine Schuld an das Universum und öffnet sich somit bewusst für die Gnade der *Vergebung*, die ihn von seiner Schuldigkeit und somit aus dem Teufelskreis, in dem er sich befand, befreit.

Wie können wir also zu echter Reinheit und Unschuld finden? Indem wir nicht verdrängen, sondern uns von Schuld und Unechtheit erlösen. Dafür müssen wir aufrichtig uns selbst gegenüber sein. Erst dadurch können wir uns der eigenen Schuldigkeit stellen und sie aus tiefstem Herzen hingeben.

Innere Reinheit ist die Basis für inneren Frieden. Dies wird sich auch im Außen widerspiegeln, in einer gewissen natürlichen, leichten Ordnung des Lebens, in einer Einfachheit und Klarheit des Handelns, in einer natürlichen Reinheit und Sorgfalt, was auch den Körper und die materielle Umgebung des Menschen betrifft. Dies ist dann keine Fassade, sondern es geschieht ganz mühelos aus der inneren Reinheit heraus. Es gibt keine Widerstände mehr, die dies verhindern.

Im Zustand der inneren Klarheit und Reinheit kann das innere Licht ungehindert und ungetrübt nach außen dringen und in die Welt leuchten, da die mittlere Schicht durch die Bewusstseinsarbeit gewissermaßen »geleert« wurde. Und so können wir auch auf unsere Umgebung und unsere Mitmenschen eine heilsame, regenerierende Wirkung haben, die ihnen mehr Leichtigkeit und Klarheit bringt. Unsere eigenen Beziehungen können wir damit sehr bereichern und vereinfachen.

Eine solche echte Klarheit und Reinheit sind die Wurzeln einer natürlichen, tieferen Schönheit, jenseits oberflächlicher »Schönheitsideale«. Diese Schönheitsideale versuchen, ein künstliches Abbild dieser wahren Schönheit in der Welt der Entfremdung zu schaffen. Der heutige »Schönheitswahn« spiegelt die Sehnsucht des Menschen nach wahrer, tieferer Schönheit wider. Auf diesem Weg kann sie jedoch nicht erreicht werden – im Gegenteil: Ein solcher Schönheitsfanatismus verhindert geradezu, dass die Menschen sich aus den oberflächlichen Identifizierungen lösen. Die Fixierung auf Schönheitsideale verstärkt den Dualismus und verhindert dadurch die innere Klarheit und Reinheit der Seele.

Jeder, der innerlich klar und rein ist, ist automatisch auch schön, denn sein inneres Licht kann dann ungehindert leuchten und andere inspirieren. Diese tiefe innere Schönheit aber ist mit oberflächlichen Idealen und Normen kaum fassbar, sondern vor allem mit dem Herzen spürbar. Sie ist jenseits konkreter, oberflächlicher Konzepte der Ästhetik, sondern eröffnet uns die Sicht auf eine »universelle« Ästhetik, die allem Sein innewohnt.

Das Prinzip der Reinheit erinnert uns daran, uns selbst zu klären. Es gibt uns wichtige Impulse, um unsere *natürliche* Reinheit und unsere *innere* Schönheit zu bewahren und zu leben.

Zufriedenheit

Viele Menschen behaupten von sich, zufrieden zu sein mit ihrem Leben. Sie haben ihre Träume aufgegeben und geben sich oberflächlich mit dem zufrieden, was sie haben. Im Inneren tragen sie jedoch Hoffnungen und Sehnsüchte mit sich herum, welche sie häufig verdrängen, um den oberflächlichen, äußeren »Frieden« nicht zu stören.

Das ethische Prinzip der Zufriedenheit meint jedoch nicht diese Bequemlichkeit und Passivität. Eine solche »Zufriedenheit« ist im dualistischen Denken verwurzelt und wäre ein Zeichen von Unaufrichtigkeit sich selbst gegenüber. Wenn ich von Zufriedenheit spreche, geht es vielmehr um die Kunst, im gegenwärtigen Moment *glücklich* zu sein. Das heißt gerade nicht, um des lieben Friedens Willen zu verharren, während in Wirklichkeit eine tiefe Unzufriedenheit existiert. Es bedeutet vielmehr, echte Erfüllung zu finden.

Wie können wir im gegenwärtigen Moment glücklich sein – unabhängig von den äußeren Umständen und ohne in Illusionen zu fliehen? Wie können wir in völliger *Bewusstheit* glücklich sein? Die Antwort liegt paradoxerweise gerade darin, sich bedingungslos für die Realität der Gegenwart zu öffnen. Wir können uns oberflächlich zufrieden fühlen, indem wir die Wahrheit verdrängen, aber dadurch drehen wir uns im Kreis. Sobald wir uns aber vorurteilsfrei für die Wahrheit des Augenblicks öffnen, können wir tiefer sehen und uns der absoluten Wahrheit nähern. Im Grunde sind es nur unsere dualistischen Bewertungen, die uns unglücklich und unzufrieden machen. Enden diese, dann hat die Wahrheit Raum zu sein und sich zu entfalten, und das erfüllt und macht in tieferem Sinne glücklich.

Das ethische Prinzip der Zufriedenheit weist uns darauf hin, dass die Ursache für den Frieden, die wahre *Zufriedenheit*, in uns selbst liegt. Wir können sie selbst bewirken, indem wir die Gegensätze integrieren und aussöhnen, indem wir unser Bewusstsein schulen und lernen, uns zu desidentifizieren.

Viele von uns streben nach Dingen, Ereignissen oder Erlebnissen in der Zukunft, um vor der Gegenwart zu fliehen – gemäß dem Lust-Unlust-Prinzip. Dieses Streben müssen wir aufgeben, damit wir für die Gegenwart überhaupt empfänglich werden und ihre wahren Potenziale spüren können. Wenn wir uns für diese öffnen, dann können sie sich aus sich selbst heraus in unserem Dasein entfalten. Und das ist das, was wirklich glücklich macht.

Wahre Zufriedenheit entsteht dann, wenn wir uns im ewigen Moment der Gegenwart geborgen fühlen, wenn wir Liebe fühlen für das ganze Sein und wenn wir völlig frei sind, unsere Fähigkeiten zu entfalten. Hier und jetzt. Die Voraussetzung dafür ist die innere Aufräumarbeit, denn nur, wenn wir innerlich in Frieden leben, dann können wir auch wirkliche Zufriedenheit spüren – in jedem Moment und unabhängig von äußeren Umständen. Wir müssen unseren Frieden machen mit »Gott«, der Welt und uns selbst. Dies kann uns niemand abnehmen.

Wahre Zufriedenheit hat auch für den Mangel und die Unvollkommenheit Raum, denn sie ist jenseits der Dualität. Es ist die Fähigkeit, alles anzunehmen, wie es ist, und bewusst und frei im Fluss des Lebens zu schwimmen. Diese Fähigkeit der Hingabe an das Leben verbindet uns mit dem absoluten Urgrund des Seins. Durch die Hingabe an das Sein ist es uns erst möglich, aus diesem ewigen Potenzial zu schöpfen.

Was hält uns davon ab, jetzt wahrhaft zufrieden und glücklich zu sein? Nur die momentanen Grenzen unseres eigenen Bewusstseins! Vor allem unsere Identifizierung mit der relativen Raumzeit. Der Schlüssel zum wahren Glück liegt nicht irgendwo in der Zukunft. Denn alles, was ist, ist jetzt. Wir sind auch nicht auf äußere Umstände wie Geld, eine Partnerschaft oder eine Änderung der gesellschaftlichen Situation usw. angewiesen, um unser Glück zu finden. Das Glück liegt weder in der Zukunft noch irgendwo im Außen. Es liegt allein im Hier und Jetzt. Denn dies ist unser einziger unverfälschter Zugang zur Wahrheit. Daran erinnert uns das Prinzip der Zufriedenheit. Es gibt uns einen Impuls, uns auf den Moment zu besinnen und ihn in seinem ganzen Sein anzunehmen.

Viele streben danach, die Welt und andere zu verändern, um selbst glücklich zu sein. Dies hat jedoch noch nie funktioniert und wird auch nie funktionieren, da man mit einem solchen Verhalten nur den eigenen inneren Unfrieden und die eigene Dualität in die Welt entsendet. Dies führt zu entsprechenden Wirkungen, wie wir sie beobachten können. Unglückliche Menschen erschaffen eine unglückliche, zerrissene, dualistische Gesellschaft und ebensolche Beziehungen.

Wir müssen nicht die Welt verändern, um glücklich zu sein, sondern *wir müssen glücklich sein, um die Welt zu verändern!* Nur ein glücklicher, von Liebe erfüllter Mensch hat einen wirklich heilsamen Einfluss auf die Welt. Die wahre Änderung geschieht im Inneren – nicht als Revolution, sondern als Evolution.

Das Prinzip der Zufriedenheit kann uns helfen, uns für die Gegenwart und auch für unsere eigene innere Wirklichkeit zu öffnen. Wir können Dinge und Umstände besser annehmen, wie sie sind. Dadurch wird wirkliches Verständnis möglich. Und was wir wirklich verstanden haben, können wir auch loslassen. In der Kunst des Loslassens finden wir wiederum einen wichtigen Schlüssel zur Zufriedenheit.

Der innere Frieden bietet uns eine wesentliche Grundlage, um nicht-schädigend und wahrhaftig zu leben. Denn dann können wir andere vorurteilsfreier sehen und sie in ihrem So-Sein würdigen. Innerer Frieden bewirkt äußeren Frieden. Zugleich leben wir im Einklang mit unserer eigenen Wahrheit und können auch im Außen gelassen dazu stehen.

Es gibt einen weisen Spruch, der lautet: »Freude ist Liebe zu dem, was ist. Kummer ist Liebe zu dem, was nicht ist.« Dieser Spruch bringt das Prinzip der Zufriedenheit auf den Punkt. Nicht nur das, was ist, bestimmt unser Gefühl, sondern vor allem unsere eigene Haltung dazu. Wenn wir unsere Einstellung ändern, dann ändert sich unser Leben. Erinnern wir uns daran, dass in allem, was existiert, Wahrheit enthalten ist – in jedem Moment. Wenn wir aufhören, Aspekte des Lebens auszuschließen, und beginnen, dieses ungeheure Potenzial zu erkennen und zu leben, dann sind Glück, Erfüllung und Wahrheit allgegenwärtig. Das liegt in der Natur der Dinge. Denn das ist das Ende der Dualität. Es ist vor allem eine Frage unseres Bewusstseins.

Duldsamkeit

Das Prinzip der Duldsamkeit steht für die Qualitäten des Kriegers, der sich dem Leben stellt, ohne von seinem Weg abzuweichen, auch wenn ihm schwierige Situationen begegnen. Ebenso wie die anderen ethischen Qualitäten ist es nicht dualistisch gemeint. Es geht also nicht etwa um Selbstaufgabe und um sinnloses Erdulden von Umständen aus einer inneren Schwäche heraus. Eine solche »Duldsamkeit« entspringt dem Ego-Ich, das den Weg des geringsten Widerstands geht. Wahre Duldsamkeit dagegen ist gegründet in echter Selbst-Bewusstheit.

Diese wahre Duldsamkeit ist eine wesentliche Basis für Wahrhaftigkeit, und zugleich hilft uns diese Haltung, andere nicht zu schädigen, denn die meisten Angriffe gegen andere resultieren aus einer Haltung der inneren Schwäche heraus. Nur ein Mensch, der wahrhaft duldsam sein kann, wird Angriffen oder Versuchungen widerstehen, die ihn von seiner Bahn abbringen wollen, und unbeirrt seinen Weg gehen. Wir bleiben mithilfe dieses Prinzips innerlich im Gleichgewicht und lernen, mit den eigenen Gefühlen und inneren Zuständen besser umzugehen.

Diese innere Stärke benötigen wir, damit wir den zeitweise auftretenden Schmerzen der Erkenntnis und des Lebens nicht ausweichen, sondern sie annehmen und daraus lernen. Duldsamkeit hilft uns z. B. in einem Zustand des emotionalen Aufruhrs dennoch bewusst, klar und frei zu bleiben. Unsere Qualitäten des neutralen Beobachters werden gestärkt und beruhen gleichzeitig auf der Duldsamkeit. Selbst in schwierigen Situationen kann uns dieses Prinzip zu tiefer innerer Ruhe und Gelassenheit führen. Wir können uns dabei in unserem Selbst verwurzeln und die Ereignisse wie Wellen auf dem Ozean betrachten, die kommen und gehen. Egal, wie hoch die Wellen sind – wir bleiben fest verwurzelt in unserem Kern und beobachten einfach, ohne uns mitreißen zu lassen. Wir machen uns bewusst, dass alles kommt und geht, sehen die Relativität der Dinge und gründen uns in Ewigkeit.

Wir benötigen ebenfalls ein hohes Maß an Duldsamkeit, um uns den Unbestimmtheiten des Lebens zu stellen und nicht in die Fixierungen der Dualität zu fallen. Um wirklich offen zu sein für das, was ist, müssen wir der Neigung, Dinge vorschnell festzulegen oder zu beurteilen, widerstehen. Wir müssen die Unsicherheiten dulden, die ein wesentlicher Aspekt der Wahrheit sind, auch wenn dies manchmal unangenehm sein mag. Die Fähigkeiten, Unbestimmtheit auszuhalten, ist ein elementares Merkmal von Weisheit. Ohne diese Fähigkeit könnten wir unser Gleichgewicht nicht bewahren.

Mit uns selbst müssen wir auch geduldig sein, denn unser individueller Weg hat seine eigene Geschwindigkeit und seine eigenen Gesetze. Zwar können wir in jedem Moment Zugang zu allem haben, was ist, aber auf der relativen Ebene unserer Lebensumstände brauchen wir manchmal Geduld. Dann müssen wir warten, bis sich die Geschehnisse, die wir auf der absoluten Ebene erfahren, und die Impulse, die wir setzen, manifestieren können. Und dies geschieht dann vielleicht auch auf ganz andere Weise, als wir es uns vorgestellt hatten.

Duldsamkeit hat viel mit *Demut* zu tun. Doch was bedeutet es, demütig zu sein? Normalerweise versteht man darunter das unterwürfige Verhalten eines Menschen, der sich selbst kleiner macht, als er ist. Dies entspringt aber einer dualistischen Sichtweise. Demut, wie ich sie verstehe, bedeutet vielmehr, sich darüber bewusst zu sein, dass alles seine eigenen Gesetze hat, dass das Universum seinen eigenen Plan verfolgt und auch der eigene Lebensweg bestimmten Gesetzen folgt. Diese müssen wir achten, um im Einklang mit dem großen Ganzen leben zu können. Auch die Lebenswege der anderen Menschen unterliegen eigenen Gesetzen. Es gibt so vieles, was wir gar nicht wissen können. Die

Weisheit des Universums geht weit über die eines einzelnen Menschen hinaus – so viel er auch erkannt haben mag.

Demütig zu sein bedeutet, sich dieser Tatsachen bewusst zu sein und sich nicht darüber erheben zu wollen. Alles andere würde nur zu Leiden führen und uns von der Wahrheit entfremden. Stattdessen hilft es uns, die Gegebenheiten der Natur und des Lebens einfach als das zu erkennen, was sie sind. Wir können sie nutzen, indem wir ihnen bewusst Raum geben, um in unserem Leben zu wirken. Aus dieser Haltung der Demut und Hingabe an das große Sein können sich erst unsere wahre Größe und Stärke entfalten, die immer im *Dienen* liegen. Wenn wir dem kosmischen Prinzip dienen, dann wird das Universum uns dafür mit grenzenloser Energie versorgen. Widersetzen wir uns jedoch dem kosmischen Prinzip, dann verschließen wir uns damit zugleich vor dieser ewigen Quelle von Energie, Liebe und Weisheit.

Wenn wir in Demut leben und alles Unwesentliche an das Universum abgeben, erhalten wir sehr viel Wesentliches dafür, wie z. B. Inspirationen und Impulse, die uns den richtigen Weg weisen können. Dies wiederum macht uns stark und frei, um im Leben aus der inneren Kraft heraus handeln und wirken zu können. Zugleich entwickeln wir die Fähigkeit zur Duldsamkeit, die uns hilft, auf unserem Weg zu bleiben und unser Gleichgewicht zu bewahren.

Das ethische Prinzip der Duldsamkeit hilft uns also, heldenhaft zu sein und uns der Wirklichkeit zu stellen, wie sie ist – sowohl der äußeren als auch der inneren. Diese innere Stärke ist nur in einer Haltung echter Demut der äußeren und inneren Wahrheit gegenüber möglich. Demut und Selbstverwirklichung sind in ihrer Essenz praktisch eins. Sie sind das Ergebnis, wenn wir uns aus der Diktatur des Ego-Ich befreien und uns hingeben an das Sein.

Wenn wir unsere wahre innere Stärke entfalten, sind wir in der Lage, den Weg des friedvollen Kriegers zu gehen. Dieser Weg ist nicht zerstörerisch, sondern zutiefst heilsam. Nur wer schwach ist, glaubt, sich durch Angriff oder Gegenwehr verteidigen zu müssen. Er kämpft ständig gegen Wahrheiten. Der friedvolle Krieger aber kämpft *für* Wahrheiten. Er hat es nicht nötig, jemanden zu verletzen oder zu beleidigen, sondern er wünscht allen Dingen ihre Freiheit. Er hat tiefes Vertrauen in seine eigene Kraft, die auf wahrer Selbst-Bewusstheit beruht. Unbeirrt kann er deshalb seinen Weg gehen. Die Qualität der Duldsamkeit ist der »Schutzschild« eines solchen Kriegers, während seine »Waffen« das Licht der Erkenntnis und das Licht der Liebe sind.

Uns auf die Duldsamkeit zu besinnen hilft uns, die Qualitäten unseres »inneren Helden« zu entwickeln. Dadurch können wir dem Leben sowie den Mitmenschen leichter aus dieser inneren Stärke und Gelassenheit heraus begegnen – in jedem Moment.

Studium

Das Prinzip des Studierens bezieht sich nicht auf ein Studium an einer Hochschule, sondern darauf, sich für all die Erkenntnisse zu öffnen, die das Leben uns bringen möchte. Alles ist wahr, und in allem ist eine tiefe Wahrheit enthalten, auch wenn es an der Oberfläche entfremdet scheinen mag. In diese Tiefe einzudringen, ist Nahrung für unsere Seele, die sich dadurch ihrer eigenen Tiefe und Schönheit bewusster werden kann.

Zu studieren bedeutet, sich für die Wahrheit zu öffnen und den eigenen Geist zu nähren. Es geht nicht darum, Informationen zu konsumieren oder stumpfsinnig zu pauken, so, wie es an den Schulen und Universitäten heutzutage oftmals noch gefordert wird. Wahres Studieren ist in seiner Essenz das tiefe Durchdringen, das Verdauen der Informationen. Wir wählen dabei bewusst das aus, was in einem bestimmten Moment gerade die richtige Nahrung für uns ist. Dieses Studium muss im Einklang mit dem eigenen Rhythmus geschehen, da das tiefe Verstehen seine eigene Zeit braucht, so, wie auch die materielle Nahrung ihre Zeit braucht, um verdaut zu werden.

Was wir tief verstehen, das verwandelt uns ein Stück und verschönert damit unsere Welt, weil wir dadurch dem wahren Wesen der Dinge begegnen. Dagegen ist die bloße Anhäufung von Worten und Informationen sinnlos. Zumeist dient sie nur dem eigenen Ego, das sich viel darauf einbildet. Jemand, der viel »weiß«, gilt in unserer Gesellschaft als gebildet, aber diese Bildung kann auch *Ein*bildung sein, wenn sie nur dem Ego dient. Man kann viel »wissen«, ohne wirklich etwas zu verstehen und ohne über irgendetwas wirkliche Gewissheit zu haben. Wirkliche Gewissheit ist nur möglich, wenn wir eine individuelle, tiefe Beziehung zu den Dingen aufbauen – auf der Ebene des Herzens und des Verstandes. Wenn wir also den absoluten Aspekt einbeziehen, wie wir am Anfang des Buches gesehen haben. Wenn das Wissen nur an der Oberfläche bleibt und die Gehirne der Menschen füllt, ohne verdaut und durchdrungen zu werden, dann führt es nur zu Verwirrung und Widersprüchlichkeiten. Wollen wir etwas tief verstehen, mit Herz und Verstand, dann braucht dieser Prozess seine eigene Zeit – jenseits von Leistungsdruck und Bewertungszwang.

Nur ein solches, natürliches und freies Lernen kann uns Menschen bewusster und damit unsere Welt schöner und menschlicher machen. Was nützt alles Wissen der Welt, wenn wir uns emotional immer noch auf der Stufe unserer evolutionären Vorfahren befinden? Der Mensch nennt sich gern »intelligent« und ist stolz auf die mechanischen Funktionen seines Denkens. Wahre Intelligenz jedoch ist mehr als das! Sie äußert sich in einer ausgesprochenen Bewusstheit und Kreativität des Geistes. Sie ist nicht das, was die Intelligenztests messen. Sie ist kein stupides Antworten auf vorgegebene Fragen. Ein wahrhaft intelligenter Mensch würde sich wahrscheinlich kaum freiwillig einer solchen Prozedur unterziehen, weil der Sinn darin für ihn fraglich wäre. Ohnehin dient ein hoher IQ-Wert meist nur dem Ego, und damit ist nicht viel gewonnen.

Wir müssen aber nun nicht warten, bis sich die gesellschaftlichen Strukturen ändern, um angemessenere und menschlichere Lernbedingungen zu haben. Wir sind auf dem Weg zu unserer Erkenntnis und Bewusstwerdung nicht auf gesellschaftliche Institutionen angewiesen, auch wenn sie uns gelegentlich inspirieren können. Für unseren eigenen Lernprozess sind wir selbst verantwortlich. Normalerweise wartet der Mensch, bis man ihn geistig füttert in vorgegebenen Strukturen, so, wie ein Säugling darauf angewiesen ist, dass die Mutter kommt und seinen Hunger stillt. Wir müssen aufwachen und selbst die Verantwortung übernehmen. Die Welt ist voller Wissen, voller Weisheit. Wir können aus diesem reichhaltigen Angebot das auswählen, was wir gerade brauchen. Dies ist ein Zeichen geistiger Reife und fördert diese wiederum.

Wie Sie sehen, geht es im Prinzip des Studierens nicht darum, bloßes Wissen anzusammeln. Dies hätte keinen tieferen Sinn und würde unverdaut nur die innere Unordnung vergrößern und uns den Zugang zum Wesentlichen erschweren. Nein, es geht um *In-*

spiration, um eine Einsicht in das wahre Wesen der Dinge, die letztlich jenseits der Worte und Konstrukte geschieht. Worte können uns höchstens dazu anregen, wenn wir uns für ihre tiefere Bedeutung öffnen. Es geht darum, die richtigen Impulse zur richtigen Zeit zu erhalten.

Diese Offenheit liegt in unserer eigenen Verantwortung. Wir können uns die Informationen besorgen, die uns in einer bestimmten Zeit weiterhelfen können, indem sie unser Verständnis und vielleicht auch unsere Herzensqualitäten fördern. Dies kann in Form von Büchern oder anderer Literatur geschehen, geht aber weit darüber hinaus. Auch Musik oder Kunstwerke können wertvolle Inspirationen enthalten, die uns für neue Perspektiven oder Dimensionen öffnen. Pflanzen und Tiere in der Natur können unser Verständnis von der Welt ebenfalls sehr bereichern. Wir müssen einfach nur bewusst und unvoreingenommen hinsehen.

Normalerweise bezeichnet unser Denken alles mit Begriffen und ordnet all unsere Erfahrungen in bestehende Modelle ein. Wenn wir jedoch einmal etwas betrachten, ohne zu denken und zu klassifizieren, eröffnen sich uns ganz neue Möglichkeiten der Erkenntnis. Wir dringen tiefer in das Wesen der Dinge ein und betrachten sie unverfälschter. Aus den erhaltenen Impulsen und Informationen können wir dann unser eigenes, individuelles Wissen konstruieren. Dies bedeutet zu studieren. Nicht mit dem bloßen Denken, sondern mit allen Sinnen.

Durch diese tiefere Einsicht verstärkt sich unsere Verbundenheit mit dem Absoluten. Dadurch entfaltet sich auch unsere Liebesfähigkeit, was wiederum die Qualität des Nichtschädigens fördert. Durch unseren Bezug zum Absoluten und die tiefere Erkenntnis stärken wir auch unsere Fähigkeit zur Wahrhaftigkeit.

Das Prinzip des Studiums hilft uns maßgeblich dabei, uns zu entwickeln. Es bedeutet, dass wir auf die Bedürfnisse unseres Geistes nach Nahrung ebenso hören sollten wie auf die Bedürfnisse unseres Körpers. Wohlgemerkt die Bedürfnisse des Geistes, nicht des Egos. Das Ego möchte einfach konsumieren, um sich selbst zu bestätigen. Der Geist aber will erkennen und wirklich begreifen. Viele sind sich ihrer geistigen Bedürfnisse überhaupt nicht bewusst oder verdrängen sie, vielleicht aus Angst vor Veränderung. Möglicherweise fürchten sie, etwas zu erkennen, was dem Ego nicht gefallen könnte. Oder sie haben einfach aufgegeben, Fragen zu stellen. Ihr Geist folgt den Bedürfnissen ihres Körpers und den Erfordernissen ihres Alltags. In diesem Zustand hat das Denken keine Eigenständigkeit, sondern folgt einfach willenlos dem Geschehen.

Wahrhaftiges Studieren regt unseren Geist an, seine wahren Möglichkeiten zu erkennen und zu entfalten. Indem wir ihm die passende Nahrung geben, erhält er Energie, um zu wachsen und stärker zu werden. Ein starker Geist wiederum ist die Voraussetzung für ein selbstbestimmtes Leben, das erst wirkliche Erfüllung bringen kann.

Wir können unseren Geist nach und nach aus der Diktatur des Denkens befreien und alte, hinderliche Begrenzungen, Verhaftungen und Konditionierungen auflösen. Unser Geist »heilt« über das Prinzip des Studiums sozusagen, indem dieses ihn in Ordnung bringt und in ihm Klarheit schafft. Wenn wir etwas wirklich geistig verarbeiten und durchdringen, dann haben wir alles andere als einen »vollen Kopf«. Wir erfahren eine geistige Weite und Leichtigkeit, eine große Flexibilität und Kreativität, Klarheit und Transparenz. Wir erfahren neue Dimensionen und Perspektiven, womöglich sogar eine größere, tiefere und umfassendere Bewusstheit. Dieser Lernprozess hat nie ein Ende, denn die Wahrheit ist grenzenlos, und das Leben ist ständig neu.

Schon bei der Lektüre dieses Buches können Sie das Prinzip des Studierens umsetzen, wenn sie es mit *allen* Sinnen lesen. Ich wünsche Ihnen, dass die Worte Sie dazu inspirieren.

Gedenken

Uns auf die Gaben zu besinnen, die das Leben uns schenkt, bedeutet Gedenken. Dies betrifft nicht nur äußere, sondern auch unsere inneren geistigen und seelischen Möglichkeiten und Gaben.

Das Gedenken können wir praktizieren, indem wir uns gelegentlich die Zeit nehmen, uns darüber bewusst zu werden, welch ein großes Geschenk des Lebens wir erhalten haben. Wir können uns vergegenwärtigen, welches Wunder es ist, dass wir hier in diese Welt geboren wurden, und welch große Unterstützung wir ständig von der Welt erhalten. Dieses Bewusstsein kann eine zutiefst heilsame Wirkung haben. In uns entsteht ein Gefühl tiefer Dankbarkeit. Je dankbarer wir sind, nicht als oberflächliche Geste, sondern tief im Inneren, umso mehr »Geschenke« können wir wiederum erhalten. Wir können uns dann dafür öffnen, all die Möglichkeiten des Lebens und das tiefe Geheimnis darin überhaupt erst wahrzunehmen. Diese Entdeckung kann uns zur Basis der Wahrheit, zur ewigen Quelle unseres Seins und aller Dinge führen. Sie macht uns offener und achtsamer gegenüber den Dingen und führt uns so zu einem weiteren und tieferen Verständnis ihrer Natur.

Voraussetzung, um diese tiefe Dankbarkeit empfinden zu können, sind eine gewisse innere Reinheit und Klarheit. Ein Mensch, der innerlich in Unfrieden und Spaltung lebt, wird sich kaum von selbst für diese Dimension öffnen können. Er lebt in der Haltung der Bedürftigkeit und kann so das, was er vom Leben ständig erhält, kaum als solches erkennen und würdigen. Er lebt in einem Gefühl des Mangels, welcher eigentlich ein innerer Mangel ist. Daher ist ihm die Einsicht in die tatsächliche Fülle, in der er lebt, verwehrt.

Das ethische Prinzip des Gedenkens kann uns dabei helfen, aus den dualistischen Strukturen auszusteigen und die Dinge einmal aus einer anderen Perspektive zu sehen. Indem wir uns bewusst auf das Gedenken einstimmen, können wir einen Impuls setzen, der uns hilft, uns für eine tiefere Sicht zu öffnen. So können wir die Dualität überwinden und zu tieferer Einsicht finden.

Was bedeutet das konkret? Wir können beispielsweise unserer täglichen Nahrung gegenüber dankbar sein, indem wir uns bewusst machen, dass die Pflanzen oder auch Tiere, die wir essen, für uns ihr Leben gegeben haben. Sie haben daher all unsere Liebe und Achtung verdient. Wir können liebevoll und achtsam mit unserer Nahrung umgehen, womit wir zugleich das Leben dieser Geschöpfe würdigen. Wenn wir aber unachtsam, undankbar oder sogar maßlos essen, um damit vielleicht die seelische Leere zu füllen, behandeln wir die Lebewesen respektlos. Wie wir sehen, führt das zur Ausbeutung der Natur und auch zu psychischen und gesundheitlichen Problemen des Menschen wie Essstörungen und Übergewichtigkeit mit allen möglichen Folgeerkrankungen. Wir sind uns über den eigentlichen Wert der Nahrung oft nicht bewusst, den tatsächlichen Wert eines Lebewesens können wir überhaupt nicht mit finanziellen Mitteln erfassen. Daher konsumieren wir Nahrung einfach oder verwenden sie für den eigenen Genuss, anstatt achtsam und in Dankbarkeit zu essen.

Das Prinzip des Gedenkens fördert unser Bewusstsein über die Gaben des Lebens, die wir ständig verbrauchen, ohne uns ihrer überhaupt gewahr zu werden. Dies betrifft nicht nur die

Nahrung, sondern auch das Wasser, das wir verbrauchen, das »Blut« der Erde, und all ihre Energien und Gaben, die wir oft benutzen, als wenn es selbstverständlich wäre.

So vieles musste geschehen, damit wir heute hier leben können. Das Gedenken kann sich somit auch auf die unendliche Reihe von Ahnen und Vorfahren beziehen, die durch ihr Leben und ihre Entwicklung dazu beigetragen haben, dass wir heute hier so leben können, wie wir leben – mit all den Potenzialen und Möglichkeiten, die damit verbunden sind. Es bezieht sich aber auch auf die Kräfte des Universums, die unser Leben bewirken und erhalten in jedem Augenblick unseres Seins.

Wir können in einem Gefühl der Achtsamkeit und tiefen Dankbarkeit leben, wenn wir uns von unseren engen geistigen Grenzen und Maßstäben – und somit von unserer Ignoranz – befreien. Wenn wir offen sind für das Sein und das Leben, wie immer es auch sein mag, und die tiefe Wahrheit darin sehen können, dann können wir auch dankbar sein für alle Erfahrungen, die wir auf unserem Weg machen und die uns wachsen und reifen lassen. Manche mögen vielleicht im ersten Moment schmerzhaft oder unverständlich sein, aber jede Erfahrung hat ihren Sinn und kann uns helfen, wenn wir ihre wahre Bedeutung verstehen. So können wir für jede Erfahrung dankbar sein, weil wir durch sie lernen und wachsen können.

Die Dankbarkeit ist eine logische Konsequenz der Offenheit und Bewusstheit, und sie verstärkt diese wiederum. Wir setzen durch das Gedenken den nötigen Impuls, um aus dem Teufelskreis der Ignoranz auszubrechen und ihn in einen Engelskreis zu verwandeln. Je öfter wir uns Zeit nehmen, um mit dem Geist und dem Herzen zu gedenken, zu danken, umso mehr wird uns dieses Bewusstsein in Fleisch und Blut übergehen. Dies ist das große Potenzial in allen ethischen Prinzipien. Voraussetzung ist nur, dass dieser Prozess in Freiheit geschieht. Man kann niemanden dazu zwingen, auf bewusste, achtsame Weise dankbar zu sein, und das wäre auch sinnlos. Wahre Dankbarkeit muss wie jede ethische Qualität von innen kommen, aus der tiefen und unverfälschten Einsicht heraus. Alles andere würde nur zu Heuchelei und Verfälschung führen. Es würde die innere Spaltung nur vergrößern, anstatt diese zu heilen.

Das Gedenken ist praktisch ein stilles Gebet, ein wortloser Dank, der sich an das Universum und die ganze Welt richtet. Wir danken zugleich der Quelle des eigenen Seins sowie dem ewigen Ursprung allen Seins, der uns grenzenlose Energie und Liebe zur Verfügung stellt.

Wir besinnen uns dadurch mehr auf das Wesentliche und können aus der Haltung der tiefen Dankbarkeit einen heilsamen Weg finden, um mit uns selbst und unserer Umwelt achtsam umzugehen. So oft wie möglich sollten wir uns daher Zeit nehmen, der Stimme der Wahrheit zu lauschen, die aus allem spricht. Das bewirkt ganz von selbst eine tiefe und umfassende Dankbarkeit. Hier besteht, wie Sie sehen, eine enge Verbindung zum Prinzip des Studiums.

Gedenken wir äußerer Dinge, der Geschenke des Lebens, fördern wir die Qualität des Nichtschädigens. Wir werden uns des eigentlichen, tieferen Wertes allen Seins bewusst und können alles, was ist, mehr achten. Gedenken wir unserer eigenen Qualitäten und Potenziale, dann fördern wir unsere innere Stärke und damit die Qualität der Wahrhaftigkeit. Wir werden uns selbst weniger schädigen, wenn wir uns auf unseren wahren Wert und unsere eigentliche Natur besinnen.

Die Qualität der Dankbarkeit hilft uns also, uns der Fülle bewusst zu werden, in der wir leben und aus der wir immer schöpfen können. Wir fühlen uns zugleich auch verantwortlicher im Umgang mit diesen Geschenken des Lebens. Dies wiederum regt uns dazu an, unserer wahren Bestimmung zu folgen und all diese Gaben nicht an ein unwesentliches Leben zu verschwenden. Im Bewusstsein der Dankbarkeit erfahren wir so etwas wie eine *Gnade*. Diese Gnade bewirkt in uns unmittelbar den Wunsch, der Welt etwas davon zurückgeben, indem wir sie durch das eigene Dasein verschönern und bereichern.

Die Rolle der Entspannung

Verwirklichen wir die ethischen Qualitäten, können wir eine tiefe innere Gelassenheit und Entspannung erfahren. Zugleich hilft uns die Entspannung, unser inneres Gleichgewicht zu bewahren und die ethischen Qualitäten zu leben. Denn sowohl die Ethik als auch die Entspannung dienen uns dazu, unsere Fixierung auf die Dualität zu lösen und das große Ganze besser sehen zu können.

Zwischen zwei Polen besteht immer eine Spannung. Die Spannung ist eine natürliche Eigenschaft der Polarität. So leiden Menschen, die in der Dualität leben und in dieser Ebene verhaftet sind, häufig unter extremer Anspannung, was nicht selten auch zu körperlichen Krankheiten und Schmerzen führt. Wenn wir die Dualität jedoch überwinden, uns von ihr lösen, dann löst sich auch die Spannung, und wir ent-spannen uns.

Diese Entspannung in ihrem tiefsten Sinne kann körperlich, seelisch oder geistig geschehen. Da alle drei Aspekte aufs Engste miteinander verbunden sind und sich gegenseitig beeinflussen, führt eine körperliche Entspannung meist unmittelbar auch zu einer geistig-seelischen und umgekehrt.

Besinnen wir uns auf die ethischen Prinzipien, dann können wir uns innerlich von alten, dualistischen Mustern lösen und auch körperlich mehr entspannen. Letztlich können sogar Krankheiten heilen, weil die Energie ungehinderter fließen kann, da wir uns im Einklang mit dem natürlichen Gleichgewicht und dem kosmischen Prinzip befinden. Gleichzeitig unterstützt uns die körperliche Entspannung darin, die wahre Bedeutung der ethischen Qualitäten und Prinzipien zu begreifen und sie in unserem Leben zu verwirklichen. Indem wir uns nämlich aus der Dualität loslösen, nähern wir uns dem Absoluten. Das B. der Sinn der Entspannungsübungen im Yoga und anderen spirituellen Richtungen.

Um das wahre Potenzial der Entspannung nutzen zu können, müssen wir aber auch diese aus ihrer dualistischen Bedeutung befreien. Es geht dabei nicht darum, dass wir total loslassen und in einen vorbewussten Zustand versinken, was eine Rückkehr zur *These* des Unbewussten Einsseins wäre (Sie erinnern sich vielleicht an diese Theorie). Das wahre Potenzial der Entspannung liegt vielmehr darin, gleichzeitig höchst bewusst zu sein, also eine *Synthese* zu erreichen, die einer Form von »freischwebender Aufmerksamkeit« entspricht. Über diese können wir uns seelisch-geistig erweitern und vertiefen. Indem wir auf horizontaler Ebene die Spannung loslassen, eröffnet sich uns in vertikaler Dimension ein größerer Spielraum – sowohl in die Tiefe als auch in die Höhe. Dies können wir beispielsweise im Yoga erfahren, wenn wir die Körperübungen in einem achtsamen und entspannten Zustand ausführen. Wir lösen uns so aus der Identifizierung mit den normalen, oberflächlichen Körperwahrnehmungen und können eine tiefere und zugleich umfassendere Bewusstheit erlangen. Dies hilft uns, unser natürliches Gleichgewicht der Kräfte zu finden und zu bewahren, so wie ich es unter »Das Potenzial der Weisheit« dargestellt habe.

Wie können wir also das wahre Potenzial der Entspannung entfalten? Dies geschieht dann, wenn wir den Geist vom Konkreten lösen und ihn über die Dinge erheben. So erweitern wir unsere Perspektive und erreichen den Zustand der Desidentifizierung. Nicht wir lassen uns fallen, sondern wir lassen die Inhalte fallen, wir lassen den Ballast los, den wir mit uns herumschleppen, um durch diese neu gewonnene Leichtigkeit höher aufsteigen zu können. Tatsächlich hängt die Schwerkraft eng mit der Bewusstheit zusammen. Je höher die Bewusstheit, umso geringer die Wirkung der Schwerkraft.

Dieses grundlegende Gesetz begründet die Wirksamkeit der ethischen Qualitäten und Prinzipien. Diese geben uns Impulse zum Loslassen und damit zur Besinnung auf unsere wahre Natur, unser eigentliches Wesen – jenseits aller Konditionierungen und weltlichen Inhalte. Sie haben das Potenzial, uns zu uns selbst zu führen, damit wir über uns selbst hinauswachsen können. Und dieses lebendige Wachsen, diese Freiheit und Leichtigkeit, ist eigentlich das, was uns wirklich glücklich machen kann. Denn dies sind die natürlichen Bedürfnisse und Tendenzen unserer Seele und unseres Geistes.

So bietet Ihnen eine natürliche Ethik Hilfsmittel an, um Sie zur Erkenntnis Ihrer wahren Natur zu führen. Werden Sie sich Ihres wahren Potenzials bewusst und können Sie es entfalten, ist dies ein bedeutsamer Schlüssel für Ihre Heilung und Ihr Glück. Damit verbunden sind zugleich die Heilung und das Glück der Gesellschaft, in der wir leben.

Die ethischen Prinzipien sowie auch die verschiedenen Möglichkeiten der Entspannung tragen alle auf ihre Weise dazu bei, uns aus den Teufelskreisen des Ego-Ich zu erlösen und so die Dualität zu überwinden. Welche der Prinzipien wir in welchen Situationen anwenden, kann dabei individuell ganz verschieden sein. Sie sind völlig frei auszuprobieren, was Ihnen wann am besten nützt. Aus dem ethischen »Werkzeugkoffer« können Sie sich in jeder Situation frei dasjenige Werkzeug auswählen, das Ihnen gerade am sinnvollsten erscheint. Sie können dabei auch verschiedene Möglichkeiten kombinieren und Ihrer Kreativität und Intuition freien Lauf lassen.

Vielleicht finden Sie Ihre individuellen Lieblingswerkzeuge oder auch persönliche Rituale, die Ihnen helfen. Letztendlich hängen aber alle ethischen Qualitäten und Prinzipien zusammen. Sie sind nur verschiedene Facetten desselben Bewusstseins und machen daher nur gemeinsam wirklich Sinn. Vor allem die Basisqualitäten bilden eine Einheit. Je mehr ethische Qualitäten Sie verwirklichen, umso besser und einfacher, denn sie stützen sich gegenseitig.

Hierbei können Sie aus dem Vollen schöpfen, denn den »Werkzeugkoffer« tragen Sie ja immer im Gepäck. Je öfter Sie sich daran erinnern, umso selbstverständlicher wird es für Sie werden, diese Instrumente zu nutzen und im richtigen Moment den richtigen Impuls zu setzen. Denn dies sind die Möglichkeiten Ihres Geistes! Sie stehen jederzeit für Sie bereit.

Konsequenzen für Mensch und Gesellschaft

Wir haben bisher einen Einblick in unser inneres, psychisches System erhalten. Ebenfalls haben wir unsere Beziehung zu einzelnen anderen Menschen betrachtet, also die Mikroebene. Um das Bild zu vervollständigen, möchte ich nun noch auf die Makroebene der Gesellschaft eingehen. Denn wir sind ja zugleich auch ein Teil dieses und anderer Systeme. Welche wesentlichen Beziehungen und Wechselwirkungen bestehen hier? Wo können uns Gesellschaft und auch Religionen nützen auf unserem Weg, wo sind sie eher hinderlich? Und wo schaden oder nützen wir ihnen? Wie ändert sich unsere Beziehung zu diesen Makrosystemen, wenn wir den Weg der Selbsterkenntnis und -verwirklichung gehen?

Um dies deutlich zu machen, stelle ich zunächst das grundlegende Prinzip der Selbstverwirklichung dar. Darin fasse ich das, was wir bisher darüber erfahren haben, zusammen und bringe es auf einen Nenner. Diese Basis hilft uns, die Zusammenhänge mit den Religionen und der Gesellschaft klar zu erkennen. Wir werden hier etwas Bedeutsames entdecken: Unsere eigene Selbstverwirklichung kann auch der Gesellschaft heilsame Impulse geben.

Potenziale der Selbst-Verwirklichung

Wir haben schon gesehen, dass der Komplex des Ego-Ich sich durch eine Vielzahl von Teufelskreisen selbst aufrechterhält und bestätigt. Das Ego-Ich kreiert dadurch seine eigene Welt, aus der wir zunächst nur schwer ausbrechen können. Ein Teufelskreis zeichnet sich dadurch aus, dass in ihm ein ständiger Mangel an Erkenntnis und Liebe existiert. Er ermöglicht einen Fortschritt der Erkenntnis fast nur auf ein und derselben Dimension, kommt also aus eigener Kraft kaum je über sich selbst hinaus. Im Gegenteil: Je länger der Teufelskreis wirkt, umso tiefer sinken wir in seine Mechanismen und Strukturen, umso eingefahrener und »überzeugender« werden unsere alten Konditionierungen und Glaubensmuster. Je mehr wir z. B. äußerer Bestätigung hinterherjagen und uns von dieser abhängig machen, umso größer wird unsere Entfremdung und dementsprechend unser Glaube, auf diese Bestätigung wirklich angewiesen zu sein.

Wir wissen ebenfalls, dass die ethischen Prinzipien uns Impulse geben können, um den Teufelskreis des Ego-Ich in einen Engelskreis der Selbst-Bewusstheit zu verwandeln. Auch dieser hat, ist er erst einmal »installiert«, seine eigene Dynamik und verstärkt sich selbst. Ein solcher Engelskreis bewirkt eine Fülle von Erkenntnis und Liebe, Qualitäten, die sich dann wie von selbst weiter entfalten.

Wie geschieht diese Umwandlung aber genau? Da sich Erkenntnis und Liebe gegenseitig bedingen und verstärken, ebenso wie Ignoranz und Lieblosigkeit, ist der Übergang vom Teufelskreis zum Engelskreis zunächst schwierig. Trotz all seiner Tücken hat der Teufelskreis jedoch einen wesentlichen Vorteil, der gerade in seiner kreisförmigen Natur liegt. Genau diesen können wir nutzen: Es ist praktisch egal, wo wir ansetzen, um ihn zu durchbrechen. Zu jedem Zeitpunkt, an jeder Stelle, können wir ausbrechen. Zwar bringt der Teufelskreis aus sich selbst heraus kaum je eine Lösung, aber mit der Kraft des Bewusstseins lässt sich aus diesem Stroh Gold spinnen. Die kreisförmige Dynamik ist ein Gesetz des Lebens. Es liegt an uns, diesen Kreis mit positiven Inhalten zu füllen und die negativen, hinderlichen, begrenzenden Inhalte nach und nach zu ersetzen und damit aufzulösen.

Um die Transformation zu bewirken, ist so etwas wie ein »Quantensprung« nötig, der im Bewusstsein geschehen muss. Oftmals brauchen wir dafür Anregungen von außen, aber eine gewisse Offenheit muss in uns schon vorhanden sein. Um diese Offenheit zu erhalten, ist es nötig, uns von der Oberfläche der Erscheinungen zu lösen. Unsere Seele und unseren Geist können wir so für die tieferen Dimensionen erst öffnen. Dies kann mitunter auch bedeuten, dass wir liebevoll auf alte Verhaltensmuster und oberflächliche Strukturen verzichten und all das aufgeben, was unserem wahren Wesen nicht entspricht.

Um den »Quantensprung« der Transformation zu meistern, können uns nicht nur die ethischen Prinzipien dienen. Auch von den Religionen und der Gesellschaft können wir Hilfsmittel erhalten. Zugleich gibt es in diesen beiden Bereichen jedoch auch Hindernisse, die dies erschweren. Das möchte ich Ihnen im Folgenden genauer veranschaulichen. Denn um das ganze Potenzial der gegebenen Möglichkeiten zu nutzen und die Risiken und Nebenwirkungen zu vermeiden, brauchen wir eine gewisse Unterscheidungsfähigkeit.

Inwieweit können Religionen uns helfen?

Die Religionen waren seit jeher für den Umgang mit den existenziellen Themen des Menschseins zuständig. Sie sind auch heute noch wichtige Ansprechpartner, wenn es um Fragen nach Leben und Tod, nach dem Woher und dem Wohin, nach Schuld, Vergebung und Erlösung geht. Wir werden uns daher nun mit diesen elementaren Fragen auseinandersetzen und sehen, inwiefern die Religionen uns dabei heute nützlich sein können. Wie groß ist ihr Potenzial, uns über den bloßen Glauben hinaus zu echter Erkenntnis zu führen? Wo machen sie Sinn, wo gibt es Risiken? Vor dem Hintergrund der neuen Ethik werden wir hier ein klareres Bild erhalten.

Der eigentliche Sinn der Religionen besteht darin, den Menschen wieder zu verbinden mit seinem Ursprung, der Quelle der Schöpfung. Die Wege und Schwerpunkte bzw. Ansatzpunkte sind je nach Religion verschieden, aber das Ziel ist letztlich dasselbe. Wie wir gesehen haben, ist jeder beliebige Ansatzpunkt geeignet, um den Menschen aus dem Teufelskreis des Ego-Ich zu befreien.

Wenn wir den Begriff »Gott« verwenden wollen, der das Absolute, den ewigen Urgrund des Seins, die ewige Quelle der Schöpfung meint, dann können wir sagen, dass Religionen uns unsere Verbindung zu Gott bewusster machen wollen, wenn wir es zulassen. Hier kann es natürlich wieder zu Missverständnissen kommen, wenn das Ego-Ich die Religion nur konsumiert, wie es seiner Natur entspricht, um sich selbst zu bestätigen. Religiöse Gebote können dann als Dogmen missverstanden werden, nach denen andere Menschen beurteilt und gerichtet werden, obwohl es in der Bibel heißt: »Richtet nicht, so werdet ihr nicht gerichtet.« Das Ego urteilt ständig, um sich selbst zu bestätigen. So können Religionen von den Egos der Menschen missbraucht werden, um sich über andere zu erheben und gar Kriege gegen sie zu führen, weil die eigene Wahrheit als die einzig richtige angesehen wird. Das Relative wird zum Absoluten erklärt, ohne einen wirklichen Zugang zum Absoluten gefunden zu haben.

Die Traditionen der Religionen wie z.B. das Weihnachtsfest können vom Ego-Ich des Einzelnen sowie auch von der Gesellschaft dazu missbraucht werden, die Menschen im Halbschlaf zu halten, ihre Bequemlichkeit zu unterstützen und ihre Illusionen zu nähren. Sie können den Geist betäuben und wahres Erwachen, die Erkenntnis der tieferen Wahrheit verhindern, obwohl sie vielleicht ursprünglich genau das Gegenteil bezwecken wollten.

Dies sind nur einige der Gefahren, die Religionen mit sich bringen, wenn sie von unbewussten Menschen konsumiert werden. Ein Mensch, der keinen Zugang zu seinem Selbst hat, wird die wahre Bedeutung der religiösen Inhalte nicht verstehen. Er kann aus den Religionen wahrscheinlich nur wenig wirklichen Nutzen ziehen. Womöglich kann er dann die Bibel oder den Koran auswendig zitieren oder sich streng an die religiösen Vorschriften halten, ohne wirklich etwas von der tieferen Bedeutung verstanden zu haben. Worte der »Heiligen Schriften« werden instrumentalisiert, um das eigene Ego zu befriedigen und von anderen bewundert zu werden. Niemandem ist damit aber gedient, und das Chaos in der Welt wird letztlich nur verstärkt.

Der wahre Zugang zum Absoluten liegt nicht in den Worten der Religionen, sondern in uns selbst. Die Mittel der Religionen können uns geeignete Impulse geben. Jedoch müssen wir dafür schon eine gewisse Offenheit und Tiefe der Einsicht erreichen, wie wir schon gesehen haben. Auch dies ist ein Teufelskreis, der sich in einen Engelskreis umwandeln kann. Wenn wir einmal eine tiefe Selbsterkenntnis gewonnen haben, können wir die tiefe Wahrheit und den gemeinsamen Nenner aller Religionen wie aller Erscheinungen sehen und spüren. Hinter den Worten sehen wir die tiefe Wahrheit, und einzelne Worte verlieren ihre Bedeutung.

Wir haben potenziell unmittelbaren Zugang zu allen Aspekten des Göttlichen, zur sogenannten »Dreifaltigkeit« (auch Dreieinigkeit oder Trinität genannt) Gottes in uns selbst. Diese

Dreifaltigkeit umfasst die Aspekte Gottes als Vater, Sohn und Heiliger Geist. Diese drei Aspekte können wir konkret in uns selbst erfahren:

Der *Vateraspekt* ist die Quelle der Lebensenergie, die Schöpfungskraft, die unserem Selbst entspricht. Hier sind wir unmittelbar mit dieser ewigen Quelle verbunden.

Der *Sohnaspekt* ist die konkrete, materialisierte Form als Geschöpf, das eine gewisse Eigenständigkeit und Autonomie sowie eine relative Abgrenzung gegenüber der Umwelt besitzt und durch diese Eigenschaften in der Welt wirken kann. Tatsache ist, dass nicht nur Jesus ein »Sohn Gottes« war, sondern wir alle sind Kinder Gottes, Geschöpfe Gottes. Nur sind die meisten – im Gegensatz zu Jesus oder anderen Propheten – sich dessen wenig oder gar nicht bewusst und leben dieses Potenzial nicht. Nebenbei bemerkt: Der Unterschied zwischen einem verwirklichten Menschen und einem Propheten liegt nicht in der bewussten Verbundenheit mit dem göttlichen Ursprung, sondern in der *Art des Bewusstseins* über diese Tatsache. Ein Prophet hat seinen Schwerpunkt im Absoluten, der verwirklichte Mensch findet seinen Weg durch die Integration von Absolutem und Relativem.

Der *Heilige Geist* ist das kosmische Bewusstsein, das seiner Natur nach unbegrenzt, ewig und frei ist. Mit unserem Menschengeist haben wir einen Anteil daran, welcher variieren kann je nach Bewusstseinszustand und -tiefe.

Wo ist also Gott? Er ist in jedem von uns, und zugleich sind wir alle auch in ihm. Er ist sowohl innen als auch außen. Gott ist praktisch überall, in allen seinen Geschöpfen, aber nicht im Offensichtlichen, sondern im Verborgenen, in der Tiefe. In allem, was ist, ist Gott. Wir waren und sind niemals von ihm getrennt. In einem erweiterten, vertieften und geklärten Bewusstsein können wir die ewige Verbundenheit ganz unmittelbar spüren und erfahren.

Die Mittel der Religionen versuchen nichts anderes, als uns diese Verbindung zu Gott bewusst zu machen. Jedenfalls ist darin ihr Ursprung begründet, auch wenn sie sich im Laufe der Zeit vielleicht von diesem Ziel entfremdet haben – im Rahmen der allgemeinen Entfremdung auf der Welt. Die Religion ist immer das, was der Mensch aus ihr macht.

Wenn im Namen von Religionen Kriege geführt wurden oder werden, dann ist das ein Spiegel des begrenzten und oberflächlichen menschlichen Bewusstseins und nicht des »göttlichen Willens«. Das Ego-Ich kann alles missbrauchen, um seine Ziele zu erreichen, und ihm ist jedes Mittel recht. So werden auch Religionen missbraucht, aber das ist nicht ihr eigentlicher Sinn. Ein Mensch, der das Göttliche in allem sieht, und dazu sollten vor allem religiöse Autoritäten in der Lage sein, der wird niemals zu Kampf und Krieg gegen andere Menschen aufrufen oder dies billigen. Auch wird er religiöse Inhalte nicht als Machtmittel missbrauchen, um andere in irgendeiner Weise zu unterdrücken, zu manipulieren und sich über sie zu erheben.

Das Gute kann sich nur schwer unter Zwang und Druck entfalten, denn dies sind Instrumente der Dualität. Gerade in der Synthese, in der Integration liegt die wahre Lösung der Probleme auf der Welt und in den Menschen. So sind religiöse Inhalte als Dogmen eher schädlich als nützlich, weil sie den dualistischen Menschen in der Dualität gefangen halten. Wenn man sie jedoch als Anregungen, als Inspirationen versteht und nicht als Dogmen, dann können sie eine heilsame Wirkung entfalten, indem sie uns eine Orientierung geben. Wir verstehen sie dann als Wegweiser, die uns zu wahrhafter Erkenntnis führen können. (Wilhelm

Schmid-Bode beschreibt das sehr treffend in seinem Buch *Maß und Zeit.*) Um die Möglichkeiten der Religionen jedoch auf heilsame Weise nutzen zu können, müssen wir anfangen, die Freiheit jedes Menschen und seine eigene momentane Wahrheit zu würdigen und zu respektieren.

In der Welt existiert heute eine große Spaltung in Bezug auf die Religionen. Die einen erheben die religiösen Dogmen zur alleinigen Wahrheit, die anderen lehnen jegliche Existenz Gottes ab. Beide Haltungen zeugen von Ignoranz und Oberflächlichkeit.

Es gibt wissenschaftliche Untersuchungen, die zeigen, dass man spirituelle bzw. Gottes-Erfahrungen durch elektrische/magnetische Impulse auf das Gehirn gezielt erzeugen kann. Dies wird meist dahingehend interpretiert, dass das Gehirn unter Umständen selbst diese Erfahrungen produzieren kann; dass die spirituelle oder Gotteserfahrung also nur eine Folge eines bestimmten Bewusstseinszustands sein kann, die mit der Wirklichkeit »da draußen« nichts zu tun hat. Dies ist aber zu kurz gedacht, da die Wissenschaft sich nur auf die gerade gemessenen Daten bezieht und die Qualität der individuellen Erfahrungen nicht in all ihren Aspekten berücksichtigt. Würde sie das tun, ergäbe sich eine ganz andere Schlussfolgerung aus diesen Experimenten.

Denn das wesentliche Kriterium einer spirituellen Erfahrung ist, dass sie die innere Entropie des Menschen *schlagartig, spontan und erheblich verringert.* Ein spiritueller Impuls bzw. auch eine Gotteserfahrung erzeugt eine unmittelbare Ordnung im Geist und in der Seele, eine große Freiheit und Leichtigkeit. Dies kann jeder bestätigen, der jemals eine solche Erfahrung hatte. Wir wissen aber aus der Physik, dass die Entropie eines Systems nur durch Energieeinsatz verringert werden kann, da sie ansonsten dazu neigt, von Natur aus weiter anzusteigen. Wir müssen normalerweise Aufräumarbeit verrichten, um eine gewisse innere Ordnung zu erzeugen. Wenn wir nicht aufräumen, wächst die Unordnung von allein, wie wir alle aus Erfahrung wissen. In einer spirituellen Erfahrung aber wird die innere Ordnung spontan bewirkt bzw. erhöht, ohne dass wir Energie aufwenden müssen – ja, wir bekommen dadurch sogar sehr viel Energie geschenkt.

Dies bedeutet, dass die Energie, die zur Erzeugung dieses Zustands nötig war, von »außen« gekommen sein muss – wie auch bei dem Experiment die Energie von außen zugeführt wird. Im Falle des Experiments stellt der Forscher mit seinen Geräten die nötige Energiequalität zur Verfügung. Im Falle einer natürlichen spirituellen Erfahrung fällt diese Möglichkeit jedoch weg. Das bedeutet, dass die ordnende Kraft einen anderen äußeren Ursprung haben muss. Dieser muss dann zwangsläufig im Feld des kosmischen Bewusstseins selbst liegen. Und diese höhere Quelle bzw. Kraft muss logischerweise selbst in einem sehr viel geordneteren Zustand sein und sehr viel Energie zur Verfügung haben. Erst dann kann sie bei uns diesen Zustand durch einen einzigen Impuls bewirken. Dies gibt uns eine Ahnung von der grenzenlosen Kraft und zeitlosen, ewigen, natürlichen Ordnung Gottes.

Natürlich gibt es auf der Welt auch Chaos, welches auch ein Teil der Wahrheit ist. So ist Gott zwar die Wahrheit, indem er in allem Sein in seinen drei Aspekten vorhanden ist, aber ebenso gibt es auch eine Kraft der Zerstörung, der Entfremdung. Und diese Kraft, von der Religion gern »Teufel« genannt, ist nötig, damit sich das Sein und das Bewusstsein entwickeln können. Andererseits kann sie die Bewusstwerdung zunächst einmal verhindern, indem sie uns für Täuschung und Manipulation empfänglich macht. Sie hält uns so in unseren Teufelskreisen gefangen (der Name ist also sehr passend).

Wenn die Religionen den Teufel verteufeln, ist damit niemandem geholfen, denn sie lehnen damit einen Teil der Wahrheit ab, der durchaus seinen Sinn hat und einfach verstanden werden muss, damit wir ihn überwinden können. Gleichzeitig können Religionen uns helfen, das Wesen des »Teufels« besser zu verstehen bzw. »ihn« im alltäglichen Leben zu identifizieren – und Einsicht ist bekanntlich der erste Schritt zur Besserung. Wenn wir uns darüber bewusst werden, wo wir selbst andere täuschen und belügen und wo wir von anderen manipuliert werden, dann können wir dies bewusst beenden. Diese Einsicht macht uns auf die Dynamik und die Strukturen unseres Ego-Ich aufmerksam. Ohne diese Einsicht erliegen wir den Illusionen unseres Ego-Ich von Allmacht und Unfehlbarkeit. So können wir niemals unser wahres Potenzial entfalten und zu dem werden, der wir wirklich sind – und wie Gott uns eigentlich »gemeint« hat.

Religionen können Impulse von außen setzen, die uns helfen, unsere inneren Teufelskreise in Engelskreise zu verwandeln. Das ist sogar ihre eigentliche Aufgabe. Zwar haben wir alle potenziell unmittelbaren Zugang zum Göttlichen, aber unsere eigenen Grenzen hindern uns meist daran, dies bewusst zu spüren. Der Kontakt zu erwachten Menschen kann uns dabei unterstützen, unseren eigenen Weg zu finden.

Aber nicht nur offensichtliche religiöse Führer und offizielle »Gurus« haben unter Umständen das Potenzial, uns zu helfen, sondern jeder erwachte Mensch – egal, welchen Titel er trägt und welchen Beruf er hat. Natürlich sollten bestenfalls alle Therapeuten und Menschen, die speziell dazu ausgebildet wurden, anderen auf diese Weise zu helfen, auf ihrem Weg selbst weit fortgeschritten sein und eine gewisse Reife und Bewusstheit mitbringen. Einige dieser reifen Menschen können uns aber auch im Alltag begegnen, ohne dass sie es an die große Glocke hängen. Wenn wir mit offenen Augen durch die Welt gehen, können wir die Impulse, die uns helfen, aus vielen verschiedenen und manchmal völlig unerwarteten Richtungen erhalten.

In der Symbolik religiöser Bilder liegt eine ganz besondere Kraft. Wir können sie ebenfalls für unser Wachstum nutzen, wenn wir sie richtig verstehen. So können wir z. B. das Kreuz des Christentums als Symbol der horizontalen und der vertikalen Dimensionen eines erwachten Menschen verstehen, so, wie ich sie in meinem Weisheitsmodell dargestellt habe. Die vertikale Linie repräsentiert die Verbindung zum Ewigen und Absoluten, sowohl in der Höhe als auch in der Tiefe. Die horizontale Linie verbindet uns mit der relativen Welt des alltäglichen Lebens.

Das menschliche Energiesystem entspricht wiederum dieser Struktur, sodass wir auch energetisch ein Kreuz in uns tragen. Die vertikale Linie, auf der die Hauptchakren liegen, verbindet Erde und Himmel in uns, die horizontale Linie, die über Schultern und Arme verläuft, symbolisiert und ermöglicht ganz konkret unser Handeln in der Welt. Der Punkt etwas oberhalb des Herzchakras, an dem beide Energiebahnen sich kreuzen, hat daher eine ganz besondere spirituelle Bedeutung, die aber den meisten Menschen noch unbekannt ist.

Die Kreuzigung Jesu ist somit ein Symbol für die Hingabe des Menschen an das kosmische Prinzip, an das Gleichgewicht der Kräfte und ihre Naturgesetze. Diese Hingabe ist nötig, um wahrhafte Erlösung zu finden. Wir müssen innerlich »sterben«, nämlich unser Ego-Ich loslassen, um wahrhaft zu leben. Die Materie und das Ego-Ich, also der relative Aspekt, muss sich hingeben an das Absolute, aber nicht unbedingt durch den physischen Tod, sondern hier und jetzt. Wir müssen nicht die Materie aufgeben, um zu echter Freiheit und Erlösung zu gelangen, sondern sie *transformieren*, sodass sie ausgerichtet wird am Höheren. Sie dient damit dem Absoluten, hier in dieser Welt. Gott kann mehr und mehr in die relative Welt gelangen und seine Wirkung darin entfalten.

Die erwartete Wiederkehr Jesu findet somit in uns selbst statt, indem wir diesen Schritt der Hingabe in unserem Leben gehen – jedoch in völliger Bewusstheit und Verantwortlichkeit, und immer wieder jetzt. Es würde niemandem nützen, wenn Jesus wiederkehrte, ohne dass die Menschen erwachen. Er erlitte wahrscheinlich ein ähnliches Schicksal wie damals und fiele der Ignoranz der Masse zum Opfer. Wenn aber die Menschen erwachten, dann wäre seine Wiederkehr nicht mehr nötig, er wäre längst unter uns!

Die Christen sagen, dass wir durch den Tod Jesu am Kreuz schon erlöst sind von unserer Schuld. Dies ist jedoch nicht so einfach, wie es scheint. Durch den Tod Jesu ist uns nur das *Potenzial* der Erlösung gegeben, uns ist gleichsam ein Impuls gegeben worden. Es liegt jedoch an uns, dieses Potenzial umzusetzen, um *wirkliche* Erlösung zu finden. Diese ist praktisch allgegenwärtig und uns jederzeit zugänglich. Es ist einzig von unserem Bewusstsein abhängig, ob ihr Potenzial sich in einem gegebenen Moment in uns entfalten kann. Die wahre Erlösung geschieht bewusst im Hier und Jetzt, nicht automatisch irgendwann.

Ein Mensch, der sich begrenzt und sich der Hingabe verweigert, der wird wahrscheinlich auch durch den physischen Tod nicht erlöst. Nach dem Gesetz der Resonanz zieht er auch dann die Energien und Erfahrungen an, die seinem eigenen energetischen Zustand, seiner Schwingung entsprechen. Wenn wir aufgrund des eigenen destruktiven, lieblosen Zustands unserer Seele entsprechende Energien anziehen, dann können wir das durchaus »Hölle« nennen, denn so fühlt es sich an. Diese »Hölle« aber erwartet uns nicht unbedingt erst nach dem Tod, sondern sie ist auch hier und jetzt, in dieser Welt, in unserem Leben. So können wir uns selbst die Hölle – oder auch den Himmel – auf Erden schaffen, je nachdem, welche Schwingungen wir anziehen.

Natürlich kann aber die Konfrontation mit dem Tod dazu beitragen, dass wir erlöst werden. Denn dadurch werden wir uns der Endlichkeit und Begrenztheit unseres Ego-Ich bewusst. Durch diese Erkenntnis können wir uns leichter davon lösen. Andererseits ist es einem unbewussten, identifizierten Menschen wahrscheinlich gerade im Angesicht des Todes unmöglich, seine starren Verhaftungen aufzugeben. Er hat einfach zu viel Angst vor der Unbestimmtheit, dem Unbekannten, da ihm der bewusste Zugang zum Absoluten fehlt, der ihm in diesem Moment einen Halt geben könnte. Das innere Chaos und Leiden werden also in diesem Fall durch den Tod nur noch verstärkt. Auf eine Erlösung durch die reine Tatsache des physischen Todes können wir uns daher nicht verlassen. Aber das müssen wir auch nicht.

Was uns eigentlich an der Erlösung hindert, sind unsere Ängste. Wir fürchten den Tod, wie wir auch das wahre Leben fürchten. Aber warum? Im Grunde hat unser Ego diese Ängste, weil es sich sowohl durch den Tod als auch durch das wahre Leben in seiner Existenz und seinen Illusionen bedroht fühlt. So macht es sich vielleicht auch Illusionen von einem »Leben nach dem Tod«, in welchem es als solches weiterexistiert und in irgendeinem »Paradies« weiterhin – und endlich völlig ungehindert – seine eigenen Bedürfnisse und Gelüste befriedigt. Die Wahrheit ist aber unabhängig davon, was das Ego gerne hätte, und ihm ist das durchaus bewusst. Deshalb hat es trotz aller Vorstellungen im tiefsten Inneren meist Angst vor dem Tod und der Vergänglichkeit. Das führt wiederum zu einem übertriebenen Sicherheitsstreben, zum Festhalten am Bekannten und Vertrauten. Wahre Lebendigkeit und Entwicklung werden dadurch verhindert.

Um Erlösung zu finden und »in den Himmel« zu kommen, müssen wir nicht unbedingt diese Erde verlassen und körperlich sterben, wie ich bereits erwähnt habe. Stattdessen können wir psychisch, innerlich »sterben«, indem wir unsere Verhaftungen, Fixierungen und Konditionierungen aufgeben, loslassen. Denn der Tod konfrontiert uns mit der essenziellen Unbestimmtheit des Seins. Da aber unsere Vorstellung von Dauer und Kontinuität nur Geschöpfe unseres Geistes sind, können wir erst dann zu wahrem Leben erwachen, wenn wir den Tod nicht ausklammern, sondern ins Leben integrieren. Wenn wir bereit sind, innerlich zu sterben, können wir erst wahrhaft leben. Wir befreien uns damit allmählich oder auch schlagartig aus der Diktatur des Egos.

Der Tod ist das Ende des Bekannten, und das Bekannte existiert nur in unserem Kopf. In Wirklichkeit ist die Wahrheit ständig neu, denn sie ist ewiges, sich manifestierendes Potenzial. Wenn wir die Wahrheit des Augenblicks spüren wollen, dann müssen wir unser Bild vom Vergangenen und damit auch unser Bild von uns selbst loslassen. Erst dann werden wir völlig offen für die Gegenwart. Die Gegenwart ist grenzenlos, denn alle Wahrheit ist in ihr enthalten. In einem begrenzten Geist und einem begrenzten Herzen hat sie keinen Raum.

Das ist das eigentliche Potenzial des Todes. Er ist nichts Schlimmes oder Tragisches und auch nichts Bedrohliches. Dies scheint nur dem Ego so, da es sich an seine selbst erzeugten Strukturen klammert. Diese Angst prägt im Hintergrund sein ganzes Leben und auch seine Beziehungen und Handlungen in der Welt. Sobald wir tiefe Selbst-Bewusstheit erlangt haben, fürchten wir uns nicht mehr vor dem Tod, denn wir haben das Sterben schon erfahren. Wir sind dann fähig, in jedem Moment zu sterben und wiedergeboren zu werden und uns dadurch ständig selbst neu zu erschaffen. An unserer eigenen begrenzten Existenz hängen wir nicht, da wir einen Bezug zu dem haben, was über uns hinausgeht. Wir geben uns an dieses große Sein hin. Vorstellungen über ein »Leben nach dem Tod« verlieren ihre Bedeutung, denn wir leben *mit* dem Tod – jenseits der Dualität.

Die Energie des Todes, der Verneinung, der Zerstörung, ist auch ein Teil der Wahrheit, ob wir es wollen oder nicht. Sie ist damit auch Teil von uns selbst. Wir können diese Energie einsetzen, um andere Menschen zu zerstören und unser wahres Selbst zu verneinen. Wir können sie aber auch einsetzen, um gezielt schädigende Verbindungen zu durchtrennen und alte Konditionierungen und Verhaftungen aufzulösen. Wir können mithilfe dieser Energie selbst zum Leben erwachen.

Wie das Gesetz des Ausgleichs sagt, muss alles im Leben im Gleichgewicht sein, so auch die Kräfte von Leben und Tod. Wenn wir versuchen, den Tod zu vermeiden und zu verdrängen, dann drückt er sich unbewusst durch unser Verhalten und unsere inneren Prozesse aus. Wir leben dann unbewusst selbst- und fremdzerstörerisch. Besser ist es daher, wenn wir die Energie des Todes bewusst in unser Leben integrieren, sie begrüßen und zum Instrument machen, um der Liebe zu dienen und das Alte, wirklich Tote (Unbewegliche, Starre) in uns aufzulösen. Erst dann können wir dem wahren Leben Raum geben. Der Tod, auf bewusste Weise auf sich selbst angewendet, negiert sich selbst und führt dadurch zu Lebendigkeit und Freude.

Aus absoluter Sicht ist nichts in sich gut oder schlecht. Alles hat seinen Sinn, und jede Erscheinung, jede Kraft in der Welt, hat ihr eigenes Potenzial sowie auch Risiken und Gefahren, wenn sie unbewusst wirken bzw. aus dem Gleichgewicht kommen. Es kommt auf den bewussten Umgang mit den Kräften an, um das Beste daraus zu machen. Wenn wir eine Kraft ablehnen oder verdrängen, schaden wir uns selbst ebenso, wie wenn wir ihr unbewusst zum Opfer fallen und uns von ihr treiben lassen. Der Schlüssel zu einem heilsamen, verantwortlichen Umgang mit den Potenzialen, die das Leben uns schenkt, liegt im Bewusstsein.

So werden die Religionen, die oftmals dazu verführen, dualistisch interpretiert zu werden, auf eine sehr schöne Art durch die verschiedenen spirituellen Richtungen ergänzt. Diese bieten ungewohnte Perspektiven, indem sie alte, traditionelle Bilder und Mythen neu interpretieren und zur Erfahrung inspirieren. Das Potenzial dieser Entwicklungen liegt darin, dass der Mensch durch die spirituelle Erfahrung den bloßen Glauben mit wirklichen, lebendigen Inhalten füllen bzw. ihn an diesen ganz neu ausrichten und seine wahre Bedeutung verstehen kann. Solange ein Mensch natürlich diese Erfahrung nicht gemacht hat, kann ihm der Glaube wenigstens eine Orientierung bieten – mit all den Chancen und Risiken, derer man sich dann bewusst sein muss.

Wenn Gott die Wahrheit ist, wie die Religionen sagen, dann schließt Gott alles ein, auch den Widerspruch, auch den »Teufel«, der als Instrument der Selbsterkenntnis und Bewusstwerdung dienen kann. Der »Teufel« existiert nur an der Oberfläche der Entfremdung, in Form von Täuschung und Manipulation. Er ist sozusagen eine natürliche Begleiterscheinung der Entfremdung und nichts in sich Böses oder Schlechtes. Der »Anti-Christ« ist ein »Geschöpf« der Antithese. Indem wir seine Methoden und

Wirkungen erkennen, können wir darüber hinaus zur Synthese gelangen.

Wie wir gesehen haben, ist eine gewisse Entfremdung nötig, um sich über etwas überhaupt bewusst werden zu können. So hat Gott (die Wahrheit) den »Teufel« erschaffen, um sich seiner (ihrer) selbst bewusst werden zu können; um sich sozusagen selbst betrachten zu können. Die Wahrheit, die sich ihrer selbst bewusst wird, vergrößert und aktualisiert sich dadurch ständig selbst. Denn jeder Inhalt des Bewusstseins ist damit zugleich wieder Teil der Wahrheit, des Seins. Er erzeugt neue Wirkungen, über die man sich dann wiederum bewusst werden kann. So stehen Sein und Bewusstsein in ständiger Wechselwirkung, wie wir schon im Modell der Psyche gesehen haben. Dies ist die Treibkraft, durch die sich Schöpfung und Dasein entfalten können.

Und somit ist die Evolution auch niemals abgeschlossen, niemals »perfekt« und »vollkommen«, obwohl sie das auf gewisse Weise gerade durch ihre Dynamik ist. Wahre Vollkommenheit äußert sich nicht in einem statischen, »perfekten« Zustand, sondern in höchster Dynamik und Lebendigkeit. Jeder starre Zustand wäre Stillstand, und Stillstand wäre Tod. Etwas, das total perfekt in diesem Sinne wäre, würde sich auf der Stelle selbst zerstören, weil alles in der Welt im Gleichgewicht sein muss. Es gibt keine absolute, perfekte Manifestation des Seins, die erhaben wäre über jegliche Änderung. Alles ist ständig neu, nichts in der relativen Welt ist »perfekt« in dem Sinne, dass es zum Absoluten erhoben werden könnte. Die wahre Vollkommenheit liegt gerade in der Unvollkommenheit, und beide sind nicht voneinander trennbar. Darin liegt der Raum für Entwicklung, für Leben und Entfaltung.

Sogar die göttliche Quelle selbst aktualisiert sich ständig neu, verändert und entwickelt sich, obwohl sie zugleich unbegrenzt und ewig ist. Die Unbestimmtheit liegt sowohl im Offensichtlichen als auch im Verborgenen, und sie ermöglicht erst jegliche Form von Bestimmtheit. Beide sind zwei Aspekte derselben Sache, zwei Pole einer Qualität. Absolute Bestimmtheit im Sinne eines statischen, perfekten Zustandes ist eine Illusion. So ein Zustand kann vielleicht eine Weile aufrechterhalten werden unter großem Energieeinsatz, aber er wird nie aus sich selbst heraus bestehen, weil er nicht im Einklang mit dem Leben und seinen Gesetzen steht. Nur dort, wo Unbestimmtheit Raum hat zu wirken, da kann Ewigkeit existieren, da sie sich durch die eigene Unbestimmbarkeit ständig selbst aktualisieren und schöpfen kann.

Was bedeutet das für die menschliche Existenz? Auch der Mensch ist niemals perfekt und vollkommen, obwohl er in seiner Unvollkommenheit mit all ihren Potenzialen aus anderer Sicht heraus schon vollkommen ist. Er hat genau das, was er braucht, um zu sein oder zu werden, was er ist. Der wahre Sinn des Seins liegt aber gerade im Werden, im Entfalten, im Bewusstwerden – nicht nur auf die relative Zeit bezogen, sondern in ständiger Gegenwart, in jedem Moment.

Somit sind wir immer fehlbar, da unser Bewusstsein – wie alles in der Welt – nicht »perfekt« ist. Es ist darauf angewiesen, sich am Lauf der Zeit, am ewigen Urgrund und am kosmischen Bewusstsein immer wieder neu zu aktualisieren. Wir werden daher immer »Fehler« machen, also manchmal nicht im Einklang mit dem großen Ganzen handeln. Wir sind hier, um zu lernen und Erfahrungen zu machen. Wenn wir in dieser Hinsicht schon perfekt wären und nichts zu lernen hätten, wäre unser Leben sinnlos. Dann bräuchten wir nicht hier zu sein. Was natürlich nicht heißt, dass wir uns auf unseren Fehlern ausruhen können und uns nicht bemühen sollen. Ohne unser Streben nach Erkenntnis und Entwicklung hätte unser Dasein ebenso wenig Sinn.

Wir werden immer auf die eine oder andere Weise mit Unvollkommenheit zu tun haben, denn diese liegt in der Natur des Relativen. Dies ist nichts Schlimmes, sondern einfach eine Tatsache. Jede Unvollkommenheit bietet Raum für Entwicklung und Entfaltung und ist daher wichtig und gut. Sie ist sogar notwendige Bedingung für unser Wachstum. Nur das Ego stört sich daran, weil es einen Halt im Relativen sucht und hier nach Perfektion strebt.

Es ist nötig, dass wir eine Haltung der Fehlerfreundlichkeit und Toleranz entwickeln, denn um zu lernen, müssen und werden wir Fehler machen, und das ist natürlich und gut. Wenn wir versuchen, Fehler um jeden Preis zu vermeiden, vermeiden wir damit das Leben und die Entwicklung. Im Grunde gibt es keine echten »Fehler«, denn alles sind notwendige Erfahrungen auf unserem Weg. Es liegt an uns, aus diesen Erfahrungen die nötigen Schlüsse zu ziehen, daraus zu lernen und weiterzugehen.

Unsere Lebenserfahrungen haben in sich selbst keinen Wert oder Sinn, sondern ihr Sinn liegt einfach darin, dass sie uns helfen können, bewusster zu werden. Wenn wir uns an die Erfahrungen klammern, ohne daraus zu lernen, dann verhindern wir das Leben und die Entwicklung. Vielleicht können wir irgendwann unseren Enkeln erzählen, was wir alles erlebt haben, ohne aber dadurch zu Weisheit und Reife gelangt zu sein. Jemand kann viele Erfahrungen machen, ohne daraus zu lernen, und ein anderer kann aus wenigen Erfahrungen sehr viel ziehen. Wenn wir unsere Erfahrungen als das sehen, was sie sind, können wir schneller lernen und unsere Entwicklung vereinfachen.

Hier spielt die Kraft der *Vergebung* eine große Rolle, auf die uns die Religionen immer wieder hinweisen. Wir müssen lernen, uns selbst und anderen zu vergeben. Wenn wir nicht vergeben, bleiben wir an alten Energien haften, die unsere Weiterbewegung verhindern. Das Ego hält sich gern an Fragen der Schuld fest und verteilt diese Schuld, wie es ihm beliebt. Dadurch machen wir uns selbst nur unglücklich. Die Kraft der Vergebung kann befreien von aller Schuld. Dadurch können wir einen Schlussstrich ziehen unter das, was war, und neu anfangen, auf einer anderen Ebene mit einer anderen Qualität. Die Vergebung hilft uns dabei, aus der Vergangenheit zu lernen und sie loszulassen. Mit ihrer Hilfe verzeihen wir uns unsere Unvollkommenheit und unsere Schwächen.

Zu vergeben heißt nicht, dass alles egal ist, was wir tun, weil sowieso alles vergeben ist. Vergebung ist keine bloße Theorie, sondern sie will und muss erfahren werden, um wirksam zu sein! Wir können nur wahrhaftig vergeben, wenn wir fähig sind, wirklich loszulassen. Und loslassen können wir erst durch einen Impuls unseres Bewusstseins, der auf einer bestimmten Qualität der Einsicht beruht. Religiöse Rituale, wie z. B. die Beichte oder das Gebet, können diesen Impuls erzeugen, wenn in uns bereits eine gewisse innere Bereitschaft und Offenheit angelegt ist – ansonsten bleiben sie wirkungslos.

Auch Strafen für Fehler unterstützen unseren Weg oftmals nicht, weil sie uns noch mehr an die Ego-Ebene binden. Unser Ego strebt nach Lust und will Schmerzen vermeiden, also tut es alles, was anderen Leuten gefällt, um sich selbst aufzubauen und sich gut zu fühlen. Besonders bei Kindern ist dies wichtig, weil sie noch kein ausreichendes Bewusstsein haben, um damit angemessen umzugehen. Statt Kinder zu bestrafen, sollten wir ihnen Möglichkeiten aufzeigen, um aus ihren Fehlern zu lernen. Die

Naturgesetze »strafen« uns ohnehin, wenn wir sie überschreiten. Willkürliche Strafe erzeugt Angst, und Angst verhindert Erkenntnis und Liebe. Dies gilt nicht nur für Kinder.

Auch Religionen wollen uns nicht strafen, sondern sie wollen uns die Möglichkeit geben, Einkehr zu halten, um zu Einsicht zu gelangen. Die Qualität der Vergebung spielt dabei eine große Rolle, aber sie sollte auch außerhalb der Religionen mehr Raum einnehmen in unserem Leben. Und dies wird sie automatisch, wenn wir uns bewusst machen, dass wir alle fehlbar sind und kein Mensch das Recht hat, über einen anderen Menschen zu urteilen. Denn jeder hat seine eigene »Umlaufbahn« und muss auf diesem Weg seine eigenen Erfahrungen machen. Er wird seine Schlüsse daraus ziehen, wie es seiner Natur und seinem Bewusstsein entspricht. Keiner kann wirklich wissen, was für diesen Menschen in einem Moment gerade gut und richtig ist.

Das Einzige, das für jeden von uns in jedem Moment gut und richtig ist, sind bedingungsfreie Wertschätzung, unaufdringliche Liebe, Mitgefühl und Klarheit. Denn diese Qualitäten bieten das Licht, in dem die Seele wachsen und ihr wahres Potenzial entfalten kann. Alles andere ist Einschränkung, ist lieb- und verständnislos – und deshalb wenig hilfreich. Über Dinge wie über Menschen zu urteilen dient in vielen Fällen nur dem Ego. Es macht unsere Seele eng und begrenzt. Die Qualität der Vergebung kann uns von diesen Beschränkungen befreien. Sie befreit uns von den Fesseln der Vergangenheit, von den energetischen Verbindungen, die uns im Vergangenen halten, und öffnet uns für die Gegenwart mit all ihrem Reichtum und ihrer Fülle.

Die Religionen können uns helfen, trotz aller Erkenntnisse und Fortschritte, die wir vielleicht persönlich oder beruflich machen, »auf dem Teppich« zu bleiben. Denn alle Menschen, alle

Wesen sind *Geschöpfe Gottes* und sitzen im selben Boot – unabhängig davon, wie bewusst sie auch sein mögen und welchem Lebensweg sie folgen. Wir haben alle Anteil am großen Schöpfungsplan, und jeder erfüllt seine Aufgabe darin. Es wäre absurd zu behaupten, dass ein Mensch, der sich mehr im Gleichgewicht befindet oder bewusster ist als ein anderer, deshalb auch »mehr wert« ist oder über einem anderen steht. Sein Bewusstsein reicht sicherlich weiter und tiefer, und folglich richtet er vermutlich weniger Schaden in der Welt an. Er kann heilsamer sein, aber dennoch ist er deshalb nicht »mehr wert«. Er ist und bleibt ein Geschöpf Gottes wie alle anderen auch.

Der Zwang, zu vergleichen und zu bewerten, entspringt dem Ego, das seine eigene Größe einschätzen will. Wenn wir uns bewusst sind über unsere Verbundenheit zum Absoluten, dann stellt sich die Frage nach Größe nicht mehr, Relationen verlieren ihre Bedeutung. In diesem Bewusstsein ist alles einfach das, was es ist. Dennoch wissen wir zugleich, dass wir ohne die ewige Energie der Schöpfung, die uns am Leben hält, und den Geist Gottes, der uns Inspirationen gibt und Erkenntnis ermöglicht, nichts wären. Rein gar nichts. Wir sind angewiesen auf diese Kräfte, um überhaupt da zu sein. Jeder von uns.

Es gibt also nichts, worauf wir uns etwas einbilden können. Nichts von dem, was wir sind, entspringt ausschließlich aus uns selbst, auch wenn wir hart an uns arbeiten und viel Energie investiert haben, um zu dem zu werden, was wir sind. Damit leben wir ja nur unsere eigentliche Bestimmung, und wir werden dafür vom Leben mit Glück und Erfüllung beschenkt. Es ist unnötig, zu bewerten und zu vergleichen. Ohnehin können wir uns niemals auf unseren Erfolgen ausruhen. Auch ein hohes Bewusstsein und ein inneres Gleichgewicht sind darauf angewiesen, gepflegt und aufrechterhalten zu werden. Sie sind weder absolut noch perfekt noch statisch als bloße Gegebenheiten. Sobald wir uns damit identifizieren und uns darauf ausruhen wollen, fallen wir in einen unbewussteren Zustand, weil wir glauben, etwas zu »besitzen«. In Wahrheit nehmen wir nur Anteil am großen Sein – nicht mehr und nicht weniger als das. Und genau dies tut jeder andere verwirklichte Mensch auch – auf seine Weise. Je reifer wir sind, umso weniger verspüren wir die Tendenz, uns über andere zu stellen – im Gegenteil: Wir freuen uns über jeden Menschen, dem wir auf gleicher Ebene begegnen können.

Religiöse Inhalte, so wahr sie auch sein mögen, sollten wir nicht dazu verwenden, über andere zu urteilen oder sie gegen ihren Willen zu belehren oder zu bekehren. Wenn wir sie benutzen, um uns selbst wichtiger und bedeutsamer zu fühlen, dann dienen wir damit dem eigenen Ego. Wir haben dann den wahren Sinn der Religion in diesem Moment verfehlt. Alles, was wir tun können, ist, andere zu *inspirieren* – jenseits jeder Wertung. Denn das Gute kann nur in Freiheit geschehen.

Geben wir Menschen Raum für ihre eigene Wahrheit, ermöglichen wir ihnen, sich zu entfalten und sich in Freiheit selbst zu erkennen. Das Gute und das Richtige geschehen dann automatisch – was immer dies auch sein mag und wie auch immer es sich im Leben des Menschen manifestiert. Alles, was wir tun müssen, ist, selbst bewusst zu sein, um dem anderen ein möglichst unverfälschtes Spiegelbild anbieten zu können, sonst fallen wir unseren eigenen Mustern zum Opfer und ziehen den anderen da mit hinein.

Wenn wir uns von Dogmen und perfektionistischen Vorstellungen lösen und einfach wahrhaftig wir selbst sind, dann tun wir damit das Beste, was wir tun können. Wir geben der Wahrheit

Raum zu sein. Dazu müssen wir niemanden belehren oder ihm unsere Erkenntnisse aufzwingen, sondern wir können ihn annehmen, wie er ist. Seine Freiheit können wir ihm lassen und ihm höchstens Impulse und Inspirationen bieten, die er in Freiheit annehmen oder ablehnen kann, so, wie es für ihn gerade passend ist.

Wenn die Religionen dies beherzigen, können sie den Menschen eine große Hilfe sein auf ihren persönlichen Wegen. Aber nicht nur die Religionen sind dazu aufgerufen, sondern wir alle. Wir dienen dem Sein am besten, wenn wir lernen, den Wahrheiten anderer mehr Raum zu geben, sie anzunehmen, wie sie sind, und einfach unser Licht leuchten zu lassen – unabhängig von »Erfolgen« oder Bestätigungen. Dort, wo Offenheit und Bereitschaft vorhanden sind, kann und wird dieses Licht ganz ungezwungen und absichtslos wirken. Wo keine Offenheit besteht, da kann auch keine erzwungen werden. Auch die Verschlossenheit können wir im Licht der Liebe annehmen und würdigen, weil auch sie in diesem Moment, auf diesem Abschnitt des Weges, ihren Sinn hat für den Menschen.

Sobald man glaubt, besser zu sein als andere, ist man zurückgefallen in die Dualität des Vergleichs und der Bewertung. Vergleiche sind unnötig, und im Prinzip lassen sich die Bewusstseinsqualitäten verschiedener Menschen nicht vergleichen. Wir können nur den eigenen Bewusstseinsinhalt wirklich kennen. Wenn wir anfangen zu vergleichen, hören wir auf, lebendig und wahrhaftig zu sein, und trennen uns vom Strom des Seins. Wir müssen lernen, dass alles gut ist, wie es ist, und dass die ständige Absicherung durch den Vergleich unnötig ist. Dies verhindert nur die Erkenntnis und die Bewegung auf der eigenen Umlaufbahn, die immer ihre eigene Qualität hat und von anderen Menschen ohnehin nie in ihrer ganzen Tragweite verstanden werden kann. Vergleiche entfernen uns vom Wesentlichen und trüben unser inneres Licht, indem sie uns an die relative Ebene binden. Damit verhindern sie die Erkenntnis, dass wir noch so viel mehr sind als nur das!

Wenn wir auch nur einen Hauch von Wahrheit spüren, einen Hauch des Absoluten, und wenn wir uns der Größe und Schönheit der Wahrheit bewusst werden, dann können wir nicht umhin, eine tiefe *Demut* zu empfinden. Die tiefe Demut gegenüber der Wahrheit, die noch weit über die Wahrheit unserer eigenen Existenz hinausgeht und von uns nie vollkommen erfasst werden kann. Sie ist die Wurzel echter Menschlichkeit. Haben wir so eine tiefe Gewissheit gewonnen und leben wir im bewussten Einklang mit der Wahrheit, dann werden wir niemals hochmütig oder eingebildet sein. Gegen Realitäten werden wir nicht kämpfen und nichts verurteilen. Im Gegenteil: Wir werden bestrebt sein, dieser großen Wahrheit in Liebe und Hingabe zu dienen und sie durch unser eigenes Dasein, die eigene Verwirklichung zu ehren, soweit es uns möglich ist.

Religionen haben in all ihren Inhalten und Ritualen das Potenzial, uns dazu zu inspirieren, die tiefere Wahrheit zu erfahren und dadurch inneren Frieden zu finden. Dafür müssen sie aber selbst dieser Wahrheit in Demut dienen und sich nicht verurteilend über sie oder einige ihrer Aspekte stellen. Die Religion muss dem Menschen dienen, nicht umgekehrt! Wie auch die ethischen Prinzipien ist sie nur ein Instrument. Das Mittel ist nur so gut wie das, was es bewirkt. Und dasselbe Mittel kann auf unterschiedliche Menschen ganz verschieden wirken, je nachdem, in welchem Zustand sich ihr inneres System gerade befindet. Daher sind Pauschalurteile sinnlos. Ein in der Dualität verhafteter Mensch wird z. B. mit Angst reagieren, wenn von der »Hölle«

die Rede ist. Er wird seine Dualität verstärken. Jemand anderen jedoch, der für die wahre Bedeutung offen ist, kann die gleiche Aussage zu tieferer Erkenntnis führen. Entsprechendes gilt für jeden anderen Inhalt und jedes Ritual.

Kann die Religion uns also in die wahre Selbst-Bewusstheit führen? Wo fordert sie von uns Unterordnung und Fassadenhaftigkeit? Wo fördert sie die Dualität, wo hilft sie uns, diese zu überwinden? Diese Fragen helfen uns, den Nutzen einer Religion oder bestimmter Inhalte und Rituale für uns *persönlich* einzuschätzen. Sie können aber auch den Religionen helfen, ihren Kurs zu korrigieren, falls sie in einigen Bereichen von ihrer eigentlichen Aufgabe in die Entfremdung abgedriftet sind.

Im Grunde brauchen wir nicht unbedingt eine Religion, um den Zugang zum Absoluten zu finden. Denn dieser liegt ja in uns selbst! Wir können alle Aspekte des Lebens als Inspiration nutzen, um uns auf das Wesentliche zu besinnen. Auch die Möglichkeiten, die die Religionen uns bieten, können wir dafür nutzen, wenn sie uns hilfreich erscheinen. Je mehr die Religionen sich auf ihren wahren Sinn besinnen und die Bewusstseinspotenziale des heutigen Menschen einbeziehen, umso hilfreicher können sie uns sein.

Letztendlich aber ist die Wahrheit ein pfadloses Land, wie Jiddu Krishnamurti sagte. Es gibt keinen Weg zur Wahrheit. Die Wahrheit ist der Weg. Das ist eine bekannte spirituelle Weisheit. Es genügt ein einziger Impuls, um den Quantensprung ins Selbst-Bewusstsein zu bewirken. Je öfter wir uns auf die tiefere Wahrheit besinnen und so den Anschluss zum Absoluten finden, umso stärker und vertrauter wird uns diese Verbindung werden. Jedes Instrument, das uns zur Verfügung steht, können wir dafür nutzen. Da die Wahrheit grenzenlos ist, sind auch die Mittel praktisch unbegrenzt. Jedes Instrument, das uns hilft, Zugang zu unserer essenziellen Freiheit und Verantwortlichkeit, zu unserer Erkenntnis- und Liebesfähigkeit zu erhalten, ist ein gutes Instrument. Folgen Sie der Stimme Ihrer Seele. Denn Ihren individuellen Weg, Ihre »Umlaufbahn«, kennen nur Sie!

Es bestehen ebenfalls Möglichkeiten für einen »Bewusstseinsquantensprung« auf der gesellschaftlichen Ebene, wie auch Risiken und Hindernisse. Das wird uns im nächsten Kapitel beschäftigen.

Eine neue Perspektive für die Gesellschaft

Kann die Gesellschaft uns auf unserem Weg der Verwirklichung helfen? Wo steht sie uns eher im Wege? Was ist unsere Aufgabe als verwirklichte Menschen in der Gesellschaft? Um Antworten auf diese Fragen zu finden, werden wir zunächst den Status quo, also die gegebenen Zusammenhänge, und die Dynamik dahinter betrachten. Dies ermöglicht uns, darüber hinauszugelangen. Indem wir die wahren Möglichkeiten erkennen, können wir sie erst nutzen.

Die Gesellschaft ist ein Spiegelbild des Bewusstseinszustands der Menschen, aus denen sie besteht. Ihre Strukturen stehen im engen Wechselspiel mit den inneren psychischen Strukturen des Menschen. Sie stützen und nähren sich gegenseitig und bilden somit einen weiteren Teufelskreis, der die Teufelskreise des Ego-Ich und der gesellschaftlichen Ebene verbindet. So wird z. B. das Bedürfnis des Ego nach Selbstbestätigung und Statussymbolen, nach Anerkennung und Macht, Sicherheit und Kontrolle durch die Marktwirtschaft genährt und genutzt. Diese profitiert davon und nährt und bestätigt durch ihre Werbung diese Bedürfnisse gezielt. Die heutige Marktwirtschaft lebt hauptsächlich durch die Manipulierbarkeit des Egos. Auch die Informationsindustrie nährt die Ängste und Identifizierungen des Egos und lebt zum großen Teil von ihnen.

Ebenso stützt die Politik die Illusionen und Bedürfnisse des Egos – auch wenn vielen dies nicht bewusst ist und sie die Politiker oftmals kritisieren. Da die meisten aber mit ihrem Ego-Ich identifiziert sind, wählen sie die Politiker, die diesen Bedürfnissen entsprechen. Ein Politiker, der die Weisheit hätte, die wahren Lösungen zu erkennen, und auch den Mut, diese zu benennen, der würde bei keiner Wahl gewinnen, weil er den Menschen genau das nehmen würde, was ihre Egos haben wollen. Und falls er durch irgendwelche anderen Umstände doch an die Macht käme, widersetzten sich die Menschen seinen Änderungen wahrscheinlich. Denn Reife und Erkenntnis lassen sich nicht von außen erzwingen. Sie müssen von innen kommen.

So ist die Politik im Grunde machtlos, weil sie sich im Kreis dreht und nie darüber hinauskommt – wie das Ego des Einzelnen auch. Dennoch wird viel Schaum geschlagen, auf der einen wie auf der anderen Ebene, um das eigene Dasein irgendwie zu rechtfertigen. Die Egos der Menschen und das Ego der Politik benutzen sich gegenseitig, und das geht ewig so weiter, wenn die Menschen nicht beginnen, Einkehr zu halten und ihr Handeln zu reflektieren.

Die Profitgier der Gesellschaft spiegelt nur den Materialismus und Egoismus der Einzelnen, und die Korruption in der Politik ist nur ein Spiegelbild der alltäglichen zwischenmenschlichen Korruption und Manipulation. So kann man auch auf vielen anderen Ebenen Parallelen ziehen, die alle Zeichen für die große, allgemeine Entfremdung des Menschen vom Wesentlichen, von der Liebe und Bewusstheit sind. Da der Großteil von uns sich im Halbschlaf der Ego-Ich-Identifizierung befindet, hat das Massenbewusstsein eine entsprechende niedrige und grobe Schwingung. Es nährt sich nämlich durch die Schwingungen der Einzelnen.

Dies ist relativ unabhängig davon, dass wir uns in einer Demokratie befinden. Auch in einer Monarchie oder Diktatur bestimmt die Energie des Massenbewusstseins, was geschieht, was erlaubt und mitgemacht wird und was nicht. Der Vorteil der Demokratie ist jedoch der, dass niemand politisch verfolgt wird wegen seiner Ansichten oder Ideen. Ein Zeichen, dass wir auf dem richtigen Weg sind. Es wäre jedoch wünschenswert, die offensichtlich einflussreichen Personen (Einfluss haben wir letztlich alle, und einen nicht geringen!) auf ihren Bewusstseinszustand, ihre geistige und emotionale Reife und ihren Bezug zum Absoluten zu »überprüfen«, bevor sie an die Macht kommen. Aber natürlich haben Personen, die zum Großteil selbst weder reif noch selbst-bewusst sind, wenig Interesse an solch einer Überprüfung. Sie haben ihre eigenen Maßstäbe, gemäß ihrer eigenen Konditionierungen und Identifizierungen.

Das Ego-Ich erwartet die Erlösung allein durch Veränderungen in der Außenwelt, in der Politik, in der Gesellschaft. Der selbst-bewusste Mensch weiß dagegen, dass die wahre Änderung zuerst im Inneren, im menschlichen Bewusstsein, geschehen muss. Denn die Teufelskreise der menschlichen Psyche spiegeln sich in gesellschaftlichen Teufelskreisen wider, aus denen auch die Gesellschaft nicht aus eigener Kraft herauskommen kann.

Zwischen beiden Teufelskreisen, dem menschlichen und dem gesellschaftlichen, besteht eine enge Wechselwirkung. Das Ego hat eine Vorstellung seiner eigenen Bedeutsamkeit, die jedoch mit den äußeren Umständen kollidiert. Alle Konflikte, die diese Illusion erzeugt, alle Widerstände, auf die das Ego im Leben stößt, schiebt es auf die Außenwelt und auf die gesellschaftlichen Umstände usw. Es gibt der Politik, der Wirtschaft oder der sozialen Situation die Schuld an seinem Leiden und den Einschränkungen, die es im täglichen Leben erfährt. Daher versucht es, gegen diese Umstände anzukämpfen oder sie durch List und Betrug zu umgehen. So aber wird die krankhafte Dynamik der Gesellschaft nur verstärkt.

Das Ego-Ich lebt in der Opferrolle. Es kritisiert vielleicht die gesellschaftlichen Umstände, ohne sich seiner eigenen Wirkung auf diese Dynamik bewusst zu sein. Wenn es darum geht, die richtigen Impulse zu setzen, dann sagt das Ego-Ich: »Ich als einzelner Mensch kann ja sowieso nichts ändern. Ich habe keinen Einfluss auf die Welt. Die anderen Leute müssen die Dinge ändern, und ich bin darauf angewiesen, dass sie das tun.« Leider sind diese anderen Leute oft ebenso gefangen in ihrem Ego-Ich und verpassen es deshalb ebenfalls, die richtigen Impulse zu setzen. Auch die »anderen« erkennen die wirklichen Lösungen oftmals nicht. Und auch wenn sie diese sehen sollten, besitzen sie nicht die Allmacht, diese auf rein gesellschaftlicher Ebene zu bewirken. Denn äußerliche Änderungen wie entsprechende Vorschriften und Verbote würden wahrscheinlich vom Ego-Ich der Masse nicht gutgeheißen werden, welches auf seiner eigenen Existenz besteht. Die wahre Lösung kann also nicht von außen diktiert werden, sondern sie muss von innen kommen. Jeder Einzelne ist gefragt. Wir alle sind aufgerufen, zu erkennen und die richtigen Impulse zu setzen.

Wie wir schon gesehen haben, hat alles, was wir denken, fühlen oder tun, eine Wirkung auf die Welt. Unser Energiefeld wirkt über die Grenzen unseres Körpers hinaus, und all unsere Handlungen und energetischen Regungen haben einen Einfluss – ob wir wollen oder nicht. Wir sehen die Folgen unserer inneren Dynamik ja jetzt auch in der Welt. Es liegt an uns, diesen offensichtlichen Einfluss in eine positive, heilsame, menschenfreundliche Richtung zu lenken.

Wenn wir bei uns selbst beginnen und unsere wahren Potenziale erkennen, sind wir alles andere als machtlos! Ein Einzelner kann auch auf gesellschaftlicher Ebene viel bewirken, sobald er sich vom Ego-Ich befreit. Wenn er sich in den »Dienst« des kosmischen Prinzips stellt, wird ihm eine unerschöpfliche Energie zur Verfügung gestellt. Seine Energie potenziert sich sozusagen, und die Wirkung verstärkt sich. Diese höhere Schwingung bewirkt so etwas wie eine »Kettenreaktion«, indem sie auch andere anregt und inspiriert. In ihnen kann ebenso das innere Licht entfacht werden, wenn sie dafür offen sind. Und viele Menschen sind derzeit offen und warten darauf, dass etwas geschieht, das sie aus ihrem Leiden erlöst.

Auf der Quantenebene gibt es weiterhin »Schmetterlingseffekte«. Das bedeutet, dass kleine energetische Impulse große Wirkungen erzeugen können! Wenn wir im Geist eine neue Qualität entwickeln, dann wird diese zu einer neuen Wahrheit. Sie wird somit augenblicklich integraler Bestandteil des großen Ganzen, der universellen Wahrheit. Alle mit uns energetisch verbundenen Menschen werden zugleich – unbewusst oder bewusst – diesen Impuls erfahren und angeregt werden, ihre Schwingungen auch zu erhöhen. Das ist das Gesetz der Resonanz.

Dies hängt eng mit dem Phänomen der *Verschränkung* aus der Quantenphysik zusammen, das auch für unser Bewusstsein gilt. Dadurch kann ein Impuls, der auf einen oder in einem Menschen wirkt, zugleich und augenblicklich auch auf die Menschen wirken, mit denen er durch seinen Ursprung verbunden ist – unabhängig davon, wo diese sich gerade aufhalten. Und kommen wir nicht alle letztlich aus derselben Quelle? Dann können wir uns vorstellen, welch große und umfassende Wirkung unsere eigene Entwicklung und Geisteshaltung in der Welt haben, auch wenn sie vielleicht nicht sofort offensichtlich ist.

Die größte Wirkung haben wir, wenn wir uns aus der Dualität lösen. Denn dann leben wir nicht mehr in dem Bild, dass wir die Welt verändern müssen, um glücklich zu sein. Wir sehen dann, dass all das »Negative«, das wir in der Welt erleben, ein Spiegelbild unseres eigenen Inneren ist. All unsere Versuche, die Welt zu verändern, werden im Sande verlaufen, solange wir dies nicht erkennen. Wir versäumen dann, uns selbst als die eigentliche Ursache zu ändern. Sobald wir uns jedoch an die Arbeit machen, unser eigenes Leben zu klären und in Ordnung zu bringen, wirken wir ganz unmittelbar auf die Welt – viel stärker und weitreichender, als wir uns vorstellen können.

So liegt die größte Wirksamkeit in unserer eigenen Verwirklichung, im eigenen verwirklichten Sein. Dieses Sein wird automatisch wirken, ohne dass wir uns besonders darum bemühen müssen. Dies liegt in der Natur der Dinge. Wenn wir unsere eigene Schwingung gereinigt und geklärt haben, dann wird dies in die Welt hinausstrahlen – ob wir es wollen oder nicht. Denn alles ist verbunden, und nichts geht verloren. Die beste Wirkung entfaltet sich nicht im Kampf gegen Wahrheiten, sondern im bloßen Dasein und Leben im Einklang mit dem kosmischen Prinzip.

Dies eröffnet uns eine wichtige Erkenntnis: Unser eigenes Glück schadet oder widerspricht dem Glück der Welt nicht. Nur das Glück des Egos schadet der Welt, weil es auf ihre Kosten geschieht und die innere und äußere Dualität verstärkt. Wirkliche Erfüllung aber, wirkliches Glück und wirkliche Liebe dienen der Welt besser als alles andere. Wir müssen glücklich sein, um die Welt zu verändern! Nicht umgekehrt.

Wir sind somit aufgerufen, uns vom »bewusstseinsfähigen« zum wahrhaft bewussten Wesen zu entwickeln! Durch diesen Quantensprung im Bewusstsein und durch die damit verbundene Einsicht in die eigene Verantwortung bewirken wir die Evolution, und zwar nicht irgendwann, sondern JETZT, in diesem Moment, in jedem Moment. Wenn wir die Verantwortung für uns selbst übernehmen und beginnen, unser ganzes geistiges Potenzial zu nutzen, dann werden wir zu den Gestaltern unser eigenen Evolution. Wir werden zum Schöpfer unseres eigenen Daseins, so, wie es dem »Willen Gottes«, dem großen Ganzen entspricht. Ich wünsche Ihnen, dass Sie dieses Buch als eine »Gebrauchsanleitung« Ihres Geistes zum Wohle des großen Ganzen und zu Ihrem eigenen Besten nutzen können – in völliger Freiheit.

Der Mensch muss aufhören, sich auf »Autoritäten« zu berufen und nachzuplappern, was andere gesagt haben. Es ist an der Zeit, dass wir anfangen, selbst zu denken und zu erkennen, um den Übergang in eine neue Dimension jenseits der relativen Raumzeit, die Dimension wahrhaften Menschseins zu vollziehen. Wir alle sind aufgerufen, selbst Verantwortung zu übernehmen für unser Dasein und unseren inneren Zustand. Andere können uns dazu inspirieren, aber um diese Inspirationen empfangen und richtig verstehen zu können, müssen wir uns selbst öffnen. Und wir müssen unsere individuellen Erkenntnisse in Handlungen umsetzen. Übernommene, ungeprüfte »Wahrheiten« oder Glaubensmuster können uns nicht helfen, denn sie betäuben den Geist und führen von echter Erkenntnis weg. Wir können und müssen selbst zum Forscher werden, denn wir allein haben unverfälschten Zugang zu unserer eigenen inneren Wahrheit.

Die Wahrheit ist jetzt und hier, und sie wird nicht wahrer dadurch, wenn sie von vielen erkannt wird. Auch wenn sie nur von wenigen oder gar von niemandem gesehen wird, so ist und bleibt sie dennoch wahr. Aber wir werden wahrhaftiger, sobald wir die Wahrheit klarer erkennen und ihr näher kommen. Äußere Bestätigung kann uns auf diesem Weg höchstens Indizien geben. Wirkliche Gewissheit können wir nur in uns selbst finden und nirgendwo sonst.

Auch den gesellschaftlichen Teufelskreis mit all seinen Problemen könnte man in einen Engelskreis umwandeln. Nicht etwa durch Revolution, sondern durch *Evolution*, durch Erkenntnis, Entwicklung von Unterscheidungskraft, durch Reflexion über das eigene Handeln und seine Konsequenzen für die Welt und für einen selbst. Aktionen, die die Umwelt und andere Menschen schädigen, sind letztlich auch nicht gut für uns. Schon allein deshalb, weil sie uns im eigenen Teufelskreis gefangen halten, aber auch, weil alles, was wir tun, natürlich auf die eine oder andere Weise auf uns zurückwirkt. Wir sind ja ein Teil dieser Welt, auf die wir wirken. Über Selbsterkenntnis und Desidentifizierung können wir die richtigen Impulse setzen.

Niemand ist abhängig von der Politik oder der Wirtschaft, um im Inneren frei und glücklich zu sein. Wenn wir dies nicht erkennen, drehen wir uns endlos im Kreis, denn dann bleiben wir an die Massenenergie gebunden. Diese Massenenergie zieht Menschen zurück, indem sie mit ihrer Schwingung die entsprechenden Anteile und Strukturen im Inneren der Menschen verstärkt und bestätigt. Sie lebt ja davon, dass Menschen sich an sie binden und sich von ihr abhängig machen. Es liegt an uns, diese Anteile in uns selbst zu verstehen und loszulassen, um uns aus der Bindung an die Massenenergie zu lösen und weitergehen zu können.

Viele kämpfen in der Welt gegen irgendwelche Umstände oder fühlen sich dadurch gestört. Indem wir aber etwas bekämpfen oder ablehnen, binden wir uns energetisch an diese Dinge und verstärken sie dadurch nur, weil wir ihnen unsere Energie zuführen. Um diese vermeintlichen Hindernisse wirklich zu überwinden, muss man sie erst verstehen und dann loslassen. Wir müssen lernen, unsere Energie nicht mehr auf das auszurichten, was wir nicht wollen, sondern auf das, was wir wollen, was unserem wahren Wesen entspricht. Dadurch können wir eine neue Schwingung kreieren, die ein großes schöpferisches Potenzial in sich trägt. Sie kann uns eine Alternative zum Bestehenden bieten, wenn wir »umsteigen« wollen.

Tatsächlich ist diese neue, feinere Schwingung schon lange da. Sie wird aber erst dann offensichtlich und spürbar, wenn wir uns aus der alten, groben Massenenergie lösen. Dies muss durch einen »Quantensprung« in unserem Bewusstsein, eine aktive und spontane Neuausrichtung geschehen. Diese neue Perspektive wird durch unsere Erkenntnis und durch unsere Liebe möglich. Je öfter wir diesen »Quantensprung« vollziehen, umso vertrauter wird uns die neue, heilsame Schwingung des »universellen Engelskreises«, die umso mehr verstärkt und gefördert wird. Aus dieser Energie heraus können wir auch in der Gesellschaft und in unserem persönlichen Leben neue, heilsame Impulse setzen, wie es unserer individuellen Natur und unserer eigenen »Umlaufbahn« entspricht.

Natürlich kann der Übergang manchmal auch schwierig sein. Das Neue ist uns noch unvertraut. Alte Beziehungen werden zunächst infrage gestellt, denn eine Beziehung zwischen einem erwachten und einem nicht erwachten Menschen gestaltet sich nicht immer leicht. Wie Jiddu Krishnamurti sagte, gibt es keine Beziehung zwischen dem Wahren und dem Falschen. »Falsch« meint hier nicht ein moralisches Urteil, sondern falsch im Sinne von »gefälscht«, entfremdet von der ursprünglichen Wahrheit. Das »Falsche« ist natürlich selbst wiederum ein Teil der Wahrheit, weshalb der erwachte Mensch den entfremdeten auch verstehen kann – sogar tiefer, als dieser sich selbst verstehen kann. Der Entfremdete aber kann den Erwachten nicht mehr verstehen, denn dieser hat sich aus den alten Mechanismen und Strukturen gelöst. Er ist auf der gewohnten Ebene nicht mehr erreichbar. Die anderen Ebenen, auf denen die wahre Beziehung besteht, sind dem nicht Erwachten nicht bewusst. Die erwachte Person ist für ihn daher nicht mehr greifbar, berechenbar und somit auch nicht mehr manipulierbar. Bewusstheit ist die beste und einzig wirkliche Schutzmöglichkeit gegen Manipulation.

In einem erwachten Menschen gibt es ebenfalls keine Beziehung zwischen dem Wahren und dem »Falschen«. Er ist nämlich fähig, sich von der niedrigen Schwingung, von den alten, hinderlichen Anteilen in sich selbst zu lösen, sich zu desidentifizieren. Natürlich kann er sich dieser Aspekte dennoch immer bewusst sein und auch der Wirkungen, die äußere Einflüsse dort erzeugen. Er ist aber frei zu entscheiden, inwieweit er auf diese Einflüsse eingehen und reagieren möchte – und vor allem in welcher Form! Er kann sich so z. B. der Ängste und Bedürfnisse des Egos bewusst sein und sich zugleich ebenso bewusst von diesen Schwingungen lösen, anstatt sich davon leiten zu lassen. Sie haben auf ihn keine Wirkung mehr.

Übertragen wir dies auf das Leben in der Gesellschaft, so ist es möglich, sich innerlich aus dem Massenbewusstsein auszuklinken, es aber zugleich beobachten und verstehen zu können. Denn das Feine kann das Grobe durchdringen, nicht aber umgekehrt. So kann die feine Schwingung der Liebe und der Freiheit die grobe der Angst und der Manipulation durchdringen, ohne davon wirklich berührt zu werden. Sie ist einfach von anderer Qualität, und diese grobe Schwingung erzeugt in ihr keine Resonanz.

Man muss also nicht zum »Aussteiger« werden, indem man sich in irgendwelche einsamen Höhlen oder Randbereiche der Zivilisation verkriecht. Wir können durch die Kraft unseres Bewusstseins aus dem Massenbewusstsein aussteigen. So setzen wir erst neue, heilsame Impulse in dieser Welt. Allein diese Umschaltung bewirkt schon viel, ohne dass wir gezielt etwas tun müssen. Indem wir uns auf die Schwingung der Liebe und der Freiheit begeben, sind wir nicht mehr manipulierbar, z. B. durch Werbung. Denn wir sind nicht mehr bedürftig. Wir werden in unserem persönlichen Leben ganz andere Prioritäten setzen und dem bloßen Konsum von Gütern oder auch von Informationen weniger Bedeutung beimessen. Gezielt werden wir uns das auswählen, was unserem wahren Wesen und unseren eigentlichen Bedürfnissen entspricht. Auf Statussymbole jeglicher Art können wir verzichten und somit aufhören, uns selbst und anderen etwas beweisen zu wollen. Wir werden unabhängig von Bestätigung.

Wenn eine gewisse Anzahl von Menschen sich aus dem Massenbewusstsein ausklinkt, dann wird eine »kritische Masse« erreicht. Diese kann auch das gesellschaftliche System als solches verändern, indem z. B. Schulen oder andere Institutionen gegründet werden, die das neue Bewusstsein fördern – und damit alte Wunden der Einzelnen und der Gesellschaft heilen können.

Es gibt also in gewisser Weise eine Beziehung zwischen dem Wahren und dem »Falschen«, dem Entfremdeten. Zwar nicht auf der Ebene der Dualität, aber auf einer anderen Ebene, in einer anderen Dimension. Das Wahre ist in allem enthalten, auch im »Falschen«, und so kann es überall wirken und alles durchdringen. Nur aus der Sicht des »Falschen« existiert keine Verbindung, da es keinen bewussten Zugang zu dieser anderen Dimension hat. Es kann das Wahre als solches nicht erfassen.

Der Mensch, der in den relativen Dimensionen des Raumes und der Zeit gefangen ist, ist wie jemand, der nur die Oberfläche des Ozeans sieht. Wenn es regnet, kann er zwar die Wirkungen der Tropfen auf der Oberfläche sehen, nicht aber verstehen, woher sie kommen und was dahintersteckt, denn dies spielt sich in der »dritten« Dimension ab. Er macht sich vielleicht sein eigenes Bild vom Geschehen, versucht vielleicht, das Auftreffen der Tropfen auf zweidimensionaler Ebene voneinander abzuleiten und die Wirkungen zu verstehen, was ihm aber nicht gelingen wird. So hat das Falsche keine Beziehung zum Wahren, zur wahren Ursache des Geschehens. Erst wenn der Mensch sich über die andere Dimension bewusst wird, kann er wirklich verstehen, was geschieht. Dann sieht er die Schönheit und Einfachheit der Wahrheit und seine eigene Stellung darin.

Wenn wir also als Erwachte mit Menschen in Kontakt sind, die sich noch nicht über die »dritte« Dimension bewusst sind, wird es immer zu Missverständnissen kommen. Sie werden alles im Rahmen ihrer eigenen, bekannten Dimensionen interpretieren. Auf der ihnen gewohnten, der relativen Ebene gibt es kaum Berührungspunkte. Durch unser eigenes Dasein und unsere eigene Energie können wir sie aber dennoch inspirieren und eine Wirkung hinterlassen – ob sie sich dessen bewusst sind oder nicht.

Wir müssen das nicht absichtlich tun, denn wir sind ja nicht dazu da, die anderen zu ändern oder zu bekehren. Die wahre Wirkung geschieht unabsichtlich, weil sie in der Natur der Dinge liegt.

Wenn wir uns aus dem Massenbewusstsein ausklinken, schwächen wir damit seine Energie, weil wir ihm unsere eigene entziehen. Schon das allein setzt wichtige Impulse – nicht nur für uns selbst. Anderen wird es später auch leichter fallen, sich aus der Massenenergie auszuklinken, weil diese dann eine nicht mehr ganz so starke Anziehungskraft bzw. Wirkung hat. So kann allmählich die neue Energie des Engelskreises zu einer neuen Art von »Attraktor« werden, die für immer mehr Menschen einen neuen Anziehungspunkt, eine neue Möglichkeit der Orientierung bietet. Denn auch die neue Energie entwickelt sich weiter, differenziert sich und wird von immer mehr Bewusstsein durchdrungen.

Die Schulen können dann allmählich menschenwürdig gestaltet werden, sodass die Kinder gleich an dieses neue Bewusstsein gewöhnt werden. Sie werden dann nicht mehr, wie es in der Vergangenheit üblich war, in starre, lebensfeindliche Strukturen gequetscht und mit sinnlosen Informationen gefüllt. Die Kinder können in den Schulen dann Basiswissen lernen, das ihnen helfen kann, ein glückliches und erfülltes Leben zu führen. Dazu gehören ethische Werte, die in Freiheit und undogmatisch konkret geprüft und erfahren werden können, sowie die grundlegenden Naturgesetze, nach denen das Menschsein funktioniert. Dazu zählen alle Aspekte, die wir in diesem Buch betrachtet haben, also Körper, Seele und Geist, Materie, Energie und Feld und die entsprechenden Gesetze.

Die eigentliche Aufgabe von Schulen besteht darin, die Menschen zum eigenständigen Lernen und Forschen zu *inspirieren*, und nicht, sie unter Druck und Bewertungszwang mit vorgefertigtem »Wissen« vollzustopfen. Eine Schule, die der Wahrheit des Menschseins nicht gerecht wird, wird nur wenige wirklich berühren. Auf dieser Ebene besteht nämlich keine Beziehung zwischen dem Wahren und dem Falschen. Der Unterrichtsstoff muss den inneren Wahrheiten der Schüler angemessen sein und diese würdigen. Die grundlegende Freiheit und Würde jedes Lebewesens und seine ursprüngliche Lebendigkeit gehören dazu.

Natürlich entsprechen die Inhalte, die an Schulen vermittelt werden, immer höchstens den Erkenntnissen der Wissenschaften. Würden die Wissenschaften mehr voneinander lernen und ihr Wissen mehr am Menschsein ausrichten, dann könnte sich dies auch in den Schulen und Universitäten niederschlagen.

Letztendlich sind wir aber alle aufgefordert, eigeninitiativ zu sein und aus allem zu lernen, was geschieht und uns begegnet. Dafür sind wir nicht auf Schulen angewiesen. Diese können den Prozess höchstens unterstützen. Sie können ihn aber durch eine menschenfeindliche, lebensfeindliche, dogmatische Haltung auch erschweren! Ein gutes, menschenfreundliches Bildungssystem würde sich dadurch auszeichnen, dass die Bildung Spaß macht und die Schüler gern zur Schule gehen. Die vermittelten Inhalte würden die Schüler befähigen, ein glückliches und bewusstes Leben zu führen. Denn dies ist das Wichtigste, was wir als Menschen lernen müssen. Ein gutes Bildungssystem würde die Schüler motivieren, die eigenen Erfahrungen in einem neuen Licht zu betrachten. Nicht alle werden fähig sein, diese Anregungen umzusetzen. Aber auch das ist ihr Recht und ihre Freiheit und sollte nicht bewertet werden!

Wir vergewaltigen den Geist durch sinnloses Pauken unter Druck und Zwang und missachten damit die Menschenwürde.

Diejenigen, die sich dieser Behandlung widersetzen, zeigen damit einen gesunden Lebenswillen und Selbsterhaltungstrieb. Gewalt führt immer zu Gewalt. Die katastrophalen Zustände an den Schulen, die Aggressionen der Schüler sind nur ein Spiegel der Gewalt, die ihnen leider auch durch die Schulen angetan wird. Eine friedliche, förderliche Lernatmosphäre ist nur möglich, wenn die Kinder und Jugendlichen ihre geistigen Kapazitäten in Liebe und Freiheit entfalten können. So ist auch nur wirkliche Erkenntnis möglich. In einer Atmosphäre, die von Gewalt und Angst beherrscht wird, kann der Geist sich nicht frei entfalten, denn Angst schränkt Geist und Seele ein. Sie verhindert wahres Verstehen.

Die gegenwärtig übliche, repressive Form von Schule bewirkt vor allem, dass die Menschen im Inneren Kinder bleiben. Sie legen sich nur oberflächlich eine Fassade von Perfektion zu, um den äußeren Anforderungen gerecht zu werden. Oder aber sie wehren sich völlig dagegen und werden zum Rebellen. Auch das verhindert wahre Erkenntnis, weil sie im Stadium des Kämpfens und damit ebenso in der Dualität stecken bleiben.

Die Gesellschaft versucht, einheitliche Menschen zu züchten, die alle das Gleiche wissen und den gleichen Idealen der Gesellschaft entsprechen. Es entstehen Menschen, die durch Angst beherrscht werden und daher manipulierbar sind, z. B. durch Lob oder Strafe. Aus der Manipulierbarkeit der Masse zieht die heutige Gesellschaft ihre Energie. Diese braucht sie, weil sie aus eben diesen Menschen besteht, die von Angst regiert werden. Das Massenbewusstsein hat die Grundschwingung von Angst und Bedürftigkeit, und dies spiegelt sich in allen verschiedenen Facetten wider. Viele leben in einem Gefühl des Mangels und der Existenzangst, was wiederum die Dynamik der Gesellschaft nährt.

Wo liegt die Lösung für uns, wie finden wir zu einer neuen

Perspektive? Es ist dafür nötig, dass wir uns vom *Haben* auf das *Sein* umorientieren, uns vom Außen nach Innen wenden. Alles, was wir wirklich brauchen, haben wir in uns selbst! Das Potenzial des ganzen Seins liegt in der Gegenwart, in diesem ewigen Moment. Ein Mensch, der seinen inneren Reichtum und seine innere Schönheit entdeckt, wird nicht mehr den äußerlich, materiell Reichen und Schönen hinterherrennen, diese anhimmeln oder beneiden. Er wird sich auch nicht mehr manipulieren oder in fremde, lebensfeindliche Strukturen pressen lassen. Denn er hört auf, bedürftig zu sein.

Das Ende der Bedürftigkeit aber ist der Anfang der Erfüllung. Wenn wir aufhören, andere Menschen und Dinge durch die Brille unserer Bedürfnisse zu sehen, können wir erst tiefer und unverfälschter sehen, wie sie wirklich sind. Erst dann ist tiefe Erkenntnis, tiefe Einsicht möglich. Sie wird unser Leben und unsere Beziehungen bereichern, ohne dass wir im Außen danach streben müssen. Wirkliche Liebe und wahre Nähe entstehen – jenseits der Illusionen.

Dies schließt alle Menschen ein, auch jene, die selbst nicht zu dieser Erkenntnistiefe fähig sind. Denn wenn wir nicht mehr bedürftig sind, dann erwarten wir auch nichts mehr. Dann können wir jeden so sein lassen, wie er ist, und ihn trotzdem – oder gerade deshalb – annehmen und lieben. Liebe durchdringt alles, auch die niedrigen Schwingungen anderer Menschen. Liebe durchdringt und versteht. Wenn wir uns auf der hohen und reinen Schwingung der Liebe befinden, dann kann uns die niedrige Schwingung der Angst oder Gewalt nicht berühren. Wir können sie zwar durchdringen und verstehen, aber sie kann keine Wirkung auf uns ausüben. Sie geht einfach durch uns hindurch, ohne irgendwelche Spuren zu hinterlassen.

Wir können in dieser Welt sein, hier und jetzt leben und wirken, ohne wirklich von dieser Welt zu sein, wie Buddha einst sagte. So, wie die Lotosblume rein und klar auf der Oberfläche des Sumpfes schwimmt, obwohl sie im Sumpf geboren und aufgewachsen ist, so können auch wir aus dem Sumpf der Unbewusstheit und Unreinheit herauswachsen, wenn wir die Dualität überwunden haben. Der Sumpf bleibt trotzdem da, und er hat auch seinen Sinn. Ohne ihn wären wir nicht da. Dennoch liegt unser wahres Potenzial darin, über ihn hinauszuwachsen und in unserer ganzen Reinheit und Schönheit zu blühen.

Solange wir mit der Dualität identifiziert sind, bleiben wir in der Spannung ihrer Pole gefangen. Um unser wahres Potenzial entfalten zu können, müssen wir über die Dualität hinauswachsen. Das heißt wohlgemerkt nicht, die Dualität als solche zu bekämpfen oder zu vermeiden. Sie ist ein Teil der Wahrheit wie alles, was existiert. Es bedeutet nur, aufzuhören, uns an sie zu versklaven. Es bedeutet, die polaren Kräfte konstruktiv und zum eigenen Wohle und dem Wohle der Menschheit zu nutzen. Polarität ist ein Naturgesetz. Es gibt keinen Ozean, an dessen Oberfläche es nicht das ständige Auf und Ab der Wellen gäbe. Ein Tag ohne Nacht existiert nicht. Wichtig ist nur, dass wir uns nicht im Auf und Ab der Wellen verlieren, sondern den Bezug zum großen Ganzen in unserem Leben manifestieren. Aus diesem Bewusstsein heraus können wir dann auch das Spiel der Wellen genießen und seine wahre Bedeutung besser verstehen.

Wenn wir die Dualität ablehnen, dann sind wir im selben Moment wieder Opfer der Dualität geworden. Das wahre Potenzial liegt vielmehr darin, die ohnehin existierenden Kräfte bewusst zu nutzen. Die elementaren Kräfte sind die der Liebe, der Schöpfung sowie die der Trennung und Zerstörung. Auch hier besteht eine Polarität, die ihren Sinn hat. Sie macht erst Entwicklung und Erkenntnis möglich, wie ich an früherer Stelle schon verdeutlicht habe. Wir müssen es nur schaffen, eine Synthese von beiden herzustellen, die Potenziale dieser Pole zu integrieren, um im Fluss des Lebens und der Erkenntnis zu sein.

Liebe ohne Trennung hat keinen Sinn, denn bloße Verbundenheit führt zu nichts. Die Kraft der Trennung ermöglicht erst Bewusstheit und Unterscheidungskraft, wenn wir ihr Potenzial auf die richtige Weise zu nutzen verstehen. Die Kraft der Zerstörung ermöglicht, dass wir uns von alten, hinderlichen Fesseln lösen und weitergehen können. Sie ist das Werkzeug der Transformation. Auch der Samen einer Pflanze muss als solcher »zerstört« werden, muss seine Existenz als Samen aufgeben, damit die Pflanze wachsen kann. Würde er auf seiner Existenz bestehen, könnte er nie das wahre Potenzial entfalten, das in ihm liegt. Ähnlich ist es mit dem Komplex des Ego-Ich.

Natürlich muss diese »Zerstörung« in Liebe und Freiheit geschehen. Es bringt gar nichts, den Samen mutwillig zu zerstören und die Pflanze sozusagen mit Gewalt herausholen zu wollen. Das würde niemals funktionieren. Wachstum lässt sich nicht erzwingen, wohl aber lassen sich die geeigneten Bedingungen herstellen, die dieses fördern. Die wichtigste Bedingung ist die Liebe. Denn die Liebe verbindet, und sie fügt alles immer wieder zu einem sinnvollen Ganzen zusammen. Durch die Liebe manifestiert sich der Schöpfungsplan in allem, was ist. So gehen Liebe und Schöpfung auf der einen und Trennung, Zerstörung und Vergänglichkeit auf der anderen Seite Hand in Hand. Nur die lieblose Zerstörung, die unbewusste Trennung, bringen das Leiden.

Letztendlich ist es ein wesentliches Merkmal der Evolution, dass sich die Wege verzweigen und die Vielfalt wächst. So können sich immer mehr Aspekte der Wahrheit manifestieren und bewusst werden. Die Wahrheit kann sich in all diesen Aspekten selbst erfahren. So ist es auch ganz im Sinne der Wahrheit und der Evolution, wenn nicht alle Menschen ihr Bewusstsein voll entfalten. Nicht aus jedem Samenkorn wird eine Pflanze werden, und das ist völlig in Ordnung. Die Samenkörner sind ebenso ein Teil der Wahrheit. Sie führen uns immer wieder unseren Ursprung vor Augen und helfen uns, zu verstehen, wofür wir ihnen dankbar sein können. Im Licht der Liebe und der Bewusstheit aber wird es immer mehr Menschen möglich sein, zu wachsen und sich selbst zu erkennen. Wenn wir diese Vielfalt zulassen und würdigen, bereichert das unser Leben enorm. Erst dann können wir zu wahrer Einheit finden! Was für Beziehungen im Kleinen gilt, das gilt auch auf gesellschaftlicher und evolutionärer Ebene: Je deutlicher die Unterschiede, umso fruchtbarer die Gemeinsamkeiten!

Die Menschen stecken heutzutage noch in den evolutionären Kinderschuhen, sie leben meist wie die Kinder in ihren eigenen Illusionen, unbewusst über die wahren Gesetze der Natur und des Lebens. Sie wollen sich ihre eigene Welt schaffen, so, wie es ihnen gefällt, sie leben ihre Träume und träumen dabei ihr Leben. Sie spielen mit ihren Möglichkeiten wie die Kinder, ohne die Konsequenzen abschätzen zu können. Dies sind die Menschen, die uns »regieren« und die unsere Wirtschaft lenken.

Die Kinder sind zweifellos wichtig, aber wenn es keine Erwachsenen gäbe, würden sie nur Unsinn treiben und kaum länger überleben können. So würden sich die gegenwärtigen Menschen ihr eigenes Grab schaufeln, wenn es keine »Erwachsenen« gäbe, die helfend eingreifen würden. Jemand, der wirklich erwachsen ist, sieht über die Grenzen seines eigenen Ego-

Ich hinaus. Er versklavt sich nicht an dessen Bedürfnisse, sondern er transformiert diese und stellt sein Ego-Ich in den Dienst des Höheren, des kosmischen Prinzips. Er übernimmt die Verantwortung für seinen eigenen inneren Zustand und ist erst dadurch auch in der Lage, wirkliche Verantwortung in der Welt zu übernehmen. Wirkliches Erwachsensein bedeutet nicht, die Kindheit abzulehnen und zu verdrängen, sondern sie zu integrieren und zu transzendieren, ihre schöpferischen Kräfte zu nutzen – aber auf bewusste Weise.

Es ist wichtig, dass in dieser Zeit möglichst viele von uns evolutionär erwachsen werden, um das Ganze in eine heilsame Richtung lenken zu können. Das bedeutet, die Führung zu übernehmen – zunächst einmal die Führung unseres eigenen Inneren und dann auch im Außen, ob nun innerhalb bestehender Strukturen oder aber durch neue, ergänzende Strukturen. Beides ist möglich und sinnvoll, und beides wird geschehen und geschieht auch schon.

Wie kann dieser nötige Einfluss geschehen? Wohl kaum durch Machtmissbrauch und Korruption, so, wie es den Instrumenten des Egos entspricht. Nein, vielmehr durch Liebe und Erkenntnis, durch ein tiefes Verstehen und ein natürliches, bewusstes Handeln aus der tiefen Einsicht in die Notwendigkeit. Dabei geht es nicht um uns. Es geht nicht darum, »gut« zu sein oder von anderen bewundert zu werden. Manchmal müssen wir sogar riskieren, von unserer Umwelt missverstanden oder abgelehnt zu werden, um das Richtige zu tun. Das wahrhaft Gute aber geschieht meist ohne viel Aufsehen, es geschieht einfach und natürlich, oftmals im Verborgenen, weil dieses dem Wesentlichen näher ist als das Offensichtliche.

Das wahrhaft Gute entsteht leicht und frei. Es ist eine heilsame Energie, die einfach fließt, so, wie die Sonne auf alles scheint, ohne auszuwählen. Wer möchte, kann sich vor dem Licht verschließen, denn alles ist eine Frage der Dosierung, aber dies muss jeder für sich selbst regeln. Das ist nicht die Aufgabe des Lichtes, das einfach scheint. Natürlich kann das Licht nicht überall leuchten. Auf der anderen Seite wird immer Nacht sein. Aber das ist auch gut so. Alles, was wir brauchen auf diesem Planeten, ist ein bisschen mehr Licht, denn die Menschen wandeln heute vorwiegend noch im Dunkeln. Im Grunde ist das Licht schon da, aber es muss umgewandelt werden, um von manchen besser empfangen werden zu können, die nicht so tief blicken können. Niemand ist dazu besser geschaffen als der Mensch, der selbst eine Manifestation der Unendlichkeit ist und diesen Prozess bewusst vollziehen und gestalten kann!

Indem wir unser inneres Licht, das Licht der Liebe und der Erkenntnis, in die Welt leuchten lassen, bedingungslos, frei und ungezwungen, können die Menschen, die dafür empfänglich sind, diese Schwingung erfahren. Sie können dadurch angeregt werden, diese selbst in sich zu entfalten. Das ist alles, was wir tun können und müssen, um den Himmel auf die Erde zu holen. Und dabei zählt jedes Licht, denn jeder »beleuchtete« Ort bedeutet ein bisschen weniger Dunkelheit. Es ist wahr, dass die eigene Macht in der Dunkelheit sehr beschränkt ist. Das Licht aber kann sehr weit scheinen, bis hinein in die Unendlichkeit. Seine Wirkung ist praktisch grenzenlos. Und im Schein des eigenen Lichtes können wir auch unseren eigenen Weg viel besser erkennen!

Wie C.G. Jung sagte, ist das wesentliche Kriterium des Lebens, ob der Mensch auf Unendliches bezogen ist oder nicht. Er meinte damit meinem Verständnis nach den Bezug des Menschen zum absoluten Aspekt des Seins. Ein bloßer Bezug reicht aber noch nicht aus, sondern wir müssen im Unendlichen und Ewigen mit unserem Bewusstsein tief *verwurzelt* sein. Erst dann können wir wirklich im Einklang damit leben. Sich nur auf das Absolute zu beziehen, kann sich auch als eine Vorstellung äußern und deshalb selbst Illusion bleiben. Erst die Erfahrung kann uns zur Erkenntnis unserer wahren Natur führen.

In dieser tiefen Einsicht in unser wahres Wesen erkennen wir womöglich etwas sehr Bedeutsames: Wir sind nicht bloß als Menschen hier, um vielleicht eine spirituelle Erfahrung zu machen. Vielmehr sind wir *spirituelle Wesen*, die hier, in dieser Raumzeit und in diesem Körper, eine *menschliche* Erfahrung machen. Dies zu begreifen wird unser Leben vom Kopf auf die Füße stellen. Eine neue Perspektive eröffnet sich uns. Aus dieser neuen Sicht heraus werden wir ganz von selbst neue Wege beschreiten. Wege, die heilsam sind für uns und für die Welt, in der wir leben.

Wenn wir zu denen werden, die wir im Inneren eigentlich sind, werden wir uns und unsere Welt verwandeln. Wenn wir das Universum in uns selbst erkennen, werden wir uns zugleich unserer wahren Aufgabe und Funktion im Universum bewusst. Die Einsicht in das, was ist, bewirkt, dass wir darüber hinausgelangen und so dem großen Ganzen auf unsere eigene Weise dienen können. Erst dies kann uns wirklich erfüllen und unserer wahren Natur gerecht werden sowie auch die Probleme unserer Welt nachhaltig lösen. Die »Instrumente«, die wir auf unserem Weg benötigen, tragen wir schon in uns. Es liegt an uns, sie zu benutzen. Kein anderer Ort und Zeitpunkt kann dafür geeigneter sein als das Hier und Jetzt!

Nachwort

Dieses Buch ist nicht aus dem Nichts heraus entstanden, obwohl ich auf meinem Lebensweg immer wieder losgelassen und mich dem Nichts gegenübergestellt habe, welches mich immer sehr bereichert hat. Ich habe mich zugleich aber auch von vielen verschiedenen Richtungen inspirieren lassen, die meine Sicht der Dinge erweitert haben. Auf die eine oder andere Weise sind sie indirekt in dieses Buch eingeflossen.

So können Sie Gedanken oder Ansätze einiger Philosophen wie Descartes, Kant und Hegel wiederfinden, aber auch Einsichten der Hermetischen Philosophie. Bereichernde Impulse habe ich in östlichen Traditionen wie im Taoismus, Buddhismus und in spirituellen Strömungen wie z. B. der des Reiki erhalten sowie durch meine eigene jahrelange Yoga- und Meditationspraxis. Der indische Weisheitslehrer Jiddu Krishnamurti spielte für mich eine große Rolle und hat mein Denken sehr befruchtet und geklärt, wie Sie vielleicht an der einen oder anderen Stelle gespürt haben. Mit den großen Weltreligionen habe ich mich auf meinem Weg ebenfalls intensiv auseinandergesetzt, was meine Erkenntnis sehr bereichert hat. Zugleich habe ich Erkenntnisse der Neuen Physik, insbesondere der Quantenphysik, einfließen lassen. Auch inspirierte mich die Klarheit und Logik mathematischer Gesetze.

Als Psychologin habe ich natürlich ebenfalls meine psychologischen Kenntnisse integriert, insbesondere Einsichten der Transpersonalen Psychologie sowie Modelle der Kommunikationspsychologie von Friedemann Schulz von Thun.

Wenn man so möchte, habe ich für mich die Essenz aus all diesen Richtungen gezogen. In allem ist Wahrheit enthalten, und alle sind nur Aspekte des großen Ganzen, verschiedene Perspektiven auf die eine Wahrheit. Man sagt in den östlichen Traditionen, dass die Wahrheit wie ein Elefant ist, von dem der eine nur den Rüssel sieht, der andere nur ein Bein usw. Niemand kann behaupten, dass er aus seiner begrenzten Perspektive heraus den ganzen Elefanten kennt. Aber wenn man alle Bilder zusammenfügt und auf einen Nenner bringt, dann kann man eine Ahnung davon bekommen, wie der Elefant insgesamt ungefähr aussehen könnte. Und das ist das, was ich in diesem Buch versucht habe – wobei natürlich auch meine eigene Erfahrung mit dem »Elefanten« grundlegend war.

Ich hoffe, dass ich Ihnen damit eine Basis bieten konnte, die Sie befähigt, verschiedene Perspektiven in ein umfassenderes Bild des großen Ganzen zu integrieren. Besonders Naturwissenschaft und Spiritualität sind imstande, sich gegenseitig zu bereichern. Auch innerhalb der Wissenschaften wie z. B. der Physik können Ungereimtheiten aus einer umfassenderen Sicht heraus leichter überwunden und geklärt werden. So vermag dieses integrative Konzept womöglich die Lücke zu füllen, die immer noch zwischen Einsteins Relativitätstheorie und den Erkenntnissen der Quantenphysik klafft. Viele Lösungen werden wir nicht im Denken finden, sondern im Bewusstsein selbst. Auch die Psychologie zeigt mit ihren Forschungen im transpersonalen Bereich schon zaghafte Ansätze, sich von einer Wissenschaft des Ego-Ich und des relativen Denkens und Fühlens zu einer Wissenschaft des Bewusstseins zu entwickeln. Damit wird sie allmählich dem wahren Menschsein und unseren wahren Potenzialen gerechter.

Ich empfinde tiefe Dankbarkeit für all die großartigen Menschen, die die Welt Anteil haben ließen an ihren Einsichten – und mein Leben damit sehr bereicherten! Ich hoffe, mit diesem Buch meinen eigenen Anteil an dieser Entwicklung beizutragen, und möchte damit zugleich auch all diese Menschen würdigen, die sich nicht gescheut haben, die Wahrheit zu erforschen.

Dieses Buch widme ich Ihnen, den gegenwärtigen und künftigen Wahrheitssuchern. Ich hoffe, dass es Ihnen hilfreiche Anregungen auf Ihrem Weg geben kann. In der Literaturliste habe ich für Sie einige empfehlenswerte Bücher aufgeführt, die mich selbst inspiriert haben. Im Grunde aber können all diese nur Impulse sein, die demjenigen helfen können, der »Augen zu sehen« hat. Wer die Wahrheit finden will, der wird sie finden und der kann sie in allem finden. Alles, was dazu nötig ist, ist die bedingungslose Bereitschaft, das zu sehen, was ist.

Literatur

Augustinus, Aurelius (1982): Über das Glück. Stuttgart: Reclam

Baines, John (1999): Der Sternenmensch. Rheinfelden: Ritter

Broers, Dieter (2009): (R)evolution 2012. Warum die Menschheit vor einem Evolutionssprung steht. München: Scorpio

Bunzel-Dürlich, Beate (2007): Medialität & Hellsichtigkeit. Das Lehrbuch. Oberstdorf: Windpferd

Capra, Fritjof (2000): Tao der Physik. 4. Aufl., Frankfurt a. M.: O.W. Barth

Christensen, Alice (1999): Yoga des Herzens. Frankfurt a. M.: O.W. Barth

Csikszentmihalyi, Mihaly (2005): Flow: Das Geheimnis des Glücks. 12. Aufl., Stuttgart: Klett Cotta

Dalai Lama (2002): Der Weg zum Glück. 2. Aufl., Freiburg: Herder

Dalberg, Andreas (2000): Der Weg zum wahren Reiki-Meister. Stuttgart: Trias

Descartes, Rene (1993): Meditationen über die Grundlagen der Philosophie. Nachdruck, Hamburg: Felix Meiner

Fahrnow, Ilse-Maria & Jürgen (2008): Gespräche mit Sirius. Teil I: Ein größeres Bild der Realität. Berlin: Ullstein

Fahrnow, Ilse-Maria & Jürgen (2009): Gespräche mit Sirius. Teil II: Die neue Energie der Liebe. Berlin: Ullstein

Franke, Alexa; Broda, Michael (1993): Gesundheit. Versuch einer Abkehr vom Pathogenese-Konzept. Tübingen: dgvt-Verlag

Fromm, Erich (2005): Vom Haben zum Sein. 5. Aufl., Berlin: Ullstein

Hawking, Stephen (1998): Eine kurze Geschichte der Zeit. 28. Aufl., Reinbek: Rowohlt

Jung, Carl Gustav (2001): Psychologie und Religion. 6. Aufl., München: dtv

Kant, Immanuel (2005): Grundlegung zur Metaphysik der Sitten. 3. Aufl., Stuttgart: Reclam

Kingston, Karen (2009): Feng Shui gegen das Gerümpel des Alltags. Reinbek: Rowohlt

Kornfield, Jack (2005): Meditation für Anfänger. 4. Aufl., München: Goldmann

Krishna, Gopi (2009): Kundalini. Erweckung der geistigen Kraft im Menschen. Frankfurt a. M.: Scherz
Krishnamurti, Jiddu (2000): Das Licht in dir. Über die wahre Meditation. München: Econ
Krishnamurti, Jiddu (2000): Das Notizbuch. 2. Aufl., Frankfurt a. M.: Fischer Spirit
Krishnamurti, Jiddu (2000): Dem Leben begegnen. München: Econ
Krishnamurti, Jiddu (1997): Einbruch in die Freiheit. 4. Aufl., Grafing: Aquamarin
Krishnamurti, Jiddu (2006): Liebe gleicht dem Duft der Rose. 4. Aufl., Freiburg: Herder
Krishnamurti, Jiddu (2000): Über Leben und Sterben. Reflexionen über die Letzten Dinge. 3. Aufl., Frankfurt a. M.: Fischer Spirit
Küstenmacher, Werner Tiki (2008): Simplify your life. Einfacher und glücklicher leben. München: Droemer Knaur
Laotse (2003): Tao Te King. München: Wilhelm Goldmann
Lauster, Peter (1999): Lassen Sie der Seele Flügel wachsen. Reinbek: Rowohlt
Lauster, Peter (2009): Lebenskunst. Wege zur inneren Freiheit. Reinbek: Rowohlt
Lauster, Peter (2007): Wege zur Gelassenheit. 3. Aufl., Reinbek: Rowohlt
Laszlo, Ervin (2002): Holos. Die Welt der neuen Wissenschaften. Petersberg: Via Nova
Laszlo, Ervin (2007): Zu Hause im Universum. Die neue Vision der Wirklichkeit. 2. Aufl., Berlin: Allegria
Mahesh Yogi, Maharishi (2000): Die Wissenschaft vom Sein und die Kunst des Lebens. 2. Aufl., Bielefeld: J. Kamphausen
Muths, Christa (2006): Farbtherapie. Mit Farben heilen – der sanfte Weg zur Gesundheit. 7. Aufl., München: Heyne
Pelletier, Kenneth R. (1982): Unser Wissen vom Bewusstein. Eine Verbindung westlicher Forschung und östlicher Weisheit. München: Kösel
Penrose, Roger (2002): Computerdenken. Die Debatte um Künstliche Intelligenz, Bewusstsein und die Gesetze der Physik. Heidelberg: Spektrum
Plotin (1990): Geist – Ideen – Freiheit. Hamburg: Meiner
Riemann, Fritz (1999): Grundformen der Angst. 32. Aufl., München: E. Reinhardt

Rösing, Ina (2006): Weisheit. Meterware, Maßschneiderung, Missbrauch. Heidelberg: Asanger
Sannella, Lee (1989): Kundalini-Erfahrung und die neuen Wissenschaften. 2. Aufl., Essen: Synthesis
Schmid-Bode, Wilhelm (2008): Maß und Zeit – Entdecken Sie die neue Kraft der klösterlichen Werte und Rituale. Frankfurt a. M.: Campus
Schulz von Thun, Friedemann (1981): Miteinander reden 1. Störungen und Klärungen. Allgemeine Psychologie der Kommunikation. Reinbek: Rowohlt
Schulz von Thun, Friedemann (1989): Miteinander reden 2. Stile, Werte und Persönlichkeitsentwicklung. Reinbek: Rowohlt
Schulz von Thun, Friedemann (1998): Miteinander reden 3. Das »innere Team« und situationsgerechte Kommunikation. Reinbek: Rowohlt
Sheldrake, Rupert (2008): Das schöpferische Universum. Die Theorie des morphogenetischen Feldes. 10. Aufl., Berlin: Ullstein
Tausch, Reinhard (2004): Hilfen bei Stress und Belastung. 15. Aufl., Hamburg: Rowohlt
Tepperwein, Kurt (2004): Erfinde dich neu. München: Goldmann
Tolle, Eckhart (2005): Jetzt! Die Kraft der Gegenwart. 12. Aufl., Bielefeld: J. Kamphausen
van Quekelberghe, Renaud (2005): Transpersonale Psychologie. Grenzenlose Grenze des Bewusstseins. Eschborn: Klotz
Vivekananda, Swami (1996): Vedanta. Der Ozean der Weisheit. 3. Aufl., München: O. W. Barth
Vollmar, Klausbernd (2000): Das Arbeitsbuch zu den Chakras. Amsterdam: Iris
Wessbecher, Harald (2003): Entfalte deine Bestimmung. Kiel: Ludwig